概説 アメリカ文化史

笹田直人/堀 真理子/外岡尚美 編著

ミネルヴァ書房

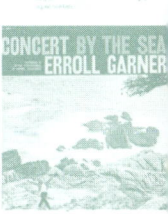

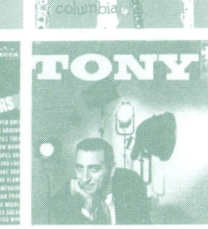

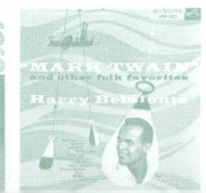

はしがき

　わたしたち日本人にとって，アメリカは遠くて近い国だろう。遠いというのは，もちろん地理的な距離もあるが，やはりわたしたち日本人にとってアメリカという国は，理解し難かったり知らなかったりすることが多すぎて，遠くに感じられるということ，しかし一方では逆に，日本にいてもさまざまな場面で，アメリカを身近に感じることもあるということである。アメリカが近くに感じられるのは，ペリー来航以来，日本がこの国から折に触れ国を揺るがされるような影響を受けてきたばかりでなく，衣食住からライフスタイルに至るまでアメリカからの広汎な情報の伝播にさらされ続けてきたせいでもあるだろう。また最近のアメリカ主導のグローバル化のためでもある。

　しかし，こうした状況が続くあまり，アメリカは，近いのに遠い国となってしまう可能性もある。つまり，断片化され，刹那的に流入してくる情報の洪水に襲われるわたしたちは，それらの情報がどんなふうに発信され，どんな由来や脈絡を持っているのか，相互にどんな関連があるのか，また，どんな価値をもっているのかなどは遂に認識しないまま，ただその洪水に溺れ，知らず知らずのうちにアメリカ漬けになってしまっている。にもかかわらず，アメリカの内実とはまったく疎隔したままであるという具合に。こうした状況に，無自覚的に浸ってしまっていることには，いろいろな意味で問題があるだろう。

　アメリカのさまざまな文化を受容することが，ごくごく自然化され，ますます疑われることのない前提になりつつある今こそ，せめてわたしたちは，批判的にアメリカ文化を読み解く力をもち，また自国の文化状況にひきつけて考える力をもちたいものである。さまざまなメディアの言説に接しても，ゆるぎなくしなやかに対応できる文化理解力 Cultural Literacy を大いに涵養したいものである。いま氾濫しているアメリカの情報は，どんな風に発祥し，史的にどんな紆余曲折を経て，わたしたちの現在に届けられているのかを知ることなし

に，そのような力をわたしたちが手にすることはできないだろう。本書は，そうした願いを実現するにあたってのささやかな一助となるべく構想されている。

　なぜ今「アメリカ文化史」が必要か。グローバル化＝アメリカ標準化の功罪が論じられる今，アメリカ文化とは限らず，日本以外の異文化に対する幅広い理解がなにより必要になっている。それはなによりもまず，世界の中での日本や私たちの在り方を知るための方法でもある。特にアメリカという国は，良きにつけ悪しきにつけ，人々の想像力，あこがれや夢を掻き立てる国だ。ニューヨークの摩天楼，ハリウッド，ラス・ヴェガス，スーパー・スターやスーパー・リッチな人々，きらびやかで華やかなイメージの一方で，ホームレスの人々，人種間の反目，犯罪などの諸問題が山積する。また2001年9月11日のテロ事件のあと，人々がこぞって掲げた星条旗は，分裂と対立が激化するアメリカの団結心，また人々が抱く愛国心について，意外にも強固な一面を覗かせた。とはいえ，多くの情報が入ってくる一方で，アメリカ文化理解のあり方は，断片的で，しばしば強烈なイメージが先行していないだろうか。本書では，歴史的背景をふまえて現在のアメリカ文化の総体を捉えるための，入門書であることを目指した。

　また近年，「文化研究」Cultural Studies という学際的分野がめざましい成果をあげている。そのおかげでこれまでは歴史の分野ではあまり深く触れないまま見過ごされていた文化への関心，文学の分野では体系的に研究されずにいた文化的な背景への関心が高まってきた。

　「文化研究」は，1960年代のイギリスで，歴史，哲学，社会学，文学批評等の分野で始まったが，特に70年代以降，それまで研究対象とはならなかったポピュラー・カルチャーやサブ・カルチャーなどを研究対象にして大きな成果をあげた。その影響下で展開したアメリカにおける「文化研究」は，ジェンダー，人種，階級，性的指向などを分析軸に，マルチカルチュラリズムを主導するような幅広いトピック，手法を駆使しつつさまざまな分野で発展している。

　ところで，なぜ今そのような研究が必要なのだろう。わたしたちの世界は，さまざまな文化テクストで織り成されている。文学や，映画，テレビ，音楽，そして哲学や政治，経済まで，あらゆる事象が複雑に絡み合い，相互に反響・

影響し合って世界における多様な意味が作り出される。そうして作り出された意味が，人々の日々の生活を貫き，その価値観や日常の行動規範・様式を決定していくのである。文化とはそのような意味生成のシステムであり，意味生産のダイナミックなプロセスの総体である。そのような文化システムの総体を多面的に，しかもそのダイナミックな生成の側面を捉えようとするのが「文化研究」である。そこにはハイ・カルチャーだけが文化であるとした近代の前提を覆し，人々の日常生活の中に文化生成の過程とパワーを見ようとする視線がある。アメリカにおけるマルチカルチュラリズムが，主流文化全体の見直しを迫るように，「文化研究」は現在のわたしたちの生の在り方を問いなおす研究でもあるのだ。本書は，そのような現代文化研究の潮流を視野におさめながら編まれたものである。

ところで，まだ「文化研究」のそうした成果が大学生や一般の読者を対象にした体系的な教科書を生み出すだけのじゅうぶんな土壌がないため，英米の研究書や教科書の翻訳に依存しているというのがおおかたの現状ではないだろうか。そこでわたしたちは今，自分たちのことばで，日本人の視点でわかりやすく書かれた「文化研究」の教科書が必要だろうと考え，本書を編纂することにした。

アメリカ文化を理解するための入門書として，本書では特に重要と思われる項目を13に絞り込んでそれぞれに歴史的な「概説」を加えるとともに，さらに重要トピックを詳細に説明した「キー・トピック」解題を加えた。アメリカ文化に対する高い関心のため，文化事典やキーワード辞典的なものは最近かなり出版されている。それらはある程度網羅的ではあるが，文化全体のダイナミックスを捉えるには，もう少し体系的な項目の設定が必要であると思われた。そうした面に配慮しながら，本書では，入門者向けにまず主要項目を絞ることによって，アメリカ文化にアプローチする際の筋道を提示する。歴史的概説によって入門的・背景的な知識を導入し，さらにキー・トピックによってある程度専門性のある知識の一端に触れることが出来るようになっている。また各章で「原典」を加え，代表的なテクストの抜粋を翻訳とともに見られるようにした。そこでは独立宣言から，ブルースの歌詞，文学作品の一節やニューヨーク

社会科教育検討委員会の報告書まで，多様なテクストが選択されている。それらはキー・トピック解題までの理解の一助とするためでもあるし，アメリカ文化から生み出されてきたさまざまな「声」に耳を傾けていただくためでもある。短いながらも原典に直接触れていただくことによって関心を持ってくださった読者には，原典全体を読むことをおすすめしたい。また，アメリカ文化のモザイク状況を象徴するかのように随所に盛り込まれた「コラム」によって，読者は，楽しく有益な知識に触れることができるだろう。他に，アメリカ事情を幅広く理解できるように精選したコラム群を「コラムで読むアメリカ事情」としてまとめた。巻末には，「グロッサリー」をおき，本書で使われる用語の解説を行なうとともに，文化事項を多く盛り込んだ年表も配したので，有効に活用していただきたい。

　歴史的概説と4つのキー・トピック，原典からなる本文の構成には統一を徹底し，また企画段階でキーワードについても共通の語彙を用いるよう配慮したが，内容については原則的に各執筆者に自由に書いてもらい，それぞれの筆者の個性を尊重したため，必ずしも文体は統一されていない。しかしいずれの章も，共通するスタンスで書かれている。歴史的な背景を意識しながら，21世紀を迎えた現在の視点で書かれ，新しい情報と研究が満載されている。そのため，これまで正当とされてきた歴史や文学のカノンという立場から見れば，言及されてしかるべきものが欠けているかもしれない。しかし逆に，これまであまり語られてこなかった人種的・性的マイノリティや非白人移民の話，ジェンダーからみた歴史の読み直し，映画や軽音楽といったポップカルチャーの話題などが盛り込まれている。

　本書を刊行するにあたり，執筆者の方々はもちろんのこと，さまざまな方々にお世話になった。「アメリカ全図と地域区分」「アメリカ地勢図」はかつて『はじめて学ぶアメリカ文学史』（ミネルヴァ書房刊）のために本書の編者の一人である笹田が作成したものだが，今回，本書のための転載を許諾された板橋好枝氏，高田賢一氏の両氏に感謝したい。コラムの執筆や用語解説などは，大学院に籍を置きながら教壇に立ち，日夜，勉学にいそしむ面々（巻末執筆者紹介ページ参照）にもお手伝いいただき，新鮮で若々しい筆力にわたしたち編者

も大きな刺激を受けることができたことを多としたい。また，なかなか筆が進まず，とかく編集作業にも及び腰なわたしたち編者を辛抱強く励ましてくださったミネルヴァ書房の編集者，永田志乃さん，澤村由佳さんには深く感謝したい。

なお最後に，本著の刊行を見ることなく他界された一橋大学教授，辻内鏡人氏には，編集者・執筆者一同，深く追悼の意をあらわし，本書を氏にささげたい。

2001年11月

編者一同識

目 次

はしがき
アメリカ全国と地域区分
アメリカ地勢図

第1章 アメリカン・ドリーム ……………笹田・堀・外岡…1

概 説
アメリカの夢…2　夢の要請…3　アメリカの起源…4　メタ国家としてのアメリカ…5　夢の西部…6　ナショナル・アイデンティティ…7　悪夢のアメリカ…9

キー・トピック解題
(1) 植民地の建設……………………………………………………………… 11
(2) アメリカ合衆国憲法……………………………………………………… 13
(3) エイブラハム・リンカン………………………………………………… 14
(4) 資本家の台頭……………………………………………………………… 17

原典紹介
『華麗なるギャッツビー』……………………………………………………… 19
独立宣言………………………………………………………………………… 20

第2章 信仰とアメリカ国民の生活 ……………朝日由紀子…23

概 説
ピューリターンズへの抑圧と解放…24　モットーとしての神…26　キリスト教の内訳…29　そのほかの宗教…30

キー・トピック解題
(1) ピルグリム・ファーザーズ……………………………………………… 32
(2) 魔女狩り…………………………………………………………………… 34
(3) 大覚醒……………………………………………………………………… 36
(4) ベンジャミン・フランクリン…………………………………………… 37

原典紹介
『キリスト教の慈愛の模範』…………………………………………………… 40

『怒れる神の御手の内にいる罪人』……………………………………… 41
　　『ベンジャミン・フランクリンの自叙伝』…………………………… 41

第3章　西部開拓の夢………………………………… 笹田直人…45

概　説
　　北西部条例…46　未知なる西部…46　西漸運動…47　ジャクソニアン・デモクラシーのインディアン政策…48　強制移住法と涙のトレール…49　「明白なる天命」の40年代…50　テキサス併合問題…51　米墨戦争…52　オレゴン問題…53　米墨戦争の終結…54　南北戦争への胎動…55

キー・トピック解題
　　(1)ブーンとクロケット ……………………………………………………… 57
　　(2)キット・カーソン ………………………………………………………… 59
　　(3)バッファロー・ビル・コーディと女傑たち ………………………… 61
　　(4)ゴールドラッシュ ………………………………………………………… 63

原典紹介
　　『ルイス&クラークの日誌』……………………………………………… 66
　　『アメリカ史におけるフロンティアの意義』………………………… 67

第4章　移民の国アメリカ ………………………… 伊藤　章…69

概　説
　　イー・プルーラバス・ユーナム…70　年度別移民数と移民送出地域…70　移民法と移民政策の変遷…72　排外主義…75　移民の国アメリカの課題…79

キー・トピック解題
　　(1)WASP ……………………………………………………………………… 81
　　(2)メルティング・ポットからサラダ・ボウルへ ……………………… 83
　　(3)多民族社会の影 …………………………………………………………… 85
　　(4)メスティソ・アメリカ …………………………………………………… 86

原典紹介
　　『我が心のアメリカ』……………………………………………………… 88
　　『二世の娘』………………………………………………………………… 90

第5章　奴隷制とアメリカ南部 ……………………笹田直人…93

概　説
奴隷制の起源…94　アメリカ独立…94　南部大農園の奴隷…96　奴隷の反乱と逃亡…97　奴隷制度廃止論の興隆…97　逃亡奴隷法…98　南北戦争と奴隷制…100　再建期の南部とジム・クロウ法…101

キー・トピック解題
(1)アメリカ南部というアイデンティティ………………………………………103
(2)人種混交／混淆…………………………………………………………………105
(3)リンチ……………………………………………………………………………107
(4)ミンストレル・ショー…………………………………………………………109

原典紹介
『南部の心』…………………………………………………………………………111
『数奇なる奴隷の半生』……………………………………………………………112

第6章　都市と経済 ………………………………………松本一裕…115

概　説
フロンティアとしての都市…116　工業化の背後で…116　欲望の鏡としての都市…117　脱工業化と大移動…118　都市再開発とインナー・シティ…120　都市と人種問題…121　消費都市と不安の制度化…122

キー・トピック解題
(1)ニューヨークとシカゴ…………………………………………………………125
(2)グレート・マイグレーション…………………………………………………127
(3)ゲットー…………………………………………………………………………128
(4)アファーマティヴ・アクション………………………………………………130

原典紹介
『シスター・キャリー』……………………………………………………………132
「サニーのブルース」………………………………………………………………134

第7章　ハイブラウとロウブラウ ……………………金田由紀子…137

概　説
エリート文化と大衆文化…138　社会体制と文化の形態…139　WASPと主流文化…140　多人種・多民族社会の声…141　大量消費社会と文化…143

目次　ix

キー・トピック解題
　(1)超越クラブとトランセンデンタリズム………………………………………………145
　(2)ハリウッド映画……………………………………………………………………………146
　(3)ハーレム・ルネサンスと音楽……………………………………………………………148
　(4)ポストモダン・アート……………………………………………………………………150

原典紹介
　「ぼく自身の歌」……………………………………………………………………………153

第8章　冷戦とヴェトナム戦争期の対抗文化…山越邦夫…157

概　説
　東西冷戦構造と核の脅威…158　マッカーシズムからキューバ危機…158　泥沼化するヴェトナム戦争…160　時代を分けたケネディ対ニクソン公開討論テレビ中継…160　中流家庭の自由主義とビート世代の登場…161　「ニューフロンティア」と対抗文化…162　黒人公民権運動と学生運動の連携…162　学園紛争と反戦運動の1968年…164　若者文化を表象する音楽…165

キー・トピック解題
　(1)「封じ込め政策」——アメリカン・ライフの豊かさと閉塞感……………………167
　(2)マッカーシズム，20世紀の魔女狩り……………………………………………………169
　(3)サンフランシスコ発カウンター・カルチャー…………………………………………170
　(4)ヴェトナムの傷を悼むアメリカ…………………………………………………………173

原典紹介
　「吠える——カール・ソロモンに捧ぐ」…………………………………………………176
　「戦場からの手紙」…………………………………………………………………………178

第9章　環　境………………………………………………………野田・結城…181

概　説
　未知の大陸…182　楽園幻想…182　ウィルダネスとしての自然…183　楽園幻想の復活…185　保護される自然…186　環境というパラダイム…187　エコロジーの実践…188　幻想としての自然…189

キー・トピック解題
　(1)アメリカ的価値の源泉としての自然……………………………………………………190
　(2)風景画とピクチャレスクの時代…………………………………………………………192
　(3)ネイチャーライティング…………………………………………………………………194
　(4)原生自然法…………………………………………………………………………………196

原典紹介

『ウォールデン』……………………………………………………………………198
『雨の降らない土地』………………………………………………………………199
「自由と荒野，荒野と自由」………………………………………………………199

第10章　文化の変容……………………………………………堀真理子…203

概　説

人形ではない私…204　奴隷解放運動への婦人参加…204　禁酒運動から参政権運動へ…205　めざめた女たち…206　参政権獲得までの長い道のり…207　第二波のフェミニズム運動…208　同性愛者に対する差別の歴史…209　「差異」を主張する時代…211

キー・トピック解題

(1)セネカフォールズの女性会議……………………………………………………212
(2)カルチュラル・フェミニズム……………………………………………………214
(3)ゲイ解放運動………………………………………………………………………216
(4)ポスト・フェミニズムの時代……………………………………………………218

原典紹介

『女性と経済』…………………………………………………………………………221
『エンジェルズ・イン・アメリカ』…………………………………………………222

第11章　マルチカルチュラリズム……………………辻内鏡人…225

概　説

同化から文化相対主義へ…226　多文化主義の出現…227　西洋文明のみなおし…229　国民の歴史意識と政治的統合…230　新たな社会正義…231　アメリカ多文化主義の将来…232

キー・トピック解題

(1)文化多元主義………………………………………………………………………233
(2)アフリカ中心主義…………………………………………………………………236
(3)文化戦争とポリティカル・コレクトネス………………………………………238
(4)アイデンティティ・ポリティクス………………………………………………240

原典紹介

『アメリカの分裂——多文化社会に関する所見』………………………………243
『一つの国民，多数の民族——文化的相互依存性の宣言』（前文）……………244

第12章　犯罪・暴力・抑圧……………………………外岡尚美…247

概　説
犯罪と貧困…248　暴力犯罪とジェンダー…249　人種と犯罪…249　銃と犯罪…251　銃と少年犯罪…251　自己防衛の実態…252　組織犯罪…253　マフィア…253　移民と組織犯罪…253　コカインカルテルと麻薬対策…254　犠牲者は誰か…255

キー・トピック解題
(1)犯罪と人種・ジェンダー………………………………………………257
(2)銃規制と権利防衛の思想………………………………………………258
(3)アウトローからマフィア，少年ギャングまで………………………260
(4)性暴力・ヘイトクライム・検閲………………………………………263

原典紹介
「奇妙な果実」…………………………………………………………………267
『薄暮：ロサンゼルス，1992』………………………………………………268
「男がつくるエロスの氾濫に対して：検閲，ポルノグラフィ，平等」……269

第13章　身体文化……………………………………堀真理子…273

概　説
男らしさの神話…274　ホワイト・ウェイ…274　スポーツ界における黒人の活躍…275　白人の「男らしい」肉体とは…276　モダンダンスの誕生…277　マドンナと「見られる身体」…278　シンディ・シャーマンとロバート・メープルソープ…278　ダイエットとエアロビ・ブーム…280

キー・トピック解題
(1)大リーグ…………………………………………………………………282
(2)バスケのスーパースター，マイケル・ジョーダン…………………285
(3)モダンダンスの旗手マーサ・グレアム………………………………287
(4)ポストモダンな時代の身体……………………………………………289

原典紹介
「奮闘すべき人生」……………………………………………………………291
『シューレス・ジョー』………………………………………………………292

グロッサリー……………………………………………………………………295

コラムで読むアメリカ事情		304
参考文献		313
歴史・文化年表		322
図版写真出典一覧		335
索　引		339

―――― グロッサリー ――――

アースデイ	1812年戦争（第2次米英戦争）
アイビー・リーグ	デタント（緊張緩和）
アシッド・テスト	鉄のカーテン
アングリカン・チャーチ	トラスト
アンクル・サム	日米紳士協約
ウォーターゲート事件	農本主義
エコフェミニズム	ノーブレス・オブリージ
ＬＳＤ	ファウンディング・ファーザーズ
エレミアの嘆き	ハワイ王朝略奪100周年
会衆派教会	パン・アフリカニズム
枯葉剤	ブラック・モスレム
クラッカー	プレップ・スクール
クレオール	フレンチ・インディアン戦争
ケークウォーク	ポスト植民地主義
コミューン型生活	マーシャル・プラン
コロンブス500周年記念	ミュージカル
サイバネティックス	ミリシア（国民軍）
サンベルト地帯	ムラート
シエラクラブ	モンキーレンチング
ジャクソニアン・デモクラシー	ユニテリアン
修正条項	ロビー活動
新左翼（ニューレフト）	ワールドシリーズ
1992年のロサンゼルスの人種暴動	

コラム一覧

第1章　アメリカの二大政党（山越）
　　　　電化製品に囲まれた主婦像（山越）
　　　　ケネディ家の成功と悲劇（田中）
第2章　オラトリーの文化（田中）
　　　　アーミッシュの現在（山越）
　　　　1ドル紙幣の発生と図案（田中）
第3章　インディアン（田中）
　　　　『大草原の小さな家』（田中）
　　　　カウボーイたちの本当は短い歴史（田中）
第4章　アメリカへの入国・永住・帰化手続き（田中）
　　　　二つの祖国に引き裂かれた日系二世たち（山越）
　　　　聖パトリック教会（田中）
第5章　南部プランテーションにおける奴隷たちの生活（山越）
　　　　コットン・ジン（田中）
　　　　『アンクル・トムの小屋』と『風と共に去りぬ』（田中）
第6章　労働運動（田中）
　　　　摩天楼と映画（山越）
　　　　ダウンタウンとサバービア（田中）
第7章　アーモリー・ショウ（田中）
　　　　フランク・ロイド・ライトの建築と一般住宅（山越）
　　　　サロン文化（田中）
第8章　フォーク・ミュージックの流行とフォークの神様（山越）
　　　　フォンダ・ファミリーの離反と和解（山越）
　　　　『いちご白書』(1970) 世代（山越）
第9章　フラワー・チルドレン（山越）
　　　　アポロ計画とメディア（山越）
第10章　活動家アリス・ウォーカーの軌跡（山越）
　　　　ゲイ・カルチャーとアメリカ文学（田中）
　　　　「新しいイヴ」リサ・ライオンとメープルソープの出会い（山越）
第11章　黒人教育環境の流れ（田中）
　　　　現代アメリカにおける虹のシンボリズム（山越）
　　　　映画に登場するゲイたち（山越）
第12章　ドラッグ・カルチャー／『裸のランチ』（田中）
　　　　アサシネイション（暗殺）（山越）
　　　　神話化されたイタリア系（山越）
第13章　かけがえのないチャンピオン，モハメド・アリ（塚田）
　　　　スーパーマンの系譜（小林）
　　　　アメリカンフットボール（小林）

コラムで読むアメリカ事情

言語のアメリカニズム（田中）
複合家族（田中）
帝国主義のバックボーン（山越）
帰化法（伊藤）
クレオール文化圏への入口，ニューオーリンズ（山越）
フォード・システムが生んだスピードへの欲望（山越）
ディズニーランドのリアリティ（田中）
中絶ピルをめぐって（平塚）
ＦＢＩ捜査官とは（田中）
陪審制（山越）
制服に身を包む高校生たち（山越）
アメリカの食卓（田中）
アメリカの祝祭日（田中）
地方紙のアメリカ（塚田）
メディアの現代と未来（平塚）
乗り物の歴史（塚田）

アメリカ全図と地域区分

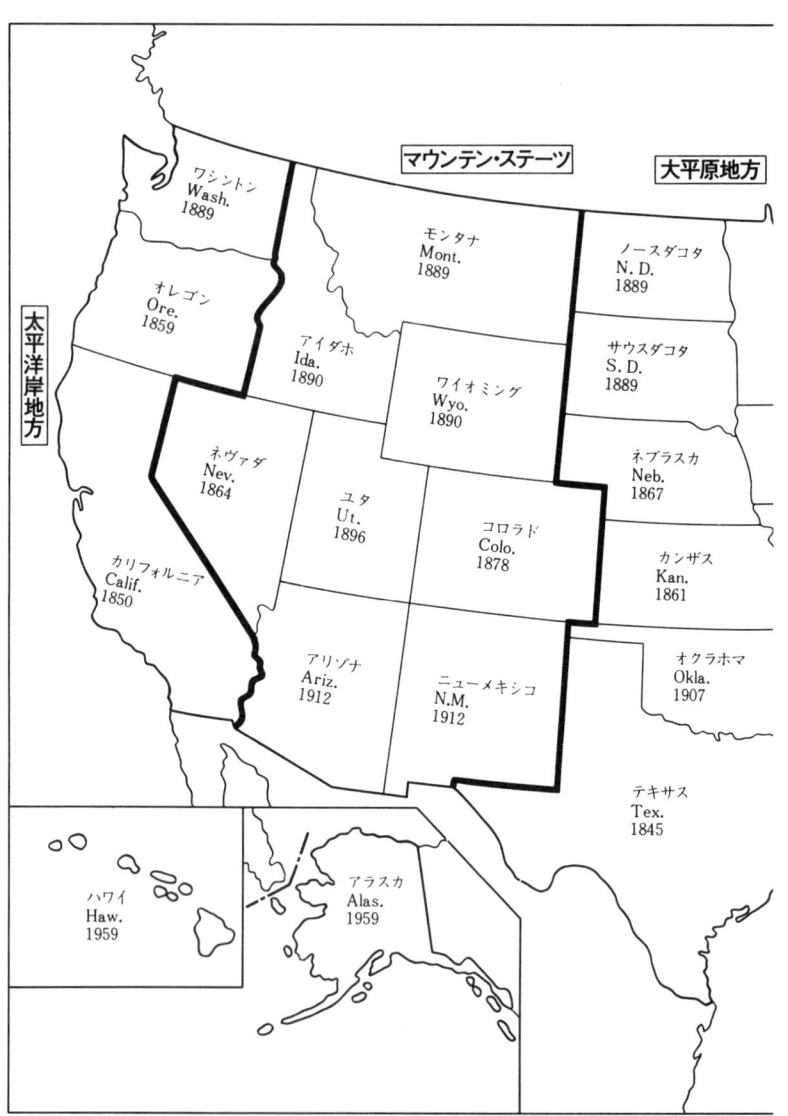

出典：板橋好枝/高田賢一編著『はじめて学ぶアメリカ文学史』ミネルヴァ書房，1991年。

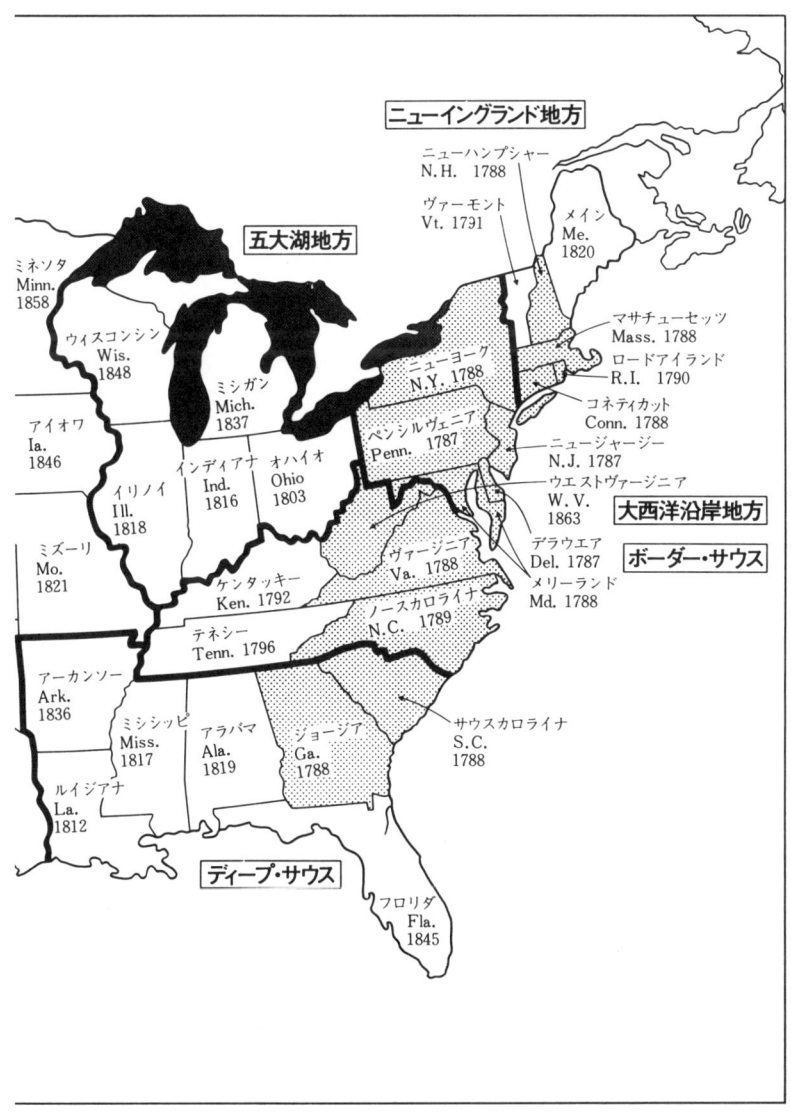

数字は各州の成立年を示す。

アメリカ地勢図

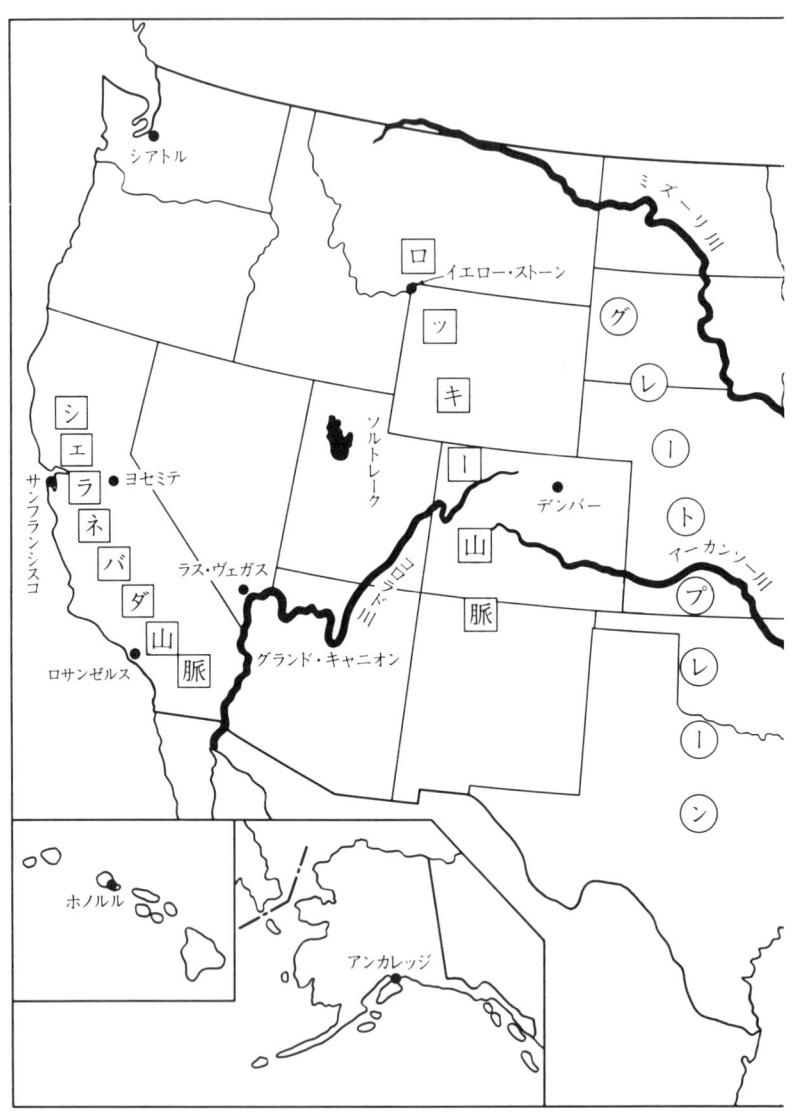

第 1 章
アメリカ・ドリーム
（笹田直人・堀真理子・外岡尚美）

概　説

▶アメリカの夢　アメリカン・ドリームとは何か？それはときに端的に，アメリカン・サクセス・ドリームと呼ばれることからも明らかなように，均等に与えられているはずの機会を活かし，勤勉と努力を傾ければ，万人が成功する可能性をもつという信念に基づいている。それは，金鉱や石油など豊富な地下資源のもたらす一攫千金の夢や，ヴァンダービルト，カーネギー，ロックフェラーのような，現実に巨万の富をつかんだ少数の長者たちだけが実現しえた夢ばかりを指すのではない。出自や身分が決定的な役割を果たすことの少なかったアメリカ社会にあっては，志を抱く多数の大衆たちを鼓舞し続けた夢こそ，アメリカの夢の内実をみたしてきたのだともいえよう。それは例えばアメリカの黎明期を代表する叩き上げの人間（self-made man）として世に出たベンジャミン・フランクリン（Benjamin Franklin 1706-90）によって体現され，また19世紀後半には，ホレイショ・アルジャーの『ボロ着のディック』によって大いに喧伝されたような類いの夢であった。

　現代ではいざ知らず，近代以前の旧世界では，成功の夢を見ること，成り上がる夢をもつことは誉むべきこと，自明のこととされていたわけでは必ずしもなかったろう。それは不遜なこと，あるいは荒唐無稽なこと，ときに旧体制に対する謀反とみなされることさえあったかもしれない。しかし，アメリカでは夢見ることに価値が付与され，奨励さえされていたのだといえよう。なぜなら，万人が夢をもつべきことはアメリカという国家の起源において，当然のこととみなされていたからだ。トーマス・ジェファソン（Thomas Jefferson 1743-1826）は，自ら構想した独立宣言のなかで，譲り渡すことのできない権利として生命，自由，幸福の追求の権利を掲げた。当時，ジェファソンも参照したに違いないジョン・ロックによる自然権の規定では，生命，自由，財産をめぐる権利を不可侵の権利としており（『市民政府二論』），ジェファソンがなぜ財産の権利を幸福追求の権利と書き換えたのか，それは定かでない。しかし，アメリカの夢＝幸福の追求の権利は，こうして天賦の自然権のひとつとしてアメリカの起源

図1-1 トーマス・ジェファソン 図1-2 ジョン・スミス船長

に書き込まれたのであった。しかし同時に，ここでわたしたちは，幸福追求の権利はおろか，生命，自由の権利さえ保障されていなかった黒人奴隷やインディアンたちのことを忘れてはならないだろう。

▶夢の要請　アメリカン・ドリームは俗世の成功ばかりに局限されるものではない。むしろ，それは国家レベルにおいて重要な意義をもつといわなければならないだろう。それはあきらかに夢から排除された者をも誘うような力をもっていた。

　もとよりアメリカには，エルドラード（黄金郷）探索をはじめとして，ヨーロッパから新大陸をめざした人の数だけの私的な夢が投影されていたといえる。新世界に遅れてやってきたアングロ-サクソンの後発性を克服するかのような，向こう見ずな冒険家たちの夢。スペインやフランスの覇権に対抗する使命感に駆られ，1585年から数回にわたるヴァージニアへの渡航に私財を投げうったウォルター・ローリー卿がいだいたような大英帝国拡張の夢。また，卿に派遣された船の指揮をとっていたバーロウ船長の航海記は，花が甘い匂いを放って咲き乱れ，葡萄がたわわに実る地上の楽園に接した驚愕を誇張をまじえながらも伝えているが，そのような天然自然の恩恵あふれる豊穣の地，約束の地を望

む夢。だが次のふたつの史実に見出される夢は特に重要である。

　まずは，1607年，のちに南部植民地の拠点になるヴァージニアのジェームズタウン植民地の礎を築き，航海記や地誌を本国に伝えたジョン・スミス船長の夢をはじめ，イギリス国王の特許状を携えてやってきた野心満々の企業家たちの夢。ついで，北部植民地の基礎をつくった清教徒たちの夢。1620年，彼らピルグリムたちは，英国国教会の宗教弾圧から逃れ，オランダを経由して，メイフラワー号に乗りヴァージニア植民地（ただし，目的地はハドソン川河口地帯）を目指しながらも，到着遅延のため南下を諦めプリマスに上陸した。その後，ボストンを核としたマサチューセッツ湾岸植民地を築きあげるピューリタンたちが到着する。彼らは，ジェームズタウンに比べると厳しい気候とやせた土地に苦労しながら農業を営み，キリスト教信仰に基づく共同体を作り上げていった。

▶アメリカの起源　これらのなかで，白人のなかでも WASP とよばれるマジョリティが絶えず起源としてさかのぼるのは，プリマス植民地，そして，マサチューセッツ植民地である。ヴァージニア植民地の方が古いにも関わらず起源とみなされなかったのは，そこが英国国教会の支配下にあったためであろう。だが何といっても，プリマスが根源として神話化されるゆえんは，メイフラワー号の指導者のひとりで『プリマス植民地について』を書いたウィリアム・ブラッドフォード（William Bradford 1590-1657）を含む41名の成人男子が船中で署名したメイフラワー・コンパクト（メイフラワー盟約）にある。マサチューセッツ植民地について言えば，のちに総督をつとめることになるジョン・ウィンスロップが，上陸する前に船から宗教的理想を実現する共同体として仰ぎ見たとされる「丘の上の町」のヴィジョンにある。これらは信仰の自由や平等を抑圧する腐敗堕落した旧世界からの解放の実現と，純化された信仰の不断の追求という気高い理念とを表象する故事として掲揚され，また，ピルグリム・ファーザーズたちが信仰の発展と共に，自治的な市民の政体（the Civil Body Politic）の結成を書類によって盟約しあい，そのための公正で公平な法を作成しその一致団結した遵守を誓約しあっていた証拠として掲揚されたのである。

図1-3 盟約に署名する人々

　大西直樹の『ピルグリム・ファーザーズという神話』によれば、メイフラワー・コンパクトは、非ピューリタンも約半数同乗していたためのいわば呉越同舟に起因する船内の内部分裂を修復するための合意であり、それをルソー的な社会契約説的「盟約」の全世界でも唯一の実例として、アメリカ民主制の起源として初めて掲げたのは、のちに第6代大統領になるジョン・クィンシー・アダムズのプリマス二百年祭 (1802) での演説であるとされている。ところで、言葉＝ロゴスによって政体が生まれるというアダムズのこうした解釈は、アメリカという国家の出現の経緯に通ずるものがある。「連合植民地が自由で独立している国家であり、また当然にもそうあるべきであるとおごそかに公布し宣言する」という独立宣言の言葉が、いわば行為遂行的（パフォーマティヴ）（言うことが行なうことになるよう）にアメリカを現出させた経緯について考えてみよう。

▶メタ国家としてのアメリカ　皮肉にも、アダムズはジェファソンの独立宣言を「芝居がかったやり方」(coup de theatre) と呼び、アメリカ独立に果たした自分の役割の方が本質的なのに、単なるパフォーマンスにすぎない「宣言」の方が不当に高く評価され、また歴史にも名を残すであろうとの旨の不満を書き残している。確かに、宣言はイギリスやフランスの啓蒙思想を下敷きに

図1-4 トマス・ペイン

したものであり、また実際、ジェファソン自身も、独立宣言は独創的な何事かを語っているのではなく、ただ今まで言われてはいなかったが、「しかし自明のこと」を語っているに過ぎないのだと強調している。自明すぎて語るに及ばないとみなされていたことを語ることに意義があるとすれば、それは、敢えて言葉によって語ること、その行為自体が何かを生み出すという認識にほかならないだろう。

このように宣言にも盟約にも、言葉によって政体が出現するという神話的解釈が見られる。アダムズはメイフラワー・コンパクトの再解釈にあたって、今度こそはジェファソンに倣ってアメリカという国家創設の神話を再投影したといえる。国家を束ねるにあたって、自然化されうるような紐帯が不足していたアメリカが、多から一へ（E Pluribus Unum=One out of Many）という国是を実現するためにも、必要とした人為的な統合。それは、言葉＝理性によるたえざる自己確認、アメリカとは何か、アメリカ人とは誰かという自己照射的な問い掛けに支えられていた。その意味で、アメリカほど起源や歴史、また夢に自意識過剰なまでにこだわらざるをえなかった国もそれほど多くないだろう。

ピルグリムたちは、敗走せる逃亡者などではなく、信仰の自由や平等、主権在民などの夢を理想を叶えるべくやって来て、その夢を実現した。アメリカ人とは夢をもつ人間のことであり、旧世界の価値観とは異なる価値を創出する人間のことである。アダムズは自分たちの始祖、ルーツをこう定めるのだ。

▶夢の西部　ところで、アダムズは先述の演説で、「帝国の進路は西をめざしゆく」というイギリスのバークレイ主教の詩の著名な一節を引用している。ここには、大西洋岸に到着した清教徒たちの民主主義的諸価値が未開の西へ伝播されることと、いにしえからアングロ・サクソンによって連綿とかかれ続けた帝国拡張の信念の必然的経路とが重ね合わされている。トマス・

ペイン (Thomas Paine 1737-1809) が,「アメリカの大義は, その大部分が全人類の大義なのだ」と『コモン・センス』(1776) 序文で述べたように, 大義の普及はあまねくあるべきだと考えられていた。独立以来のこうした解釈は, やがて一層の神話化を経て, 1845年のテキサス併合の際に, 合衆国の西への膨張は神の意志であると断じた標語「明白なる天命」(Manifest Destiny) を生み出す。

実際, 西へと際限なく拡がる未知の大地は, 1803年のフランスからのジェファソン大統領による1500万ドルのルイジアナ購入を契機に, ますますアメリカ膨張の夢を駆動するようになった。フランクリンもジェファソンも, アメリカの将来はヨーロッパの大国とは異なり, 製造業や貿易ではなく農業に基盤をおくべきであるという青写真を描いていたが, 拡大する辺境の自由土地は, 開拓者の土地所有の夢を掻き立てたにちがいない。それは, ジェファソンの独立自営農民 (ヨーマン) の夢である。旧世界の農業の担い手は, 少数の地主に服従し搾取にあえぐ小作農であったが, 新世界の独立自営農民は, ことにジェファソンにとっては, 機会均等のもとに能うるかぎり均分化された自己所有の土地を勤勉に耕作することで, 平等の精神, そして農業という古来の神聖な労働に精励するに相応しい自由独立の精神を培い, 共和国の基本的モラルの担い手になるものと想定されていた。

そこには, 自由, 解放, 醇朴無垢など西部辺境の荒野が包蔵する諸価値の礼賛にも彩られた, いささかロマン主義的な田園思想と啓蒙思想の融合思想(アマルガム)が見出される。それは一握りのプランターと無数の黒人奴隷による農園経営へのアンチテーゼであり, 世界に冠たる農園のヴィジョンともなっていた。ジェファソン以後に醸成された西部というユートピアは, 熱烈なフーリエ主義者であるホレース・グリーリー (Horace Greeley 1811-72) の「若人よ西部を目指せ」(Go West, Young Man) というスローガンにも支えられ, 自営農地法がついに1862年に議会を通過した。そして, 21歳以上の者ならだれでも160エーカーの公有地を貸与され, 5年間の定住と耕作を経て私的所有を認められることになったのである。

▶ナショナル・アイデンティティ　こうして国家の基盤が固まりかけ, 膨張が始まった19世紀前半までに, ナショナリズムの興隆が, いっそう起源や歴

史の創出を要請したのだといえよう。そして，未来に向けては，一層の国家の統合，発展を促進するものとして，アメリカの夢が紡ぎ出され続けなければならなかったのである。先に見たアダムズの演説ばかりでなく，たとえばジョエル・バーロウの愛国詩編『コロンビアッド』(1807) も，この時期のナショナリズムの発露として典型的である。この長大な叙事詩は，アメリカの発展をコロンブスが幻視したという体裁をとって，プリマスの故事よりもはるか遠くに遡行して起源を創出しようとしている。こうした歴史の粉飾は，19世紀を締めくくる国家的行事である世界コロンビア博覧会が，1893年，コロンブスのアメリカ大陸発見の400周年という節目に，開催されたことを想起させる。

　シカゴで開催されたこの博覧会は，大国の仲間入りを果たした合衆国が，国家の統合と進歩，産業と科学技術の発展を世界に向けて賑々しくお披露目するものであったが，皮肉にもここにはアメリカの夢の綻びが象徴的に声明されていた。まず第一に，博覧会の一環として行なわれた歴史学協会の講演会でのことだ。国勢調査局が，1890年にフロンティアの消滅宣言を出したことをうけて，フレデリック・ジャクソン・ターナー (Frederick Jackson Turner 1861-1932) は，「アメリカの歴史におけるフロンティアの意義」と題する講演を行ない，西に拡がる辺境の地の消滅が，アメリカの夢や希望にいかなる挫折をもたらすかをいち早く予言したのである。消滅宣言のあった年，アメリカは世界第一位の工業国になっていた。鉄道資本による優先的土地取得，土地投機，土地抵当流れによる自作農の小作農への転落などにより，土地所有は少数者への独占集中をきたし，経済的平等や自主独立をめざした土地均分論は潰え去っていた。世界の農園たる夢は消え，シカゴでは摩天楼が聳え，ウェスティングハウス社の25万個の電飾がともされ，5000馬力のエンジンが三基うなりをあげていた。第二に，黒人女流文学者のフランシス・ハーパー (Frances Harper 1825-91) の講演。彼女は黒人であり女性であることとアメリカ市民であることの相克，二重の意味で平等・自由の権利から疎外されてあることの困難を訴えた。実際，『アメリカ黒人が世界博覧会で排除されている理由』というパンフレットを発行したアイダ・B・ウェルズ-バーネット (Ida B. Wells-Barnett 1862-1931) やフレデリック・ダグラス (Frederick Douglass 1817-95) の例に見られるようにあらかじ

めアメリカの夢から排除されていた者たちが、その夢の欺瞞を暴き出し、次第に抗議の声を糾合し始めていたのだ。また、この博覧会の年には、経済恐慌が起こり、ストライキが頻発していく。その一方で国富を独占する資本家・財閥が着々と形成され、20世紀にかけて、アメリカの成功の夢は果てしなく破られていった。

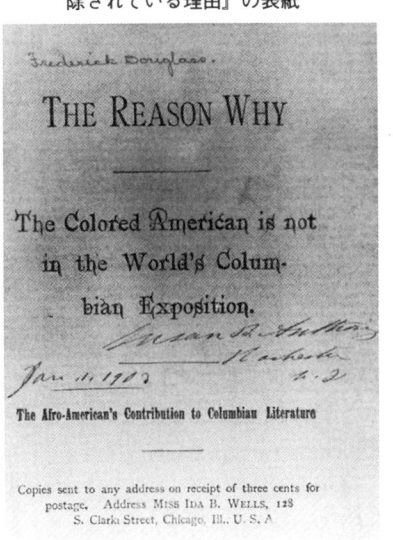

図1-5 『アメリカ黒人が世界博覧会で排除されている理由』の表紙

▶悪夢のアメリカ　50年代から60年代、ビートからヒッピーたちにとって、もはや夢は無垢なものでありえなかった。起源探しのときから、つねにすでに起源隠しは行なわれており、黒人公民権運動、学生運動、環境保護運動のアクティヴィストたちにとって、アメリカの夢は、先住民族の駆逐、クエーカー教徒迫害、魔女狩り、奴隷制、性差別、人種差別、自然破壊などを糊塗することで成立しているものでしかなかった。しかし、歴史のなかでリレー走者によって次々と受け渡されてきたバトンのように、夢は語られる。1963年、マーティン・ルーサー・キング（Martin Luther King 1929-68）牧師は、「雇用と自由のためのワシントン大行進」の集会で25万人の聴衆を前に、「わたしには夢がある」というタイトルで名高い演説を行なった。その「夢」とは、「アメリカの夢に深く根ざした夢」であるという。ジェファソンが独立宣言で謳った「すべての人は平等に創られているという」「自明の真理」が実現する夢。独立宣言の理想の実現を約束したはずのエイブラハム・リンカン（Abraham Lincoln 1809-65）の奴隷解放宣言の100年後、それでもキング牧師は「ジョージアの赤土の上で、奴隷の子孫と主人の子孫が兄弟愛のテーブルにつく」ことを夢見る。キング牧師の暗殺という歴史のあと知恵の恩恵にあずかるわたしたちにとって、こうした夢の吐露は非暴力主義・同化主義を奉ずる黒人指導者のあまりにも痛ましい祈りにむしろ聞こえてしまう。

60年代のもうひとりの偉大なるドリーマー，かつ人種統合推進のシンボルであったケネディ暗殺，そしてヴェトナム戦争，ウォーターゲート事件とリチャード・ニクソン（Richard Nixon 1913-94）大統領辞任など汚辱の歴史も経て，アメリカの夢は幻滅の度をいっそう深めたといえよう。80年代以降，新移民の増加で多様なエスニシティが並立し抗争する現代アメリカでは，アメリカの夢は，国家を束ねる「大きな物語（マスターナラティヴ）」たりえなくなっている。1994年，新大陸発見500年記念を，多文化主義のアメリカがもはや単純に祝うことができなかったことも当然であったのかもしれない。　　　　　　　　　　　　　　（笹田）

アメリカの二大政党

　アメリカ政治の特徴は民主党と共和党による劇的な政権交代にある。民主党が誕生したのは機会の平等を唱えるジャクソン大統領の時代（1829-37）だが，皮肉にもその「平等の時代」に奴隷制反対派が民主党から分裂し，ホイッグ党が誕生する。ホイッグ党は4人の大統領を出し，その勢力を引き継いだ共和党からリンカン大統領（1861-65）が登場したのである。こうして現在の二大政党が生まれた。

　最近ではクリントン，カーター，そしてケネディなどの大統領が民主党出身である。その政策はF．D．ローズヴェルト大統領（1933-45）のニュー・ディール政策に代表される。公共投資による経済への積極介入と弱者のための社会福祉政策などが特徴で，連邦政府が積極的に政策を展開することから「大きな政府」と呼ばれる。こうして民主党は都市部の低所得者層と人権やヒューマニズムを訴えるリベラルな層からも支持されるようになった。多額の累積赤字を引き継いだクリントン政権もインフラ整備やスーパー・ハイウェイなどへの公共投資という民主党に伝統的な施策によって景気回復を果たした。しかし近年，北部大都市からサンベルトと呼ばれる南部，西部へと人口が移動し，支持基盤が揺らいできたと言われている。

　奴隷制反対を訴えて登場した共和党は，経済政策においては自営農地法（1862）で農民に土地を与え，保護関税政策や大陸横断鉄道開発などで実業家を援助してきた。以来大恐慌時代まで，共和党は北部産業資本と西部農業を背景として優勢を維持し，肥大化した。共和党政権下では貧富の差が拡大し，景気が低迷すると言われている。その政策は「小さな政府，強いアメリカ」，すなわち経済的放任主義と外交的強硬路線が特徴である。現ブッシュ大統領をはじめ，レーガン，ニクソンなど共和党から大統領が出てはいるが，下院の議席では94年までの半世紀ほとんど多数

をとったことがなかった。近年，共和党はキリスト教右派との連携などで保守層を取り込んできた。
(山越)

キー・トピック解題

1　植民地の建設

▶**ヴァージニア植民地と奴隷の導入**　ヨーロッパの新大陸への進出はまずスペイン，ポルトガルが始めたが，のちにアメリカ合衆国へと発展する植民事業は主にイギリスが行なっていた。16世紀半ば，イギリスには毛織物産業の輸出不振と農地の囲い込みによって土地を奪われた農民や失業者があふれていた。そこで失業者対策として国外の遠隔地へ労働力を供給したのが植民地の始まりである。その最初の植民地がジェームズ一世の特許状を得てヴァージニア会社が1607年に開拓したジェームズタウンで，本国から送り込んだ年季契約奉公人と呼ばれる人々に煙草などを栽培させた。

こうした植民地の形成は初めから順風満帆というわけではなかった。大西洋上での難破や大陸での疫病や飢餓もあれば，土地を奪われた先住民が植民者の身勝手なやりかたに抗議し，蜂起することもあった。1622年のポーハタン族による急襲では多くの死者を出している。

1619年，最初の黒人奴隷がアフリカから連れてこられた。奴隷のなかには奴隷商人が，アフリカで部族同志を争わせ，負けた側の捕虜として奴隷になった者もいた。奴隷は鎖につながれ，ガレイ船で新大陸に運ばれ，競売にかけられたが，渡航中にその半分以上は死亡したという。

▶**ニューイングランドの植民地**　1620年，イギリス国内における宗教的弾圧から一時オランダに亡命した清教徒たち102人が，新天地を求めてメイフラワー号でプリマスに上陸した。彼らは聖書に書かれたイスラエル民族の出エジプトに自分たちを重ね合わせ，神から選ばれた民として新大陸という「約束の地」に神の王国を建設しようと試みる。だが1691年に，やはり信仰に根ざした，神権制による自治組織をもつマサチューセッツ湾植民地に吸収される。しかし，

この組織はあまりにも厳格であったため、意見を異にする人々は追放されたり逃げたりして、新たな植民地の建設に力を注いだ。そのなかには、政教分離を唱えたロジャー・ウィリアムズ建設によるプロヴィデンス植民地（のちに他の植民地と合体してロードアイランド植民地となる）、トマス・フッカーによるコネティカット植民地、ジョン・ダヴェンポートによるニューヘイヴン植民地などがある。

▶国王直轄の植民地　1634年にメリーランド植民地を建設したボルティモア卿はカトリック教徒であるが、本国で清教徒革命が起きたのを機に1650年代になると、王権を倒して権力を握った清教徒の移住が増え始める。これらの新たな移住者のなかには、オランダに依存していた植民地からオランダ人勢力を締め出し、イギリス議会を中心とする重商主義体制を確立しようとする者もあった。こうしてオランダ領ニュー・ネザランドも、当時のイギリスの領主ヨーク公にちなんでニューヨーク植民地と改名された。領主による植民地の建設は、王政復古後、チャールズ二世によって促進され、1663年にはカロライナ植民地が、1664年にはニューヨーク植民地（のちにニュージャージー植民地と分離）が、1681年にはペンシルヴェニア植民地（のちにデラウェア植民地と分離）が、1732年にはジョージア植民地（のちに独立する13の植民地のうち最後に建設された）が建設された。

▶植民者がもたらした悪夢　ここで忘れてはならないことは、植民者がどんなに理想的な大志を抱いていたとしても、その理想社会の建設は先住民の土地を奪い、自分たちのものにするという利己的なやりかたで行なわれたということだ。土地を私有するという考えかたは先住民族にはなかったことであり、彼らにとって白人の到来は迫害と抑圧を意味していたのだ。ジェームズタウンにおけるポカホンタス（Pocahontas 1595?-1617）の物語のように白人社会に同化した先住民がいたことは事実だが、これも白人の視点から神話化されている。そしてまた先住民の悲劇のみならず、黒人奴隷の悲劇も忘れてはならない事実だ。

　　　　　　　　　　　　　　　　　　　　　　　　　　　　　　（堀）

2 アメリカ合衆国憲法

▶合衆国憲法ができるまで

独立（1783）の4年後，憲法制定会議の結果，合衆国憲法の原案は1787年9月17日に出来上がった。奴隷の多い農業地帯の南部と商業貿易の盛んな北部，大きな邦と小さな邦との利害が対立したが，激しい議論の末に，連合国を構成する13邦のうち憲法成立に必要な9邦の憲法会議が原案を承認したのは，1788年6月21日だった。中央政府に権力が集中することに対して懸念はあったが，独立戦争（1775-81）を経た各邦の指導者たちは，主として通商と外交の点で，連邦全体の政策を決定できる権限を与えられた中央政府が必要だと実感していた。その結果，短期間で立法・行政・司法の三権分立と相互のチェック機構，および連邦政府と州政府の権限の割り振りを定めた合衆国憲法が成立したのである。また1791年には権利章典として知られる10の修正条項が憲法の中に組み入れられ，国民の権利が定められた。発行から209年の間，わずか27の修正しか行なわれていないという事実は，起草者たちの先見性のひとつの証である。

▶合衆国憲法

第1条は連邦議会の立法権と二院制を定め，第2条は大統領の選挙方法と大統領の権限について，第3条は司法権をもつ裁判所と裁判官について定めている。大統領は連邦議会に対しての拒否権を与えられているが，条約の締結や要職の任命には上院の同意を必要とする。一方，連邦議会は大統領と連邦裁判所裁判官を弾劾することができるが，憲法解釈上の最終判断は裁判所に委ねられている。第4条は連邦と州の関係，および各州間の関係を定めているが，州権限と連邦権限の境界があいまいであったことがのちに問題視されることになる。第5条は憲法修正の方法を，第6条は憲法を国の最高法規とすることを，そして第7条は憲法の承認と発効の手続きについて定めている。

修正条項のうち，第1修正は宗教，言論，出版，集会や請願の自由という国民の権利を制限する法律を議会が制定することを禁じている。第2修正と第3修正は武器と軍人の宿営についての規定で，とくに第2修正は民兵(ミリシア)の必要に基

第1章　アメリカン・ドリーム | 13

づき，国民が「武器を保有し携帯する」権利を認めている。第4修正から第8修正までは司法手続きに関するもので，第4修正が「不当な捜索と逮捕」を禁じ，第5，第6修正は被告人の権利を明記し，第7修正は民事事件における陪審裁判の条件を定め，第8修正は残虐な刑罰を禁止している。第9，第10修正は他の特定されていない権利と権限が国民と州に留保されることを明らかにしている。

▶共和制の理念と「国民」の定義　憲法第4条第4節は連邦内の各州が共和政体を保持することを保障している。代議制と主権在民を基本とする共和政体は，「人がみな平等に造られた」ことを自明の真理と高らかに謳った独立宣言（1776）の理念の表現である。しかし同じ独立宣言で先住民は「無慈悲で野蛮なインディアン」と呼ばれていた。また憲法第4条第2節3項は，逃亡奴隷の州の間での引き渡しを定めており，それは奴隷制度と強制労働を禁止した第13修正（1865）が認められるまで有効だった。合衆国生まれの全ての人々に市民権が与えられ，生命，自由，所有権が，法の下に平等に保護されると定めたのは，1868年の第14修正であった。さらに準主権を認められていた先住民の市民権が認められたのは1924年である。また黒人の選挙権は1870年，第15修正によって保障されたはずだが，さまざまな条件を付けることによって実質的には黒人が投票できない障壁が南部諸州で設けられていた。これを是正したのは1965年の投票権法だった。女性の選挙権はようやく1920年，第19修正によって保障された。　　　　　　　　　　　　　　　　　　　　　　　　（外岡）

3　エイブラハム・リンカン

▶丸太小屋からホワイトハウスへ　アメリカ合衆国大統領のなかでも，エイブラハム・リンカン（Abraham Lincoln 1809-65）ほど人々の夢と希望を掻き立てる大統領はいない。貧しい開拓民の息子だった彼は，独学で法律を学び，富裕な階級の娘との結婚にも助けられ，ついにはアメリカ大統領の地位にまで上りつめた。生まれにかかわりなくあらゆる人に機会が開かれているというアメリカの平等の理想，そして努力と勤勉によって成功を得ることができるとい

うフランクリン的な徳を体現するのがリンカンであった。さらに彼は奴隷解放を宣言し，南北戦争による合衆国分裂の危機を回避した英雄であり，戦争後の再建期を前に暗殺された悲劇の大統領でもある。「誰にも恨みを抱かず，すべての人に慈悲をもって」という，南北戦争の激戦地ゲティスバーグで彼が行った有名な演説は，彼の国際的評価を高めたと同時に，自由と民主主義，博愛と国家の統一との守護者としての彼のイメージを作り上げた。

たとえば大恐慌と国際緊張の高まった1930年代には，「一般民衆」の代表者であり民主主義の擁護者としてのリンカンのイメージが繰り返し描かれた。映画『若き日のリンカーン』(*Young Mr. Lincoln* 1939) はその一例である。20世紀初頭の人種差別主義的な小説，T・ディクソンの『クランズマン』(1905) や，その映画版，D. W. グリフィスの『国民の創生』(*The Birth of a Nation* 1915) でさえも，リンカンを「偉大な調停者」として描いている。リンカンはアメリカン・ドリームの体現者というだけではなく，アメリカの理想の体現者として，アメリカ人の想像力の中で今でも生き続けている。

▶奴隷制廃止の虚と実　しかし理想化されたリンカン像とは裏腹に，現実の奴隷解放宣言までの道のりは，さまざまな政治的思惑の絡み合ったものだった。リンカンは個人的には人種差別をする人間ではなかったというが，一方で奴隷解放を人権の理念から提唱していたわけでもなかった。彼は当初奴隷の漸次解放を考えており，奴隷所有者には補償を与え，解放された奴隷は国外に植民させるという計画を持っていた。奴隷解放宣言にしても，奴隷が自由になる権利を宣言したというよりも，むしろ南部人に対して戦いをやめるよう圧力をかけるという性格が強かった。

彼の第一の目標は，連邦の国家としての統一を護ることだった。『ニューヨーク・トリビューン』紙の主幹が，奴隷制反対の立場から出した公開状に対して，リンカンは次のように回答を送っている。「もし，私が一人の奴隷も解放することなしに連邦を救うことができるなら，私はそうするでしょう。もしもすべての奴隷を解放することによって連邦を救うことができるなら，私はそうもするでしょう。また，一部の奴隷を解放して残りの奴隷をそのままにしておくことで，連邦を救うことができるなら，そうしてもよいでしょう。私が奴

図1-6 フォード劇場で観劇中に射殺されるリンカン。犯人は南部支持者であった。

隷にたいして,そして黒人にたいして行なうことが何であれ,それは,すべて連邦を救うことに役立つから行なうのです」このなかで彼は「人間はどこにいても自由たりえる」という個人的「願望」を表明してはいる(ノートン他『南北戦争から20世紀へ』アメリカの歴史3,1996年)。しかし奴隷解放は政治的計算に基づいた決定であり,道義的視点からの決定ではなかった。

　リンカンの死後,1866年には黒人にも白人と平等の市民的権利を保障するための公民権法が成立,1870年には南部政界にアメリカ史上初めて黒人が進出し,連邦議会にも議席を占めるに至った。しかし1883年,連邦最高裁判所は1875年の公民権法に違憲判決を下した。黒人を「劣等人種」とする人種主義がはびこり,1889年頃から黒人に対するリンチ事件が激化,1890年にはミシシッピ州で黒人の選挙権が剝奪され,以後南部諸州で黒人選挙権の制限が広がった。この中で多くの黒人が真の自由と平等を求めて闘い続けた。　　　　　　(外岡)

4　資本家の台頭

▶産業資本家の台頭

　　南北戦争後，アメリカは経済的に急激な発展を遂げ，多くの産業資本家を生み出した。鉄道王ヴァンダービルト，鉄鋼王カーネギー，石油王ロックフェラーらである。彼らの多くは自力で貧困からのしあがり，それぞれの産業の頂点にのぼりつめた。自由と平等の民主主義国家アメリカでは，チャンスさえあれば，そして努力をすれば成功する可能性があることを彼らは証明してみせたのである。

▶船舶から鉄道へ

　　南北戦争前は州権の利害の争いから鉄道を敷くのが困難だったが，統一後のアメリカは連邦政府の力が強化され，大陸横断鉄道をはじめとする鉄道が次々と敷かれるようになる。それまで貨物輸送を担っていた船舶は鉄道に取って代わられた。鉄道資本家コーネリウス・ヴァンダービルト（Cornelius Vanderbilt 1794-1877）はこうして現われるべくして現われたのである。彼は16歳でヨットを一艘購入し，スタテン・アイランドとニューヨーク市のあいだを往来していたが，ゴールドラッシュでカリフォルニアをめざす人々が増えると今度はニカラグア経由でニューヨークからサンフランシスコに行く船を調達し，さらにニューヨークとフランスのル・アーブルを結ぶ大西洋航路を往復する船舶を用意した。しかし国内の鉄道に対する需要が高まるにつれ，ヴァンダービルトは船舶よりも鉄道に目を向けはじめる。1857年から62年の5年間に，所有していた蒸気船を売り払い，ニューヨーク・ハーレム鉄道，ハドソン・リヴァー鉄道，ニューヨーク中央鉄道の株を安価で購入し，1873年にはニューヨークとシカゴを結ぶ路線を所有する。こうしてヴァンダービルトは，たった一艘のヨットから鉄道の一大帝国を築いたのである。

▶鉄鋼王から慈善家へ

　　スコットランドで生まれたアンドリュー・カーネギー（Andrew Carnegie 1835-1919）は，1848年に家族とともにアメリカへ移住し，綿工場の糸巻き係から機関士，通信士，鉄道技師などを経て，鉄鋼工場主となり，やがて全米規模の鉄鋼産業の頂点に立つ。しかしその後半生は一線を退き，「金持ちはまず富を得，その後福祉事業にその金をつ

ぎ込むものだ」と述べて慈善活動に専念する。今日でも彼の遺志を実現するために，カーネギー財団は多岐にわたる慈善・福祉活動を続けている。とはいえ，莫大な利益の裏で，労働者たちは低賃金，長時間労働を強いられ，ある工場では3年間で死傷者を3000人以上出したと記録されている。だが労働者も負けてはいない。1892年にはホームステッド・ストライキを起こす。しかし残念ながら，労働者全員が首になるという惨澹(さんたん)たる結果で終結する。

▶**オイル・マネーが生んだ大財閥** 初代石油王として名をとどめたジョン・デイヴィソン・ロックフェラー（John Davison Rockefeller 1839-1937）は商人の家に生まれた。彼は南北戦争のまっただなかの1863年，ペンシルヴェニア州タイタスヴィルで掘られた油田に目をつけ，石油精製業を地元クリーヴランドで始める。1870年には共同資本によるスタンダード・オイル・カンパニー・オヴ・オハイオを設立し，1882年にはスタンダード石油トラストを築き，全米の石油精製業界の95％のシェアを独占するほどにまで成長する。ロックフェラーもその後半生を慈善活動に捧げ，その遺志を継いだ息子はロックフェラー財団や国際教育連盟などの設立に尽力する。ロックフェラーの資産は今日の円に換算すると年収19兆円となり，2位のカーネギーの12兆円をはるかにしのぐものだ。

　以上のように，アメリカは才能と運さえあれば，個人が一代にして巨万の富を蓄積することのできる国であった。今日でもコンピューター・ソフトで巨額の資産を築いたビル・ゲイツのような人物が登場するのもアメリカならではのことであり，「アメリカの夢」，「成功物語」は確実に現存している証しである。しかし幸運な資本家誕生の影には，産業の発展を縁の下で支えながら朽ちていった労働者がたくさんいたことも忘れてはならない。

(堀)

電化製品に囲まれた主婦像

　アメリカの中流家庭をのぞくと，掃除機に始まり，洗濯機や乾燥機，システムキッチンにはオーヴンつきのレンジ，大きな冷蔵庫，皿洗い機や電子レンジなど，さまざまな家電製品であふれている。こうした生活の質が，誰もがあこがれるアメリカ生活を物語っていた。大きなアメリカ車とともに，大きな白い冷蔵庫は，戦後

景気に湧いた50年代アメリカの豊かさのシンボルとして，今だにノスタルジックに思い起こされる。しかしこれらの製品が，もっぱらそれを使う主婦たちをターゲットに宣伝されいたことは，アメリカの女性たちが，いかに専業主婦としてイメージづけられていたかを示している。つまり電化製品に囲まれて幸せそうな主婦とは，実の所，郊外の一戸建住宅で，昼間は一人で掃除，洗濯，買い物，食事の用意あるいは子どもたちの送り迎えに明け暮れる，いわば奴隷同然だった。やがて起こるウーマンリブとは，そのような性役割を拒否する運動だった。 (山越)

原典紹介

The Great Gatsby (1925)

F. Scott Fitzgerald

Most of the big shore places were closed now and there were hardly any lights except the shadowy, moving glow of a ferryboat across the Sound. And as the moon rose higher the inessential houses began to melt away until gradually I became aware of the old island here that flowered once for Dutch sailors' eyes—a fresh, green breast of the new world. Its vanished trees, the trees that had made way for Gatsby's house, had once pandered in whispers to the last and greatest of all human dreams: for a transitory enchanted moment man must have held his breath in the presence of this continent, compelled into an aesthetic contemplation he neither understood nor desired, face to face for the last time in history with something commensurate to his capacity for wonder.

『華麗なるギャッツビー』(1925)

F. スコット・フィッツジェラルド

海岸沿いのほとんどの大邸宅は今では閉ざされ，海峡を横切るフェリーボートの動いている影のような輝きを除けば，明りらしきものはなかった。やがて月がのぼっていくにつれ，まわりの小さな家々も溶けはじめ，かつてオランダの水夫たちの目には栄えて見えた昔のこの島のすがた——新世界の新鮮な緑の胸——がしだいにわたしにもわかるようになった。いまは消え去っている木々も，ギャッツビーの邸宅のために道をあけた木々も，かつては，あらゆる人間の夢のなかで最後の最大の夢を口々に耳もとで囁いていたのだろう。束の間の魅せられた一瞬に，人はこの大陸の前で息をのみ，自らの驚嘆する能力に比例するものに史上で最後に直面して，理解してもいなければ望んでもいなかった審美的黙想にふけらずにはいられなかったにちがいない。 (堀)

The Declaration of Independence

In Congress, July 4, 1776, The unanimous Declaration of the Thirteen United States of America

When in the Course of human events, it becomes necessary for one people to dissolve the political bands which have connected them with another, and to assume among the Powers of the earth, the separate and equal station to which the Laws of Nature and of Nature's God entitle them, a decent respect to the opinions of mankind requires that they should declare the causes which impel them to the separation.

We hold these truths to be self-evident, that all men are created equal, that they are endowed by their Creator with certain unalienable Rights, that among these are Life, Liberty and the pursuit of Happiness. That to secure these rights, Governments are instituted among Men, deriving their just powers from the consent of the governed; That whenever any Form of Government becomes destructive of these ends, it is the Right of the People to alter or to abolish it, and to institute new Government, laying its foundation on such principles and organizing its powers in such form, as to them shall seem most likely to effect their Safety and Happiness. Prudence, indeed, will dictate that Governments long established should not be changed for light and transient causes; and accordingly all experience hath shown, that mankind are more disposed to suffer, while evils are sufferable, than to right themselves by abolishing the forms to which they are accustomed. But when a long train of abuses and usurpations, pursuing invariably the same Object evinces a design to reduce them under absolute Despotism, it is their right, it is their duty, to throw off such Government, and to provide new Guards for their future security. —Such has been the patient sufferance of these Colonies; and such is now the necessity which constrains them to alter their former Systems of Government. The history of the present King of Great Britain is a history of repeated injuries and usurpation, all having in direct object the establishment of an absolute Tyranny over these States. To prove this, let Facts be submitted to a candid world.

(中略)

We, therefore, the Representatives of the united States of America, in General Congress, Assembled, appealing to the Supreme Judge of the world for the rectitude of our intentions, do, in the Name, and by Authority of the good People of these Colonies, solemnly publish and declare, That these United Colonies are, and of Right ought to be Free and Independent States; that they are Absolved from all Allegiance to the British Crown, and that all political connection between them and the State of Great Britain, is and ought to be totally dissolved ; and that as Free and Independent States, they have full Power to levy War, conclude Peace, contract Alliances, establish Commerce, and to do all other Acts and Things which Independent States may of right do. And for the support of this Declaration, with a firm reliance on the Protection of Divine Providence, we mutually pledge to each other our Lives, our Fortunes and our sacred Honor.

独立宣言

1776年7月4日連合会議における13のアメリカ連合諸邦(ユナイテッド・ステーツ)による全会一致の宣言

　人類の歴史において、ある国民が、彼らを他の国民と結びつけていた政治的紐帯を解消し、地上の各国の間にあって、自然の法と自然の神の法によって当然与えられるべき、自立同等の地位を占めることが必要となる場合、人類の意見を尊重しようとするならば、その分離を強いられた理由を言明することが必要だろう。

　我々は次にあげる真理を自明のことと信ずる。すなわち人はみな平等に造られ、造物主によって、誰にも譲ることのできない一定の権利を授けられているのであり、その権利の中には生命、自由、および幸福の追求が含まれる。またこれらの権利を確保するために人びとのあいだに政府が組織されたのであって、政府の権力は被治者が同意を与える場合にのみ、正当とされるのである。いかなる形体の政府であれ、これらの目的を破壊するようなときには、人民はその政府を改廃し、彼らの安全と幸福のためにもっとも有効と思われる原理に基づき、またそのような権限の機構を持つ、新しい政府を組織する権利を持つ。長い間確立されてきた政府が軽々しい理由や一時的な理由で改変されるべきではないのは、まさに思慮分別の命ずるとおりである。また経験に照らしてみれば、馴染んだ形式を廃止することによって権利を復活しようとするよりは、むしろその害悪が耐えられる程度のものである限りは耐えるのが、人びとの傾向でもある。しかし一連の暴虐と簒奪が同じ目的を変わらずに追究し、人民を絶対的な専制政治の下に屈服させるという意図を明らかに示しているとき、そのような政府を捨て、将来の安全のために新しい擁護の組織をつくるのは、人民の権利であり、また義務である。——これこそこれら植民地が堪え忍んできた苦難であり、それによって彼らはこれまでの統治形体を改める必要を強いられているのである。イギリス現国王の歴史は、繰り返された権利侵害と権利簒奪の歴史であり、すべてこれらの諸邦に対して絶対的な専制政治を確立することを直接の目的として行なわれたものである。これを立証するために、公平な世界に向かって事実を提示するものである。

　　　　　　　　　　　　　(中略)

したがってわれわれアメリカ連合諸邦の代表は，連合会議に集合し，これら植民地の善き人民の名と権威の下に，われわれの企図の公正であることを世界の至高の審判に訴え，厳粛に公布し宣言する。すなわちこれら連合植民地は，自由にして独立した国家であり，まさに権利として当然そうなるべきものである。これら諸邦はイギリス国王に対するいっさいの忠誠から解除され，イギリス国家との間にあった政治的紐帯はすべて当然消滅した。また諸邦は自由にして独立した国家として，宣戦講話をなし，同盟，通商の条約を結び，その他の独立国が当然行いうるいっさいの行為をなす権限をもつものである。この宣言の支持のため，神の摂理による加護を堅く信じ，われわれは生命，財産，そして尊い名誉を捧げることをおたがいに誓う。　　　　　　　　　　　　（外岡）

ケネディ家の成功と悲劇

　ケネディ家の最初の祖先はパトリック・ケネディである。アイルランドでのジャガイモ大飢饉をきっかけに，1849年にアメリカに移住してきた。その長男パトリック・ジョゼフ・ケネディはボストンのアイルランド系の人々の支持を得て，下院議員，ボストン市長までのしあがり，ケネディ家成功の礎を築く。3代目ジョゼフ・ケネディは事業の才覚にすぐれ，莫大な財産をケネディ家に残すとともに，自らもイギリス大使まで務めた。4代目次男がかの有名なジョン・F・ケネディである。彼はわずか29歳で下院議員に当選し，その後は上院議員を経て，1961年には第35代大統領に就任。

　ケネディ家はまさに一族をあげてのアメリカン・ドリームの体現者であったが，また同時に信じられないほどたくさんの悲劇に見舞われた一家でもあった。4代目長男ジョゼフ・ジュニアは海軍に入隊後戦死，その1ヵ月後，次女キャスリーンの夫も戦死，キャスリーン自身も1948年，飛行機事故で死亡。1963年には，ジョン・F・ケネディがテキサス州ダラスで暗殺され，1968年には3男のロバートも大統領予備選挙中にカリフォルニアで凶弾に倒れた。翌年には4男エドワードが飲酒運転中に過って橋から海に転落する事故を起こし，同乗者の女性を溺死させてしまう。1973年にはエドワードの長男エドワード・ジュニアがわずか12歳で癌のために右足切断，更に1984年，3男デイヴィッドは麻薬のために28歳の若さで死亡。

　1999年7月には，JFKの長男で5代目にあたる現職の上院議員ジョン・F・ケネディ・ジュニアが飛行機事故で妻と義妹と共に死亡し，ニューズウィーク誌は「加護されつつも，のろわれたアメリカの名門」というタイトルで事故を報道した。栄光と悲劇はケネディ家の代名詞として定着してしまったようだ。　　　　（田中）

第 2 章
信仰とアメリカ国民の生活
（朝日由紀子）

概　説

▶ピューリタニズム
の抑圧と解放

　現代のアメリカ社会，文化をより深く理解しようと努めるとき，建国の理念がどのように受け継がれ，アメリカの統一的なアイデンティティを保持してきたかを見る視点は必要である。そして，建国の理念を考える際，ピューリタニズムの精神傾向をまず知っておきたい。

　ピューリタニズムの起源は宗教改革にあり，イギリスにおいて発展した宗教運動である。マルティン・ルター（Martin Luther 1483-1546）による「免罪符」（正確には「免償符」）否定に基づく「95カ条の提言」に端を発し，地上唯一の教会を自認するカトリックと決別して，プロテスタントが誕生した。その特質は，ふたつに要約できよう。第一に，「聖書」にのみ信仰の基盤を置く聖書中心主義である。第二に，「恩寵」による救いであり，カトリックが主張してきた「善きわざ」による救いを否定したことである。この2つの信条から派生してくるプロテスタントの特徴は，教会あるいは教派の在り方の多様性といえよう。言いかえれば，非国教主義につながるともいえる。プロテスタント教会内部でたえず新たな教会が生まれてくる可能性を原理的に孕んでいた。

図2-1　ニューイングランドの荒野のなかを教会にむかうピューリタンたち

事実，歴史の流れをたどると，イギリスの場合，アングリカニズムにプロテストしたピューリタニズムから，「分離派」またはロバート・ブラウン（Robert Browne 1550-1633）の一派という意味で「ブラウニズム」が生まれ，ピューリタン主流派からは抑圧された。そして，この分裂から「会衆派」が新しく台頭してきたため，それまで主流の「長老派」（非分離派）とは，対立するようになった。このように，新しく教派が形成されていくが，主要な教派としては，ジョン・スミス（John Smyth 1570-1612）の創始した「バプテスト派」，ジョージ・フォクス（George Fox 1624-91）の創始した「クエーカー派」や，ジョン・ウェスレー（John Wesley 1703-91）の創始した「メソジスト派」などがあり，これらの教派は，アメリカにおいて圧倒的な影響力をもつまでに成長していった。

図2-2 ジョン・ウィンスロプの肖像画

1620年，メイフラワー号でアメリカにむかったピルグリム・ファーザーズは，先の会衆主義をとる分離派が主であった。また，1630年にジョン・ウィンスロプ（John Winthrop 1587-1649）に率いられアメリカに渡ったピューリタンたちは，おもに非分離派の会衆派であった。アーベラ号上でウィンスロプは，「丘の上の町」建設という事業のため，「神との契約にあずかるのである」という説教をする。契約理念に基づく社会秩序をめざした初代総督ウィンスロプは，必ずしも政教一致の絶対的な神政政治の信奉者ではなかったが，教会の純粋性が政府によって擁護されるべきという考えをもっていた。しかしながら，ここに微妙な問題があるといえよう。ピューリタンは，カトリックのように教会による世俗支配に対しては反発し，また，アングリカニズムのように国家が教会を支配することにも反対の立場をとるものである。だが，上記のように，神の国建設のために政府の力を使うことは是認する。

これに真っ向から反対したのが，ロジャー・ウィリアムズ（Roger Williams

第2章 信仰とアメリカ国民の生活 | 25

1603-83)である。ウィリアムズは，プリマスとセイラムの分離派教会で牧師をつとめ，思想的には徹底した政教分離主義者であった。ウィンスロプやボストン第二会衆派教会牧師のジョン・コットン（John Cotton 1584-1652）らの強力な指導のもとにあるマサチューセッツ湾植民地のやり方に対し批判を行なった。そのため追放され，ウィリアムズは，新たな植民地ロード・アイランドの建設にむかう。マサチューセッツ湾植民地からの追放という同様な運命を辿ったのが，「聖霊の直接の働きかけのみ」を救いの証しであるという主張を曲げなかったアン・ハチンソン（Anne Hutchinson 1591-1643）である。

　こうして，カトリシズムからの制度的解放を果たしたプロテスタントは，以後の歴史のなかで分裂，分離，新たな再生といったダイナミックな分派的運動を展開してきた。そうしたプロテスタントの精神は，アメリカにおける，個人の信仰のあり方を真剣に求める信仰復興運動や，社会への道徳的責任を問う運動である奴隷解放運動や禁酒運動などに注いだ社会改革熱にも現われた。

▶モットーとしての神　アメリカにおける教会と国家の関係を見ていくにあたって，ふたつのことが考えられるであろう。一つは，「国教」の問題であり，もうひとつは，国家元首である大統領と宗教の関係である。

　前述したように，ニューイングランドにもたらされたピューリタニズムは，最初の植民地となったプリマスでは分離派，マサチューセッツ湾植民地では非分離派という色分けであったが，1691年にプリマスがマサチューセッツに合併されると，マサチューセッツでは会衆派がいわば「国教」となった。それに対し，南部の各植民地は，英国国教会を「国教」としていた。メリーランドが，1632年アメリカにおけるカトリック教徒の本拠地となり，カトリック教徒の移住が始まった。だが，1689年にはプロテスタントが実権を握り，むしろカトリックを差別する側になった。

　このようにアメリカの独立以前は，植民地それぞれの歴史と教派とが結びついていた点が注目される。マサチューセッツとならぶ重要な植民地，コネティカットはトマス・フッカー（Thomas Hooker 1586-1647）によって建設された。フッカーは，ケンブリッジ大学イマヌエル・コレッジでジョン・コットンと同僚であり，このピューリタン運動の拠点で，ピューリタンの洗礼を受けた。

図2-3 ミズーリ州セントジョゼフにあるバプテスト派教会

ジェシー・ジェイムス（Jesse James 1847-1882）は当時フォーク・ヒーローでもあった無法者であるが，Thomas Howard の偽名でセントジョゼフに住んでおり，その名にちなみ，歴史的に重要な教会

1636年，マサチューセッツ湾植民地から移住し，ハートフォードに会衆派教会を設立した。そして，政教分離を原則とする憲法，コネティカット基本法を制定する。

当時もっとも寛容であった植民地は，クエーカー教徒のウイリアム・ペン（William Penn 1644-1718）が創始したペンシルヴェニアとロジャー・ウィリアムズが建設したロード・アイランドである。ペンシルヴェニアについては，後述しているので，ロード・アイランドに触れておこう。今日最大の教派はバプテストであるが，1639年ウィリアムズはその中心地プロヴィデンスにアメリカ最初のバプテスト教会を設立したのである。

それぞれに植民地も教派も発展していくことになるが，アメリカの「国教」問題に明確な方針が打ち出されるのは，独立国家として合衆国憲法が制定（1788）され，そのなかでとりわけ基本的人権に関わる条項を定めた「修正第一条」においてである。「連邦議会は法律により，国教の樹立を規定すること，もしくは信教上の自由な行為を禁止することはできない」と規定した。教会と国家の分離の思想が明文化されるにあたり，その2年前のトーマス・ジェファ

ソン（Thomas Jefferson 1743-1826）の起草による「ヴァージニア信教自由法」という先例があったことも事実である。

　こうして教会と国家との分離の原則に則って，アメリカで個人の信仰の自由が法的に保障され，200年以上経てきた。ただしこの間，その原則が問い直されることもたびたびあったことも触れておこう。とくに1950年代までもっとも法的に問題とされたのが，カトリック教会付属学校に対する公的な財政援助の問題であった。つまり，国教会ではない事実に照らして税金の使途が大きな問題として取り上げられた。

　1970年代以降争点となっている問題は，人工妊娠中絶と公立学校において祈祷を認めるか認めないか，という2点であり，最新の情報からも，むしろますます議論が熱してきていると思われる。果たして教会と国家が完全に分離し，相互に関係をもたなくていいのであろうか，この「社会のモラル」のあり方を模索しつつあるのが最近の傾向であろう。

　この項目のはじめで，大統領と宗教の関係という点を指摘しておいたが，じつは，この両者は相互依存関係にあるのではないかと思える。現代社会においては，価値の多様化が価値の矮小化につながり，個を超えた存在を忘れ勝ちになる傾向があるといえよう。そうなれば，集団としての力が脆弱になる恐れがある。大統領にとっては，国家アメリカの力の低下を恐れるであろうし，教会にとっては，神への思いを忘れるような風潮が慢性化すれば，教派の力を失うことになりかねない。大統領も教会も，「神の祝福をうけているアメリカ」を繰り返し人々に思い起こさせる必要がある点で一致しているのである。

　これまでの大統領のなかで，ロナルド・レーガン（Ronald Reagan 1911-2004）ほど公式の場で頻繁に「神」を引用した大統領はいないと思われる。「神のもとにあるアメリカ」であってこそ，地上のどの国よりもアメリカは力強く，健全である，という主張をたゆまず繰り返し，アメリカ人の誇りを取り戻そうとしていたことは確かであろう。また，象徴的な例が，1986年7月3日に行なわれた「自由の女神」百周年記念式典の際のスピーチに見られる。レーガンは，あのウィンスロプが抱いた「丘の上の町」のヴィジョンを語り，アメリカに対する信念を重ねているのである。

図2-4 カンザス州キンスレイ（ニューヨークへ1561マイル，サンフランシスコへ1561マイルの地点）に保存されているフロンティア時代のメソジスト派教会

▶キリスト教の内訳　　アメリカのさまざまな実態を知るには，通常，国勢調査の結果を用いるのが便利である。これは1790年に開始され，10年ごとに調査がなされる。しかしながら，国勢調査には宗教を問う質問事項はない。そこで，教会が集計した統計や，ギャロップ世論調査などの数値を参考にした統計を出している『世界キリスト百科事典』（教文館，1986）によりながら，最近の宗教人口の動向をみてみよう。

1980年については，プロテスタント55％（バプテスト26％，メソジスト9％，ルーテル派6％，長老派5％），ローマ・カトリック30％，無宗教者および無神論者7％，聖公会3％，ユダヤ教徒3％のように発表されている。プロテスタントのなかで，教会員がもっとも減少したのは，アメリカ合同長老教会である。ローマ・カトリックは，逆に増加傾向を示している。その理由として，第一に，アメリカの自由連合州であり，ローマ・カトリックが人口の91％を占めるプエルトリコからの転入が，増加を続けていることと，第二に，カトリック信者の家族における出生率が全米平均より高いことなどが挙げられる。

今日，ピューリタンの伝統を引きついでいるのが，バプテストとメソジスト

第2章　信仰とアメリカ国民の生活　29

である。両者は,「大覚醒」を通じて信仰復興運動支持者の多くを受け入れ,独立後の西漸運動の時期,大きく発展した。ことにメソジストの独特な制度である「巡回説教者」や「信徒による説教」が,フロンティアにおける発展を可能にしたといえる。フロンティアのすみずみまで馬にのり不眠不休で旅をして,キャンプ集会などで荒くれ男たちに説教していく「巡回説教者」の姿は感嘆の的であったらしく,絵に描かれたり,文学作品にも登場する。

カトリックに対する植民地時代の迫害についてすでに触れたが,カトリック人口が増加するにつれ,反カトリックの運動も激しさを増していった。1815年には9万人に達し,それに対して,移民排斥主義を信奉する人たちは,選挙権を獲得するためには21年間アメリカに居住していなければならないという条件を課した。ボストンはじめ東部の都市で迫害がひどくなり,カトリック信者たちは,中西部や西部に移住していった。東部にとどまった聖職者たちは,あらゆる方法でプロテスタントの勢力と闘った。人口も急速に増えていき,1920年には2千万人,1960年には倍の4千万人となり,この年アメリカで初めてのカトリックの大統領が誕生した。ジョン・F・ケネディ (John Fitzgerald Kennedy 1917-63) である。

▶そのほかの宗教　世界中から移民が集まるアメリカには,極論すればあらゆる宗教が存在するともいえる。だが,アメリカ生まれの「キリスト教」がある。期せずして,いずれも19世紀のことであった。「エホバの証人」(ものみの塔),「キリスト教科学」,そして「モルモン教」(末日聖徒イエス・キリスト教会) の3つである。

「エホバの証人」は,チャールズ・ラッセル (Charles Russell 1852-1916) によって,1879年にはじめられた。ラッセルは「聖書」の研究を通し,「シオンのものみの塔およびキリストの臨在の告知者」という雑誌を創刊し,その後,本格的に組織をつくり布教活動を開始する。とくに「ハルマゲドン」を重視し,信者はその証人となるという信念をもっている。

「キリスト教科学」は,1876年,メアリー・ベーカー・エディ (Mary Baker Eddy 1821-1910) によって,キリスト教科学協会が創設されたことから始まる。メアリーは,神の啓示をうけ,聖書の研究をして,1875年,『科学と健康』を

図2-5 ユタ州ソルトレークシティにあるジョゼフ・スミス（Joseph Smith）の立像

図2-6 ネブラスカ州オマハにあるモルモン・トレイル・センター
ソルトレークシティにいたる長い旅路の苦難を伝える歴史的資料館

発表した。メアリーは病気や死を実在しないものと説き，病気の癒しを実践することに力を注いだ。キリスト教科学が発行する『クリスチャン・サイエンス・モニター』（1908- ）は，今日でも，その論調の確かさで高い評価を受けている。

「モルモン教」は，1830年，ジョゼフ・スミス（Joseph Smith 1805-44）が始めた。「シオンの国」を求めて，オハイオ州からミズーリ州に移り，ここでモルモン戦争といわれるほど激しい迫害を受ける。その後，イリノイ州に移住し，モルモン教のためのコミュニティを作るが，44年，スミスは射殺される。そのため，ブリガム・ヤング（Brigham Young 1801-77）が信者たちを率いて，その当時，メキシコ領であったユタのソルトレークシティまで苦難の旅をしていく。彼らの辿った道は，いま，モルモン・トレイルと呼ばれ，通商のサンタフェ・トレイル，西部への移住のオレゴン・トレイルとともに，アメリカ国立公園局の管理下におかれている。モルモン教の経典は「モルモン経（けい）」である。

オラトリーの文化

　オラトリー，すなわち口承による文化の伝達・教育はまだマスコミの発達していない時代のアメリカにおいて重要な役割を担った。とくに1826年にできたライシーアム lyceum はアメリカのオラトリー文化を象徴する団体であり，専門家たちを全国の巡回講演に派遣し，庶民の教育・啓蒙に務めた。エマソンもその巡回講演で一躍有名になった学者の一人であった。また，東部を起点とするマーク・トウェインの世界講演旅行も同様の役割を果たした。1874年にはニューヨーク州ショトーカで，成人教育運動が始まり，雑誌や地方巡業によって教育・文化の推進に一役買った。西部の開拓時代に各地でキャンプ・ミーティングを開いて人々にキリスト教の福音を語った説教師もまた，単に福音だけでなく，世界の情報を伝達するオラトリー文化の立て役者であったが，現在テレビを福音伝道の主な媒体として活躍している説教師，つまりテレヴァンジェリスト televangelist たちも，現代版の巡回説教師としてオラトリー文化の流れの中に位置付けることができよう。　　　　　　　　（田中）

キー・トピック解題

1　ピルグリム・ファーザーズ

▶メイフラワー号

　人間の祖は，キリスト教的に言えば，アダムとイヴであるが，アメリカ人の先祖は，やはりピルグリム・ファーザーズということになろう。あの小さな帆船メイフラワー号で大西洋の荒波を越え，さらに新大陸の荒野に立ち向かっていった勇猛果敢なファーザーズのストーリーは，アメリカの学校では，必修として習う。ここで，「あの」といったのは，ピルグリム・ファーザーズが第一歩を印したケープコッドに停泊している「メイフラワー号」を思ってのことである。実物そっくりに模して建造されたいまの「メイフラワー号」に乗船すると，まったくそこでは1620年という歴史的時間が生きている。服装も言葉も事物も，当時のままに再現されており，ピルグリム・ファーザーズと「ジパング」の人間との異文化接触も可能なのである。
　1620年9月6日，イギリスのプリマス港を出航したピルグリム・ファーザー

ズは，同年11月11日，イギリス人の探検家バーソロミュー・ゴスノルドが1602年に命名したケープコッドに到着する。そのとき目にしたものは，「野獣と野蛮人の多く生息する広漠とした荒野」だけであり，神の恩恵だけが，唯一の支えであった。「このような始祖の子どもたち」は，「父祖たち」の，荒野で行き倒れていく間際に神の声を聞き，神への賛美を捧げたという尊い体験を思い起こすべきである，とウィリアム・ブラッドフォード（William Bradford 1589-1657）はのちに『プリマス植民地の歴史』で述べている。プリマス植民地の総督に1621年選ばれてから，以後30回も再選され，植民地最高の指導者であったブラッドフォードが用いたこのときの言葉から，メイフラワー号で荒野に脱出してきた人々を，ピルグリム・ファーザーズというようになった。

　これは，ブラッドフォードらにとって，2度目の移住であった。そもそも，スクールビというイギリスの小さな村で，ピューリタンたちは，信者の集まり（コングリゲーション）をもっていた。エリザベス一世時代から次のジェームス一世にかけて，ピューリタンに対する迫害が激しさを増していく中で，聖書中心の信仰を堅く守ろうとしたこれらの人々は，ピューリタン運動の一派「会衆派」と呼ばれた。ブラッドフォードは，このスクールビのコングリゲーションの中心的人物であった。だが，このささやかな集まりにも，弾圧が及ぶようになってきたため，1608年，オランダのライデンに脱出する。信教の自由を保障していたオランダに定住した後も，子孫代々までピューリタンとして純粋な信仰生活を守っていくことのできる新天地を求めて，ブラッドフォードらは，さらに困難な道を歩む決断をする。メイフラワー号に乗船した102名の内，ピューリタンは35人を数えた。

▶「メイフラワー盟約」　『プリマス植民地の歴史』の11章において，ピューリタンではない人々を「ストレンジャー」と呼び，ブラッドフォードは，その者たちの不満げな反抗的な態度に触れている。すでにこのときから，ピルグリム・ファーザーズといえども単一な集団ではなく，異分子を抱える多元的な集団であったといえるであろう。そのストレンジャーたちは，ヴァージニア会社から特許状を得ていたため，ピューリタンたちは，「命令できる権限」をもっていなかった。こうして，アメリカ史上きわめて重要な「メ

イフラワー盟約」が結ばれることになる。「神と互いの前で，厳粛に，また相互に契約を結び，結合してひとつの政治団体を作り，……共同の秩序と安全を保持し……植民地全体の幸福のため……公正な法律，法令，憲法を制定し……これらすべてに対し，当然の服従をすべきことを誓約する」と，明確にその目的が記され，この契約の意思確認のため41名が署名した。ここに，アメリカ精神の形成基盤となる社会契約思想の発露が見られるのである。

2 魔女狩り

▶宗教改革

　魔女狩りを考えるうえで，時代風潮をみることが必要である。アメリカの宗教は，ヨーロッパ社会の大変革をもたらした宗教改革の奔流から生み出され，その歴史の始まりから近代的性格を帯びていた。だが一方，宗教改革は，それを推進する運動と対抗する運動との相克もはげしく，人々に精神的緊張を強いた面もあった。16世紀から17世紀を通じて，なぜ魔女狩りの嵐が吹き荒れたか，理由をそこに求める論者が多い。アメリカにおける魔女狩りも，ヨーロッパの風潮との関連で理解すべき現象といえるであろう。

　ただし，魔女狩りは，これらの世紀に始まったことではなく，宗教改革以前にも見出せる。しかし，魔女狩りおよび魔女裁判の性格は，ローマ教皇の強大な権威のもと，異端審問というべきものであった。史上名高い例が，1431年，魔女の宣告を受け火刑に処せられたジャンヌ・ダルクである。また，魔女狩りは，集団ヒステリーといった社会現象となってあらわれるが，古くからさまざまな民族の間でこの現象は見られた。これに対する安全弁として，カトリックは，「悪魔祓い」の制度を生んだといわれている。

　ルター，カルヴァン，ツヴィングリらの宗教改革運動に対して，イエズス会がおもな反宗教改革運動の主戦力となっていった時代ほど，「悪魔」が意識されたことはなかったという。実際，ルターは，旧約聖書の出エジプト記に記されているモーゼの箴言「女魔術師は生かすべからず」に従って，1540年，ヴィッテンベルクで4人を魔女として火刑に処している。

▶「子どもの憑依事件」　こうした魔女狩りや魔女裁判の歴史を踏まえて，なお特異な現象が1669～70年と1683～84年に起こっている。場所はそれぞれ異なるが，共通しているのは，子どもたちが大人を魔女として告発し，その結果，火あぶりの犠牲者が出たということである。はじめは，スウェーデンの村モラで起こり，憑依による子どもたちの魔女狩りはたいへんな衝撃をその村に与えた。次いで，同様なことが，南ドイツのカルフでも起こった。

　今度は，この子どもの憑依事件がアメリカに飛び火した。カルヴァン改革派のピューリタンの土地，セーレムで魔女狩りが発生したのである。セーレムといえば，一般に『緋文字』(*The Scarlet Letter* 1850) で名高い作家，ナサニエル・ホーソーン（Nathaniel Hawthorne 1804-64）の誕生の地として知られている。ホーソーンのアメリカにおける最初の先祖は，1630年マサチューセッツに移住し，植民地総督としてクエーカー教徒を迫害している。さらに，その2代目が，まさにこの魔女狩りのため開かれた魔女裁判の判事をつとめた。

　それは，1692年2月のことである。牧師のサミュエル・パリスの家がそのドラマの舞台であり，主役は，パリスの娘9歳になるベティであった。現在，「セーレム魔女博物館」では，実際に，人形劇仕立てでこの歴史的事件を解説している。その家には，西インド諸島から連れてこられた奴隷のティトゥーバがおり，ベティやそこに集まる少女たちに，日頃西インド諸島の民話やブードゥ教にまつわる話などを聞かせていた。ある日，ベティが突然痙攣発作に見舞われ，次々とほかの少女たちも同様な症状に陥った。この原因をパリスはじめ牧師たちは悪魔の仕業と判断した。少女たちの証言から，ティトゥーバに始まり，次々と容疑者が捕えられ，魔女裁判の審理がなされることになった。その任にあったのが，前述のジョン・ホーソーンである。その結果処刑もなされたが，翌年5月，総督フィリップによる魔女解放の大赦声明が出され，ようやくこの事件は終息をみた。

　アーサー・ミラー（Arthur Miller 1915-2005）は，この魔女裁判を題材にして，トニー賞を受賞した『るつぼ』（1953年上演）を発表した。当時，全米を席巻したマッカーシズムの「赤狩り」が，ミラーの魔女狩りのテーマに映し出されている。

3 大覚醒

▶信仰復興運動　「大覚醒」として知られる信仰復興運動は，アメリカ植民地時代の1730年代から独立革命前まで及ぶ。「エレミアの嘆き」で知られるピューリタニズムの衰退の兆候は，17世紀後半からあらわれ始めるが，それにともなって，各地域で人々の信仰を復活させようとする教会の努力も顕著になっていく。成功した信仰復興運動の例として，1679年から1718年までの間，何回か大衆向けの伝道集会を催したソロモン・ストッダードがいる。場所は，コネティカットのノーサンプトンであった。1729年，ストッダードの死後，その仕事を引き継いだのが，孫のジョナサン・エドワーズ（Jonathan Edwards 1703-58）である。

マサチューセッツ湾植民地において，とりわけ「見える聖徒」であることが教会員の資格とされていた。それは，神から「恩恵の契約」を与えられた証しとしての回心体験を重視するからである。しかしながら，回心体験を得られない者が多くなり，教会員の数の維持が困難になるという問題に直面していく。1662年，打開策として「半途契約」が打ち出される。救いを自覚できず，したがって回心体験のない者でも，教会員の子どもであれば，回心の見込みがあるとして教会員に認めることにしたのである。ただし，聖餐式に加わることは許さなかったボストン・ピューリタンと異なり，ストッダードは，希望する者には聖餐式にまでも出席を認めた。

また，ペンシルヴェニアにやってきたドイツ敬虔派は，神に対する親密な感情を重視し，感情を掻き立てるような教会礼拝を行なう傾向があった。このような敬虔派は，信仰復興運動を担うようになり，1720年代，30年代，ニュージャージーにおいてその運動を成功させていく。

▶ジョージ・ホイットフィールド　南部植民地のヴァージニアからジョージアまで名目上，教会はアングリカンであった。そのため，教会は植民地人の税金で支えられていたが，教会出席者は少なく，人々は道徳的規範にさほど関心を向けていなかった。また，奴隷には教会出席を認めていない。そうした風

潮のなかで，イギリスからジョージ・ホイットフィールド（George Whitefield 1714-70）がジョージアに来て，伝道活動を行なった。ホイットフィールドは，オックスフォードのペンブルク・コレッジに入学後，ジョン・ウェスレーらの信仰復興運動に参加し，のちにメソジスト派創始者のひとりとなった人物である。帰国後，英国国教会の形式主義を批判して，聖職者の正式な資格である按手を拒否されたため，野外説教者に転じた。ホイットフィールドは，ドイツ敬虔派からも影響をうけ，感情重視の説教を行ない，大勢の人々を集会に集めた。また，2万人にも届く声の持ち主で，ドラマチックな説教のスタイルを発揮して，聞く者の心を揺さぶった。そのようなホイットフィールドが，1739年再度アメリカを訪れ，ジョージアからニューイングランドに至るまで広範囲に集会を開いていった。アメリカは，まさにこの時期「大いなる覚醒」を経験していた。この頃，ジフテリアが植民地を襲い，子どもを含む2万人の命を奪ったことも，人々を信仰生活に連れ戻す理由になったと考えられる。

▶ジョナサン・エドワーズ　「大覚醒」としてもっとも名高い例が，ジョナサン・エドワーズによるニューイングランドの教会の正統派，カルヴァン主義の復興運動であろう。1729年祖父の跡を継ぎ，ノーサンプトンの教会牧師に就任し，そこを拠点に「覚醒的」といわれる説教を行なっていった。そして，1734年12月，エドワーズの説教を聞き，激しく罪の自覚に促され，回心を告白する者が多く現われた。それを契機に，翌年にかけて，ノーサンプトンで「偉大な神の御業」を目の当たりにする熱心な信仰復興がみられた。ボストンのコルマン牧師に宛てた書簡（1736年11月）で，エドワーズは，「神の霊が不思議にもわれらの間に入り，驚くべき御業を始めたもうた」と述べている。エドワーズの高い知性と豊かな文学的感性の結晶である説教の賜物であったといえよう。

4　ベンジャミン・フランクリン

▶フィラデルフィア　1706年，ボストンに生まれた。この当時のボストンは，インクリース・マザー（Increase Mather 1639-1723）とコットン・マザー（Cotton Mather 1663-1728）の父子が，ボストン会衆派第二教会の牧

師として絶大な影響力をもち，ピューリタニズムの牙城であった。ベンジャミン・フランクリン（Benjamin Franklin 1706-90）は，父の家業である蝋燭屋を手伝い，また，兄ジェイムズの経営する印刷屋の見習いになったりして，正規の学校教育を受けていないが，みずから努力して，文字を覚え，また文章修業もした。『自叙伝』によると，直接には，兄の印刷所でただ働きをさせられていたことに対する不満が嵩じたらしく，1723年，こっそり家出をして，フィラデルフィアに単身むかった。

フランクリンが目にしたフィラデルフィアは，新興都市として活気にあふれ，また自由な空気がみなぎっていた。その名は，「兄弟愛」を表わし，まさにペンシルヴェニアの中心地にふさわしかった。1681年，ウィリアム・ペンは，チャールズ二世から特許状を得て，クエーカー教徒の避難所，そして聖なる実験場として，ペンシルヴェニアを設立したのである。憲法を制定し，信教の自由を明記した。1682年12月までに，23隻の船がフィラデルフィアに多くの移民を運んできた。ペンが，「迫害を受けることなく，神を信仰できる避難所」を提供すると約束したことから，ドイツからメノー派の人々が1638年にフィラデルフィアに到着した。6000エーカーの土地を得て，"ジャーマンタウン"として知られる居住地を造った。さらに，1685年には，敬虔派の人々も"ジャーマンタウン"にやってきた。1690年，ドイツ人の手になるアメリカ最初の製紙工場の操業が，フィラデルフィアで始まった。

このような文化的背景をもつフィラデルフィアで，フランクリンが自立の道を歩み始めたことは，じつに重要な意味をもつといえよう。それは，フランクリンの多彩な生涯を可能にしたという意味で重要なばかりでなく，アメリカ文化の発展にとっても幸運なことであった。フランクリンの公私にわたる活躍の時期は，アメリカ自身，従属から自立へと苦闘していく時期と重なるのである。

▶『自叙伝』　フランクリンは，ビジネスマン，科学者，文化人，政治家など，どの面をとっても第一人者といえる超人的な人物であるが，やはり看過すべきでないのが，並外れた行動の背後にある思想あるいは生活原理であろう。それを知る手がかりのひとつは，息子ウィリアムに，それまでの人生の「成功」の秘訣を具体的に語った『自叙伝』といえる。

その『自叙伝』においてもっともフランクリンらしさが現われている箇所として有名なのが，13の徳目を列挙しているところである。「節制」，「沈黙」，「規律」，「決意」，「節約」，「勤勉」，「誠実」，「正義」，「中庸」，「清潔」，「沈着」，「純潔」，「謙遜」の順番で，それぞれが努力目標となっている。このなかで，ことに「沈黙」については，クエーカーを思わせる。クエーカー教徒は，すべての人間に「内なる光」があると信じ，それにむかって沈黙して祈ることをもっとも大切な生活態度と考えているからである。また，「中庸」と聞くと，フランクリンが実際に孔子について語っていることもあり，儒学を連想させる。だが，なにを美徳としてあげているかというよりも，それらを身につけるために，いかにして自己点検の方法を考案したかが注目される。それは，まさにピューリタンの「救い」を得るための自己吟味を怠らない生活態度そのものである。フランクリンが，アメリカにおける第一次大覚醒の契機をつくったメソジスト派創始者のひとりジョージ・ホイットフィールドを支援したのも，人々の道徳心に訴えるその説教に価値を見出したからであった。フランクリンは，神を信じることの実践的な価値を確信していたピューリタン・ヤンキーであったといえよう。

アーミッシュの現在

　ペンシルヴェニア州ランカスター郡にはアーミッシュと呼ばれる人々が多く暮らしている。今でも18世紀の移民当時の教義を守り，ほとんどが農業で生計をたて，親と変わらぬスタイルを守り通している。1985年の映画『刑事ジョン・ブック／目撃者』で，その存在は日本でも知られるようになった。麦藁帽をかぶり，青い馬車で道を行く，その文明を拒否したかのような暮らしぶりが観光客を集めている。オハイオ州など他にもコミュニティがあり，全米では15万人を数える。実際には自動車や電気のある生活をする宗派もあり，正統アーミッシュでも発電気やバッテリーで最小限の電化製品は使うという。学校や外部との接触には英語，普段はペンシルヴェニア・ダッチ（ドイツ方言）を話し，教会も牧師ももたない。農業には高等な教義も教育も必要ないとし，学校教育は連邦政府が決める15歳まで。税金は国に納めているが，非暴力主義ゆえに軍役は免除されてきた。　　　　　　　（山越）

原典紹介

A Model of Christian Charity (1630)

John Winthrop

　Thus stands the cause betweene God and vs, wee are entered into Covenant with him for this worke, wee haue taken out a Commission, the Lord hath giuen vs leaue to drawe our owne Articles wee haue professed to enterprise these Accions vpon these and these ends, . . .

　. . . soe shall wee keepe the vnitie of the spirit in the bond of peace, the Lord will be our God and delight to dwell among vs, as his owne people and will commaund a blessing vpon vs in all our wayes, soe that wee shall see much more of his wisdome power goodnes and truthe then formerly wee haue beene acquainted with, wee shall finde that the God of Israell is among vs, when tenn of vs shall be able to resist a thousand of our enemies, when hee shall make vs a prayse and glory, that men shall say of succeeding plantacions : the lord make it like that of New England : for wee must Consider that wee shall be as a Citty vpon a Hill, the eies of all people are vpon vs ; . . .

『キリスト教の慈愛の模範』(1630)

ジョン・ウィンスロップ

　このようにして神とわれわれとの間に大義が打ち立てられ、この業のために神との契約に与るにいたったのである。われわれは委任状をいただき、神はわれわれ自身の規約を作成することをお許し下さった。こうした目的に則り果敢に行動に移ることをわれわれは告白する。……

　……平安を絆として霊の結合を維持するならば、主はわれらの神となり、ご自身の民として、われわれのなかに留まることを喜ばれるであろう。そしてわれわれが以前に知り得ていた主の知恵、力、善、真理を、はるかによくわかるようにわれわれの前途に祝福を備えてくださるであろう。われわれの10名の者が1,000名の敵に屈しないでいられるとき、主がわれわれを賞賛と栄光に値するものとなすとき、われわれが見出すのは、イスラエルの神がわれわれの間におられることであり、後に続くプランテーションについて人々が「主はニューイングランドのプランテーションのようにその地を作りたもう」と語ることであろう。われわれはまさしく「丘の上の町」となり、すべての人々の目がわれわれに注がれる、と思わなければならない理由である。

Sinners in the Hands of an Angry God (1741)

Jonathan Edwards

Thus all you that never passed under a great change of heart, by the mighty power of the Spirit of God upon your souls; all you that were never born again, and made new creatures, and raised from being dead in sin, to a state of new, and before altogether unexperienced light and life, are in the hands of an angry God. However you may have reformed your life in many things, and may have had religious affections, and may keep up a form of religion in your families and closets, and in the house of God, it is nothing but his mere pleasure that keeps you from being this moment swallowed up in everlasting destruction.

『怒れる神の御手の内にいる罪人』(1741)

ジョナサン・エドワーズ

このようにして、あなたがたの魂に及ぼす神の聖霊の偉大な力により大いなる回心を経ていない者はすべて、また、生まれ変わり新しい人間に作りかえられていない者、罪業の死より蘇って更生させられていない者、経験したことのまったくない光と生命に直面したことがない者はすべて、怒れる神の御手の内にいる。いかにあなた方が生活の多くの面を改めてきたとしても、あるいは宗教的感情を豊かにもってきたとしても、家庭や私室で、また神の家（教会堂）で、宗教儀礼を守り続けてきたとしても、この瞬間、あなた方が永遠なる破滅の淵に踏みとどまっているのは、ひたすら神のご意向によるのである。

The Autobiography of Benjamin Franklin (1791)

Benjamin Franklin

I had been religiously educated as a Presbyterian; but, though some of the dogmas of that persuasion, such as *the eternal decrees of God, election, reprobation*, etc., appearing to me unintelligible, others doubtful, and I early absented myself from the public assemblies of the sect, Sunday being my studying day, I never was without some religious principles. I never doubted, for instance, the existence of a Deity; that he made the world, and governed it by his providence; that the most acceptable service of God was the doing good to man; that our souls are immortal; and that all crimes will be punished, and virtue rewarded, either here or hereafter.

『ベンジャミン・フランクリンの自叙伝』(1791)

ベンジャミン・フランクリン

　わたしは宗教的には長老派教会員としての教育を受けてきた。その教派の教義のなかには、「永遠の神意」、「神の選び」、「永罰」などわたしの理解を超えたものや、確かに理解したとはいえない教義もあったりしたけれども、また、日曜がわたしの勉強日であるため、早くから教会の集まりに参加しなかったが、わたしは宗教による信条をもたなかったなどということは決してなかった。具体的には、神の存在を疑ったことは一度もない。すなわち神が世界を創造し、神の摂理により治めたもうこと、神が最も良しとされる奉仕は、人に善をなすこと、わたしたちの魂は不滅であること、そして、現世であろうと来世であろうと、あらゆる犯罪は罰せられ、美徳は報いられることを、一度として疑ったことはなかったのである。

１ドル紙幣の発生と図案

　アメリカの１ドル紙幣の裏側には合衆国国印の表裏がそれぞれ印刷されている。ドル紙幣の右側に印刷された国印の表の図案は翼を広げたアメリカ鷲である。鷲の胸部に13本の色の異なる縦縞が入り、頭上には13のソロモンの星が輝き、右足には13枚の葉と実がついたオリーブの小枝を、左足には13本の矢を掴んでいる。口にくわえたリボンには13文字から成る E PLURIBUS UNUM（多から一）という言葉が記されている。13という数字は独立当時の植民地の数を表わし、オリーブは平和を矢は戦争を象徴している。紙幣左側に印刷された国印の裏側の図案は、13段の未完成のピラミッドの最上段には光り輝く三角形の中に無気味な眼が描かれたものだ。その頂上には13文字で ANNUIT COEPTIS（神は我らの企てに与したまえり）と

記され，最下段には独立宣言の年がローマ数字でMDCCLXXVI（1776）と刻まれ，その下の方には13文字でNOVUS ORDO SECLORUM（時代の新秩序）と書かれたリボンがある。三角形のなかに描かれた眼は「万物を見る眼」と呼ばれ，ピラミッドと共に秘密結社フリーメーソンの象徴であり，紙幣表側にその肖像が印刷されている初代大統領ジョージ・ワシントンもフリーメーソンである。アメリカの独立建国のみならず，アメリカの歴史そのものがフリーメーソンなしに考えられないといわれている。フリーメーソンは表向きは相互扶助と慈善を目的とする友愛団体であるが，西欧神秘主義の流れを汲む歴史とその閉鎖性・秘儀性のため，いまだに神秘的で謎の多い団体である。 (田中)

第 3 章
西部開拓の夢
（笹田直人）

概　　説

▶北西部条例　　13州を以って独立を果たしたアメリカには，アパラチア山脈よりさらに西に広がる土地をどうするかという問題が未解決のまあった。その土地の領有権を巡っては各州が思惑をめぐらしていた。結局，利害の絡み合いの果てに各州が領有権を放棄したので，その公有地にどんな形態の政府を樹立するかという問題に決着をつけるためには，1787年の北西部条例（Northwest Ordinance）の制定をまたねばならなかった。この条例によって，西方の未開の地が植民地になる可能性は排除され，オハイオ川，五大湖，ミシシッピ川に囲まれた地域は北西部領土として中央政府の管轄下に置かれることとなったのである。そこでは，人口5000人でまず準州の成立，それを経て，さらに人口が6万人に達したら既存の13州と同等の資格の州が設立され，連邦に加盟できるものとされた。1803年には，オハイオ州が実際にこの条例によって17番目の州として成立した。こうして西部開拓の舞台装置は次第に整えられていったのである。

▶未知なる西部　　1803年といえば，ジェファソン大統領のルイジアナ購入によって，アメリカが一段と膨張した年でもあった。ミシシッピ川以西，ロッキー山脈までの広大な領地が1500万ドルでフランスから譲渡されたのである。当時，この購入については，愚行と見なす向きもないではなかったが，誰も正確に面積を知ることのなかったこの領土は，実に88万平方マイルもの面積があったのであり，つまりは1エーカーあたりたった4セントで，アメリカの領土は2倍になったのである。

　大統領は，翌年，早速，ルイスとクラークの2人の青年に，ミシシッピ川から太平洋岸のコロンビア川河口に至るまでの横断水路を発見する探検を命じたのだった。それは，未知の土地の地勢，気候，動植物，先住民族の調査などのほかに，毛皮交易をも視野に入れた通商用の航路発見など，広範にわたる命令を含んでいた。彼らは，ミシシッピ川とミズーリ川が合流するセント・ルイスで45名の探検隊を組織してミズーリ川を遡り，白人にとっては未踏の大平原と

図3-1 インディアンと協議するルイスとクラーク

Captain Lewis & Clark holding a Council with the Indians.

険しいロッキー山脈を横断する北西水路の探索を開始した。

▶西漸運動　　1812年戦争で，英国・インディアン連合軍を打ち破ったことにより，アメリカはミシシッピ川より東を完全に制覇し，白人たちのオハイオ川流域地帯への移住が本格化した。1810年代にはピッツバーグとニューオーリンズ間を結ぶ蒸気船が就航し，馬車も格段の進歩を遂げ，1830年からは鉄道の敷設も本格化した。1831年，アレクシス・ド・トクヴィル (Alexis de Tocqueville 1805-59) は『アメリカの民主政治』で，「道路，水路，郵便が合衆国では驚異的な役割を演じている」，「ミシガンの森林でも，少なくとも一週に一度，手紙や新聞を受け取らないほど孤立してしまっている小屋はない」と書いている。独立以前に西漸運動を阻んでいたイギリス政府の土地規制政策は，独立後，1785年の公有地法の制定によって完全に無効になっており，人々は西に無限に広がる土地を求めて移住を続けていた。公有地法制定後，18世紀の末には，1エーカー当たり2ドルであったのが，1820年には1ドル25セントという具合に，払い下げられる公有地の価格もどんどん下がり，西漸運動は更に加速した。

　前進とは，西への移動に他ならなかった。19世紀初頭は，コネストーガ・ワゴンという大型で堅牢な幌馬車が，隊列をなして西を目指した。1820年までに

図3-2 アンドリュー・ジャクソン

は，独立当初の13州の人口と等しい数の人々が，アパラチア山脈の西に居住するに至った。たとえば当時南部では，40人以上の奴隷を使役してプランテーションを経営していたのは，南部の人口の1パーセントに過ぎない大農園主たちだったが，西部の農場には，それほどの貧富の差はなかった。自由，機会均等，平等の精神は，これらパイオニアたちの間ではいきいきと醸成されていたといえるだろう。それはアメリカ精神であり，開拓民たちの活力の源だった。もうひとつのフロンティア精神である自足と自助の精神は，西部の女性の負担を重くした。彼女たちは育児は言うまでもなく，衣食住にまつわるあらゆることを，自前でこなさなければならなかった。場合によっては，薪割り，水汲み，家畜の世話なども女性が率先してやらねばならないことがあり，夫より多忙な彼女たちの発言権は決して小さくなかった。

▶ジャクソニアン・デモクラシーのインディアン政策

アンドリュー・ジャクソン（Andrew Jackson 1767-1845）は，再選を狙っていたジョン・クインシー・アダムズを破り，1829年に第7代大統領に選ばれた。彼はスコッチ・アイリッシュ系の移民の子として生まれ，西部の人間としては初の大統領となり，ジェファソンのリパブリカンズ（Republicans）を土台に，民主党（Democratic Party）を立ち上げた。彼はまた1812年の第二次英米戦争でクリーク・インディアンを制圧した英雄であり，その後の武勇伝も華々しく国民的人気を盛り上げていた。インディアンへの強行策は，彼の人気の根幹にあったのだ。ジャクソニアン・デモクラシーは，12年戦争で端緒を開かれたインディアン排除史の新たなる幕を再び大きく開こうとしていた。

チェロキー族は，ミシシッピ川の東に耕作生活を営んでいた。彼らはインディアンの中では白人たちから多くを学ぼうとした部族だった。独自の書き言

葉を創出し，新聞を発刊し，憲法を書き上げ，自治的政体を組織していた。黒人奴隷を購入するものたちさえいた。彼らは同化を拒み，独立した国家を築きつつあった。白人たちはインディアンたちの投票権などの公民権は否定する一方で，課税したり，徴兵しようとしたりしたので衝突が絶えなかった。

　当時，ジョージア州やミシシッピ州は，連邦政府がかつてインディアン諸部族とのあいだに締結していた条約を無視して，インディアンの土地を白人入植者に開放する州法を制定していた。こうした状況に対して，権限をもたないからと放置を続けていたジャクソン大統領は，1832年「ジョージア州の州法は，チェロキー族の領土には適用できない」というジョン・マーシャル連邦最高裁長官の判決が下されたにもかかわらず，この執行を拒否し，州法が連邦法に抵触するに任せた。インディアンの土地が白人たちによって合法的に奪い取られ，インディアンたちに約束された永久的居住権が破棄されるのを座視していたのである。不干渉の口実の背後で，ジャクソンはインディアン強制移住の秘策を練っていた。建前としては，白人社会で生き延びていくことのできないインディアンの諸部族の保護を推進するため，ミシシッピ川の西に，インディアンたちが望む限り，彼らの領有を保証する地域を取り置くという政策を示したのである。

▶**強制移住法と涙のトレール**　チョクトー族は，互恵主義に基づく共同体を形成し，狩猟や農業の集落生活を営んでいた。1830年，ミシシッピ州のダンシング・ラビット・クリークに集められた6000人近くものチョクトー族は，酒食や贈り物の饗応を受けた後，補償金と引き換えに，約1042万エーカーの領地を連邦政府に譲渡し，西方へ移住することを約束させられた。30年の強制移住法によって，ミシシッピ川以東に住むインディアンたちは川向こうに移住させられることになった。たちまち，白人たちは立ち退いたインディアンの土地を収奪していった。3000人以上もの兵士に付き添われての移住は1831年から33年までかかり，多くの者が猛烈な寒波と餓えの犠牲となり，命を落とした。

　一方，チェロキー族は，強制的移住策に抵抗し，族長の投獄や新聞の刊行禁止にもひるむことなく連邦裁判所の法廷闘争を続け，ついに勝訴を勝ち取ったが，先に述べたように，ジャクソン大統領が判決の執行を拒んだため，35年，

図 3-3　涙のトレール

一部のチェロキーは移住を余儀なくされた。第 8 代大統領のM・ヴァン・ビューレンによって派遣されたスコット将軍は，武力を用いての立ち退きを迫った。俘虜の身となったチェロキーたちは，財産を放擲しての退去を迫られ，ほとんど着の身着のままの状態で，7000人もの白人兵士たちに追い立てられオクラホマまでの移動を強いられた。折からの寒さに4000人もの死者が出て，この行程は「涙のトレール」と語り伝えられることになった。

▶「明白なる天命」の 40 年代　領土拡張熱に浮かされた40年代，合衆国は西部に対してかつてないほどに貪欲で攻撃的な時代を迎えていた。殊に，J・ポークがテキサスとオレゴンの併合を公約に掲げて大統領に選出された44年は，そうしたムードが充満していたといえるだろう。ジョン・クインシー・アダムズは，早くも1826年に100万ドルでテキサスを買収しようとしたが，その根底には合衆国こそが北米大陸全体を支配すべきだという確信があった。この大陸全域に亘ってアメリカが膨張していくのは神の摂理である，おそらくは国民の多くが共有していたこうした信念に表現が与えられた。45年，そうした信念にジョン・L・オサリヴァンは『デモクラティック・レヴュー』紙上で「明白なる天命」（Manifest Destiny）という言葉を与えたのだ。彼は，テキサス併合問題，オレゴン問題，ニューメキシコ・カリフォルニアを領有するための米墨戦争の開戦をめぐる論議に対して，増加する人口とアメリカ国民の自由

図 3-4 「天命の行進」

な発展のために，神によって与えられた北米大陸一面に合衆国が広がるのは「明白なる天命」であると主張したのだ。議員たちは，すかさずこの標語に飛びつき，オレゴン併合反対論はなりをひそめることになった。

▶テキサス併合問題

スペイン人は，17世紀末から既に，テキサスへ植民していた。そして，スペイン生まれの生粋のスペイン人を頂点に，メキシコ生まれのスペイン人，スペイン人とインディアンの混血人であるメスティーソ，そしてインディアンという階層社会を形成していた。1819年の条約によって，テキサスの境界線はスペイン側にあった。この頃は，テキサスに居住するアメリカ人はごく少数だった。アパッチ族やコマンチ族のほか，スペイン人のカトリック宣教師たちや，裕福な牧場主が居住していた。ミシシッピ川の西にミズーリ州が誕生した1821年には，メキシコはスペインから独立し，テキサスはメキシコの一部となり，スペイン人の大半はスペインに帰国した。その後，世界規模での綿花の需要がめざましく増大した結果，綿花栽培用の土地を求めてメキシコ国境を越えて侵入してくるアメリカ人入植者が増える一方で，メキシコ共和国は，入植を制限したり，奴隷制を禁止したりしたため，奴隷を駆使して綿花王国を拡大しようという野望に燃えていたアメリカ人入植者たちの間で，不満が高まり，35年には反乱が勃発した。

翌年，反乱鎮圧に行軍したメキシコはサン・アントニオを攻落した。テキサ

図 3-5 合衆国の膨張 (1783-1898)

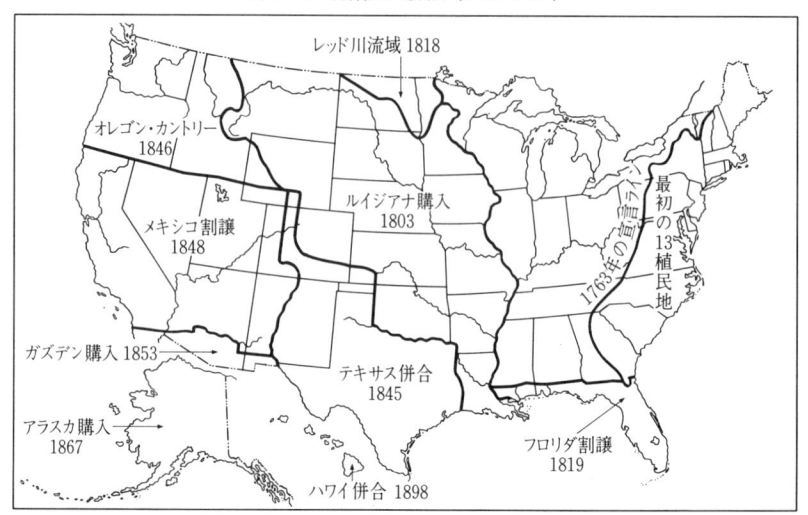

(地図中ラベル: レッド川流域 1818／オレゴン・カントリー 1846／ルイジアナ購入 1803／メキシコ割譲 1848／1783年の国境／最初の13植民地／ガズデン購入 1853／テキサス併合 1845／アラスカ購入 1867／フロリダ割譲 1819／ハワイ併合 1898)

スの155人の小部隊がサンアントニオの僧院，アラモ砦に立てこもって3000人ものメキシコ兵と戦い，壮絶な戦死を遂げた。アメリカ西部民話のヒーロー，デーヴィー・クロケットも戦死した。この悲報を聞いた後，1836年，テキサス共和国の独立が宣言された。復讐心と熱狂的な愛国心に駆られたサム・ヒューストンを司令官とするテキサス軍は猛烈な反撃に転じ，勝利を収めた。メキシコ軍は撤退した。1845年3月，テキサス併合決議案が成立し，12月，メキシコの領土テキサスが合衆国へ加入した。その加入は，テキサスが奴隷制度をとっていたことから，容易ではなかったが，45年，テキサス併合案が議会で可決され，「明白なる天命」というスローガンのもと併合反対論が力を失うに及んで，漸く奴隷州として併合されることが可能になった。

▶米墨戦争　テキサス併合後，併合賛成派だったポーク大統領は，外交使節を派遣し，メキシコが国境をリオ・グランデ川に定めることを受け入れ，カリフォルニアとニューメキシコを合衆国に2500万ドルで譲渡するように迫ったが，メキシコは，テキサス領有権を主張して譲らなかった。そこで，ポークは敢えてテイラー将軍をリオグランデ川まで行軍させた。明らかな挑発行為に緊張が高まるなか，46年3月，リオ・グランデ川で紛争が勃発した。議

会はこれを格好の口実に宣戦布告を行なった。これに呼応するかのように、カリフォルニアのソノマに定住していたアメリカ人たちが、メキシコに反旗を翻した。そもそもカリフォルニアは、1769年にスペイン人たちがカトリック伝道を志し、先住民族のインディアンから土地を奪いつつ定住を始めた地だった。ところが1840年代までに数百人のアメリカ人たちが、その豊かな自然資源に惹かれて入ってきた。そのなかには無法者も含まれていたが、彼らは概して勤勉であり、農業や牧畜に励み、アメリカ社会をメキシコ社会の中に築きつつあった。その彼らがどのような経緯で唐突に独立を宣言したかは定かではないが、「ベア・フラッグ」（ひとつ星と灰色熊）の旗のもとに、カリフォルニア共和国の独立が彼らによって宣言されたのである。

図3-6 カリフォルニア共和国の国旗

　世論のなかには弱小国メキシコとの戦争に反対、もしくはそもそものリオ・グランデ川への行軍に疑問を呈する向きもあったが、アメリカに広く支持された拡張主義にそうした声は掻き消された。アメリカは3方向からメキシコに攻め入った。テイラーはさらに南下してモンテレーへ、カーニー（Kearny）はサンタフェからカリフォルニアへ西進しロサンゼルスを占領、スコットはニューオーリンズからメキシコ湾をわたりヴェラクルスに上陸、メキシコシティーを陥落させた。

▶オレゴン問題　　44年の大統領選で「緯度54度40分か、さもなくば戦争」というスローガンを掲げて勝利を収めたポーク大統領は、イギリスとオレゴン問題の外交交渉を開始した。オレゴンは毛皮会社の利権も絡み、19世紀初頭まで、スペイン、ロシア、英国、米国が、それぞれ領有権を主張して譲らなかった地であるが、25年までに、スペイン、ロシアは領有権を放棄していた。それ以後、英米の共同管理による占有が行なわれていた。

　もとより30年代から東部人の間で、オレゴン移住熱（フィーヴァー）は起こっていたのだが、41年、オレゴンのウイラメット・ヴァリーに、キリスト教の宣教師たちによって定住地が切り拓かれると、それはアメリカのオレゴン要求の根拠になった。

第3章　西部開拓の夢　53

宣教師たちは，インディアンへの布教を成功させることはできなかったが，オレゴンの豊かな自然の恵みについて精力的に書き綴り，そのためもあって42年，オレゴン移住熱が一層高まったのである。43年には，およそ1000人近くに急増した大規模な移住があった。以後，移住者の数は年々増えつづけた。ゴールドラッシュ以前でも，総計で1万2000人近くの人々がオレゴンに移住した。彼らはミズーリ州インディペンデンスを出発して，プラット川から，ワイオミングのララミー砦，広大な高原の峠サウス・パスを経てロッキー山脈を越え，コロンビア川に沿ってオレゴンに入るおよそ3200キロの街道を進んだ。1日に馬車が進める距離は多くても30キロほどだったので，半年近くかかる行程だった。それでも，人々は，約束の地があることを信じ，よりよき生活を求めて西を目指した。

　このような既成事実を背景に，武力によるオレゴン併合をもちらつかせながらの脅迫的なポークの外交交渉によって，イギリスもついに譲歩，46年，カリフォルニア共和国の独立宣言の翌日，オレゴン協定が成立し，北緯49度を以って太平洋岸での英米の国境が確定することになった。公約に掲げた54度40分からすれば，妥協の産物だったが，合衆国にとっては初めて獲得された西海岸の領土だったのである。

▶米墨戦争の終結　　しかし，膨張への欲望はまだとどまることがなかった。ポーク大統領のスローガンもオサリヴァンの主張と一致していた。さらに，カリフォルニアやニューメキシコの併合要求が，いまや実現のときを待っていた。しかし，それは武力によってしか実現できなかった。カリフォルニアには700名足らずのアメリカ人――しかも，その中にはメキシコ政府がアメリカ人の移住を禁止した後に不法侵入してきた者も多く居た――しか居住していなかったし，ニューメキシコに至ってはほとんどアメリカ人は皆無であったので，テキサスのときのように多数のアメリカ人の居住者という既成事実を楯にとっての交渉は成功するはずもなかったからである。

　米墨戦争への勝利は目前だった。ただし，それは戦死者1万人という犠牲とひきかえに得られた勝利だった。48年に締結されたグアタルーペ・イダルゴ条約で，リオグランデ川は正式に国境となり，実に260万平方キロにも及ぶカリ

図3-7　金採鉱の様子

フォルニアとニューメキシコなど南西部の領土が，1500万ドルでアメリカに譲渡された。膨張の40年代の最後を飾るかのように，この条約締結直前に，カリフォルニアで金鉱が発見され，ゴールドラッシュが起こった。

▶南北戦争への胎動　　スミスは，西部に託された象徴や神話の変遷を扱った名著『ヴァージンランド』で，「未開の西部」という神話と並んで，「世界の農園」という神話がアメリカ独立の時代から19世紀の終わりに至るまで，次第に弱まりつつも西部の象徴として根強く機能し続けて来た歴史を辿っている。フランクリンやジェファソンの描いた未来のアメリカの青写真においてすでに，勤勉，倹約，労働，調和など農夫に期待しうる徳性こそ，民主主義に基づく共和国の理念を支える大きな柱だったし，ジェファソンの言う「自由の帝国」のために無限に西に広がるように思われた土地は，徳の高い独立自営農民の育成を約束するように思われていたのである。

Go West, Young Man という標語で有名なホーレス・グリーリーは，1841年「都会でのらくら暮らすなかれ！怠け者やうすのろの連中から遠くはなれた

田舎には，ゆとりと健康がある。工場の人生以外，何の人生もないと思い込まされないうちに，西を目指せ」と『ニューヨーク・トリビューン』紙で熱弁をふるい，東部から西部へ移住してきた開拓民たちへの公有地の付与を訴えた。土地所有についてのジョン・ロック流の自然権——農夫が労働を加えたことによって，その土地に対する彼の所有権が生じる——は，西部開拓のさなかにも，脈々と受け継がれていたのであり，遂には1862年の自営農地法の理念につながっていくことになる。5年以上その地に居住し開拓に従事したものには，160エーカーの土地が与えられた。この恩恵にあずかって，160万もの農場が生まれたという。19世紀末になると，公有地が保護され，国立公園や公有林になるという趨勢が生まれた。北西部自由州に託された徳と独立不羈に富んだ農園の理想は，奴隷州の貧乏白人や小作農の隷属と悲惨とは著しく対立するものであり，ここにも西漸運動を通じて奴隷州と自由州の緊張がますます高まっていく要因を見ることができるだろう。

インディアン

　近年 Native American と呼ばれることも多いいわゆるインディアンの人口は，ヨーロッパ人到来以前，約500万人いたと推定されているが，白人によってもたらされた疫病・戦争・虐殺・強制移住に伴う環境の悪化などにより，その人口は1492年から400年間に渡って減少を続け，20世紀の初めには合衆国とカナダを合せても，わずか40万人に減ってしまった（1990年の国勢調査では先住民族の数は約190万人まで回復した）。ヨーロッパからの移民が「新大陸」と呼ぶアメリカへの到来以来行なって来た先住民征服政策は，まさしく世界史上まれに見るホロコーストに他ならなかった。

　1824年から，陸軍省に部局を設け，先住民の同化政策を行なって来たが，第一次世界大戦に先住民が参加してからは，その処遇が改善の方向に向い，1934年には「インディアンのためのニューディール」と言われるインディアン再組織法が制定され，部族社会の存在と役割を認め，再生を促す方向転換をした。第二次世界大戦後の1946年にはインディアン請求権委員会が設置され，先住民に対する補償の道も開かれた。1953年にはこれまでの管理・統制を廃止する「終結」政策が採択され，政府の保護を失った先住民たちはかえって貧窮化し路頭に迷ったが，1961年の全米インディアン会議で，政府の慈善を拒否し，民族の自立と自決を訴える「決意宣

言」が採択され，インディアン・ナショナリズムが開花し，「ニュー・インディアンズ」が誕生するきっかけとなった。1968年に起こった「アメリカン・インディアン・ムーブメント」などの成果もあり，1970年には自決権が認められたものの，依然政府の保護に頼っていた保留地のインディアンは，レーガン政権下では福祉予算削減政策の大きな煽りを受けた。1980年代以降先住民の就学率と死亡率はおおいに改善されたが，その生活水準には目立った向上はない。　　　　　　　　　　（田中）

キー・トピック解題

1　ブーンとクロケット

▶ウェスタン・ヒーロー　西部開拓の著名なパイオニア，ダニエル・ブーン (Daniel Boone 1734-1820) とデーヴィー・クロケット (David Crockett 1786-1836) は，来るべきアメリカ膨張期を予期させるヒーローであり，その人物像には神話化が施されてきた。

▶ダニエル・ブーン　ブーンは，1734年にペンシルヴェニアに生まれ，少年時代に家族とともに南西部のノース・カロライナに移住した。未開の自然が残るその地で，彼は猟に熱中し射撃の名手となった。1755年，フレンチ・インディアン戦争がはじまると，従軍して勇名を馳せたが，手痛い敗北を経験する。その後，辺境の地を追い求めてブルー・リッヂ山脈やフロリダの奥地を探検するが，いったん開拓が進みはじめると，更なる未踏の地を求め，狩や罠猟や測量を行ないながら移動を続けた。

真偽の程は定かではないが，ケンタッキーの発見者と語り伝えられるブーンは，開拓団を組織して，75年ケンタッキーまでのウイルダネス間道を切り拓き，ブーンズボロウを設立した。たえず西へと移動するブーンは，頻繁にインディアンと戦闘を交えなければならなかった。殊にショーニー族との戦闘は苛烈を極め，78年には囚われの身となったが脱走に成功し，後の闘いで弟や息子を相次いで失うという悲劇はあったものの，彼の武名はますます高まった。数々の武勇伝が喧伝され，84年には，波乱万丈の冒険譚に彩られた伝記が出版されたほどである。その後，ヴァージニアの州議会の議員にもたびたび選出されたが，

図3-8　開拓者たちを先導するブーン

土地投企や事業の失敗による負債をかかえて、ウエスト・ヴァージニア、ミズーリ、オハイオの辺境の地を転々とし丸太小屋に暮らし狩猟にあけくれた。1814年、ミズーリの土地を手に入れ晩年はそこで暮らした。

　ブーン自身がトール・テールの伝統にのっとり誇張しておのれの生涯を語ったためもあり、数々の伝説が生まれることになった。定住して文明の垢にまみれることを潔しとせず、荒野の自由と独立不羈の精神を信じて、絶えず西の未踏の地を目指した男。野蛮なインディアンを征伐し、祖国拡張の天命をまっとうした男。ブーンはまさしく、「明白なる天命」を先駆的に体現した男なのだ。その人物像には、スミスが『ヴァージン・ランド』で指摘したように、蛮族の支配から広大な土地を勝ち取り文明開化を成し遂げた「帝国の建設者」と、文明から荒野に逃走し続けた「未開主義の哲人」という矛盾し合う含意が宿っている。19世紀になってもそうした彼の神話化はやむことなく、イギリスにも武勇伝は伝えられ、バイロンでさえ、ブーンに賛辞の詩節をささげた。1833年のティモシー・フリントによる伝記は版を重ね、広く長く読み継がれた。

▶デーヴィー・クロケット　西部開拓地テネシーに生まれ狩りを楽しんで成長した。ジャクソン大統領の先兵として1813－14年のクリーク族との戦争に加わり武名を上げ，ヒーローとなった。その国民的人気ばかりでなく，クーンスキン（尾を後ろに垂らした帽子）を被り，粗野で垢抜けない人となりをむしろ前面に押し出した，ほら話を交えながらの弁舌によって政治家に転じ，下院議員も三期つとめたが，政争に巻き込まれ議席を失った。その後はテキサスに向かい，メキシコからの独立戦争を支援，3000人ものメキシコ兵を相手に小部隊の一員としてアラモ砦に立てこもったが，36年戦死を遂げ，大いに国民の涙を誘った。

　クロケットも，選挙の遊説演説などの機会に「半身は馬，半身は鰐」で「ミシシッピ川を渡りきり，オハイオ川を一跨ぎ」という具合に，トール・テールで自分自身を粉飾して語るのを好んだが，それが新聞に報道されたり，また彼自身，著作として出版したため，いっそう荒唐無稽な神話化をこうむったといえるだろう。

2　キット・カーソン

▶「山の男」　キット・カーソンことクリストファー・H・カーソン（Christopher Carson 1809-68）は，ダニエル・ブーンやデーヴィー・クロケットの衣鉢を継いで40年代の西部開拓のヒーローとなった人物である。したがって彼の活躍の舞台は，テキサス以西ということになる。ミズーリ州に生まれ，幼い頃に父を亡くした彼は，26年ニューメキシコのサンタフェに向かう罠師たちの幌馬車隊に加わって家出をし，熟練した罠師たちから，罠の仕掛け方や，猟の技術，毛皮交易についてさまざまなことを教え込まれたという。その後15年間にわたり，カリフォルニアまでしばしば遠征して罠猟・毛皮の交易に従事，ロッキー山脈の地理にも精通した。

▶国民的ヒーローへの道　42年，探検家ジョン・C・フリーモントとの出会いが，ローカルな罠師であった彼の人生に転機をもたらした。それは太平洋岸に達する40年代の合衆国の膨張に不可欠な人物になりおおせる

転機だった。彼は，合衆国が援助したフリーモントの西部探検隊のガイドに任ぜられ，42年，及び，43―44年の二度にわたり，オレゴンやカリフォルニアへの探検を導いたのだ。当時広く読まれた46年出版のフリーモント夫人の探検報告記のおかげで，彼は「山の男」として高名になった。

　しかし，なんといっても彼が全米に勇名を馳せたのは，46年のフリーモントの３回目の探検時，米墨戦争の直前，カリフォルニア共和国の独立に際してスカウト（斥候）として暗躍したことによる。フリーモントが独立に果たした役割については，政府の密命を帯びていたという説もあり紛々としているのだが，フリーモントを通じて，カーソンはカーニー（Kearny）将軍がニューメキシコからカリフォルニアに行軍するにあたってガイド役をつとめたとされる。そして，米墨戦争が終結するまで，彼は，ワシントンの高官と連絡を密にしながら，勇敢に斥候の大任を果たしたという。アメリカ国民の間で膨張熱が上昇していた頃だっただけに，彼の国民的人気も一層上がった。インディアンについて事情通でもあった彼は，54年から61年にかけて，ニューメキシコの連邦政府インディアン使節となった。大規模な牧場経営で成功を収めるが，南北戦争勃発後は大佐に任ぜられ，ニューメキシコ歩兵隊を組織し合衆国のために戦った。68年には，コロラドのインディアン監督官となり，終生つとめた。

▶先住民族との関わり　彼が過去の西部開拓のヒーローたちと違っているのは，インディアンとの関わり方である。インディアン居留地へ移住することを拒んだナヴァホ族の領土に侵入して，畑，家畜などの生活の糧への破壊工作をするなど，彼が基本的にインディアンの敵であったことは言うまでもないが，ブーンやクロケットと比較すれば，彼にはインディアンの習俗を理解し，それに同調する度量があった。実際，最初の妻はアラパホ族の女性，二度目の妻はシャイエン族の女性だったし，プエブロやホピなどの部族の持つナヴァホ族への潜在的敵意を煽り立ててナヴァホ族を孤立化させ，最終的に64年にはアリゾナから立ち退かせたりした功績にも彼が一部のインディアンから信頼を得ていたことが伺える。

▶物語のヒーロー　ご多分に漏れず，カーソン像も誇張され，神話化された。1858年には，ニューメキシコの軍医が本人の口述に基づい

て書き上げた伝記が出版され，その後も，ますます脚色を施された伝記が出て，広く読まれた。蒸気機関を利用した輪転機で印刷されたのでスティーム・リタレチャーと呼ばれるようになった冒険物語が，40年代に盛んに発行された大部数の週刊読み物新聞に連載され人気を博していたが，そこでもカーソンは主要な登場人物となったのである。60年代になるとビードル (Erastus Beadle) が創始したダイム・ノヴェル（10セント小説）の「西部劇」シリーズでも，J・F・クーパーを模倣した三文小説でたびたび取り上げられ，ますます伝説上の人物となった。

③　バッファロー・ビル・コーディと女傑たち

▶ビル・コーディ　　数多くのダイム・ノヴェルに描かれたバッファロー・ビルことウィリアム・F・コーディ (William Frederick Cody 1846-1917) は，北軍に斥候として参加後，駅馬車の馭者，カウボーイ，騎兵隊の斥候などをつとめた。1869年のこと，N・バントラインという三文小説家が，西部劇という新しいジャンルに筆を染めるにあたって，当時は無名に近かった若手斥候のコーディに取材して「バッファロー・ビル」という虚実ない混ぜたキャラクターを作り上げた。

　バッファロー・ビルの名は，彼が鉄道工夫の食糧確保のためにバッファロー狩りをよくしたことに由来した。その小説『辺境の王者バッファロー・ビル・コーディ』は，ニューヨークで発行された週刊誌に連載され人気を博し，やがて，この連載を原案に脚色された芝居がニューヨークで幕を開けるまでになった。83年，バントラインのすすめもあって，コーディ自身が，仲間やインディアンを引き連れて一座を組織し，「ワイルド・ウエスト・ショー」を，自ら催すようになった。荒馬のり，馬の曲乗り，闘牛，投げ縄などの妙技を見せるロデオ・ショー，射撃の実演，インディアンの駅馬車襲撃と救出の寸劇など，伝説化されたカウボーイの紋切り型を演じて見せたのである。ショーは人気を博し，欧州巡業まで行なわれ，彼は西部が舞台の大衆冒険物語に頻繁に登場するヒーローになった。20世紀に類型化するカウボーイの表象にもコーディの影響

図3-9 「ワイルド・ウェスト・ショー」のプログラム

がみとめられる。但し，その神話的キャラクターのなかに，もはや実在のコーディは，その片鱗を僅かに留めるに過ぎなかった。

▶アニーとカラミティ・ジェーン　コーディは，射撃の妙手で"Little Sure Shot"の異名をとったカウ・ガール，アニー・オークリー（Annie Oakley 1860-1926）をショーに登用した。彼女は，2000人の女性に射撃を無料で教えたり，基金から奨学金を出して20人の女性を大学に送ったりと，女性の地位向上にも寄与した人物であり，コーディが彼女を16年間も登用したことは，そうした業績に間接的な貢献をしたと結果的にはいえるだろう。

　しかし，もちろん彼の狙いは，まずショーに華を添えるところにあった。そして，もうひとつは，粉飾されたカウボーイ像と釣り合いを取るかのような，カウ・ガールの神話化にあった。そうした狙いは，たびたび，白人男性や軍人たちをインディアンの襲撃から救い出したとされるカラミティ・ジェーンの登用では，より明瞭になる。彼女の登用は短期間に終わったが，彼は，頻繁に彼

女の偉業について誇張して言及し，彼女は自分のもとでインディアンに対する斥候をつとめ経歴を積んだのだと公言し，ことあるごとに自分の経歴と彼女の来歴を結びつけ脚色して語ったので，彼女も多くのダイム・ノヴェルのヒロインとして描かれるに至った。射撃も乗馬も肝っ玉も男勝りというカウ・ガールのキャラクターを，おのれのキャラクターを彩るために彼は積極的に利用した。

▶郷愁の西部　　1893年，シカゴで開催されていたコロンビア博覧会と連携して開かれた歴史学学会大会で，フレデリック・ターナーが「アメリカ史におけるフロンティアの意義」を口頭発表していたとき，博覧会会場の向かいの競技場では，バッファロー・ビルが何万人もの観客を前に「バッファロー・ビル・コーディのワイルド・ウエストと世界一の荒くれライダーたちの大集合」と題したショーを演じていた。この偶然は，博覧会がコロンブスのアメリカ発見400年の祝祭ムードに酔いしれ，工業国アメリカの発展を世界に向けて誇りながらも，それと時を同じくして，アカデミズムにおいても大衆芸能の世界でも，未開なる西部への郷愁がいかに色濃く立ちこめていたかということを示しているだろう。わたしたちは，1890年に国勢調査局によって宣言されたフロンティアの終焉への惜別おくあたわぬオマージュを，この2つのパフォーマンスに見出すことができる。

4　ゴールドラッシュ

1848年までに，オレゴン街道は整備され，その支線としてサンフランシスコに向かうカリフォルニア街道が枝分かれし，またサンタフェ街道からはロサンゼルスへ向かうオールドスパニッシュ街道が接続するという具合に，西方への旅は，かつてほど困難な企てではなくなっていった。さらに，カリフォルニアはますます多くの人を惹きつけつつあった。

▶金の発見　　そんな折，カリフォルニアのサッターズ・ミルの付近で，大工のジョン・マーシャルが製材所建設のためにアメリカン川を掘り進んでいると，川床に黄色く輝く鉱脈を発見した。マーシャルは製材所の持ち主サッターと共同で採金することにしたが，新聞屋のサム・ブレナンが，ビンに

入れた金の粉を振りかざしながら，サンフランシスコのモンゴメリー通りで「アメリカン川から金が，金が，金が出た」と触れ回ったため，たちまち1000人近くの人が川に群れ集まってきたのだ。それは1月のことだったが，年末までに全米に金発見のニュースは広まった。49年には，およそ8万人もの人が一攫千金を夢見て，街道ばかりでなく，航路をも辿ってカリフォルニアに殺到した。その年，2800万グラムの金が採取された。彼らは，49 ers（フォーティー・ナイナーズ）とよばれ，畑を抵当に入れるなど借金をして旅費や生活費を捻出した者も多かったというが，本当に億万長者になりおおせたのは少数の者にすぎなかった。それでもゴールドラッシュはとまらず，1852年には10万人もの人が，奔流に加わった。ゴールドラッシュの噂は，全世界に広まり，ヨーロッパやオーストラリア，果ては中国からも金を求める人々がやって来た。

彼らの多くは男性であり，鉱山新開地 mining camp とよばれる急ごしらえの町に暮らしたが，大きな幸運にめぐり合えぬ失意を癒すための飲酒や賭博が横行し，すさんで浮き沈みの激しいライフスタイルが蔓延していた。泥棒，詐欺師，いかさま商人が町にあふれ，喧嘩も絶えなかった。また，金が掘り尽くされたり有望な金鉱脈がよそで見つかると，その町はうち棄てられたので，ゴースト・タウンと化す場合も多かった。しかし，ゴールドラッシュが終わってからも，そこに定住する人が増えていき，やがて教会や学校や役場も整備され，結果的にカリフォルニアの農業，林業，牧畜業，商業の発展が促された。ゴールドラッシュの結果，西部ばかりでなく全米的な交通の発達がもたらされたが，オレゴン移住熱のときに必要性が取り沙汰された大陸横断鉄道の建設がいっそう促されることにもなった。

▶ラッシュの余波　カリフォルニアに次いで，東方のネヴァダ，コロラド，モンタナ，ダコタなどでも相次いで金鉱が発見され，ゴールドラッシュがそのたびに起こると，人口の移動も西へ西へという動きばかりではなくなり，これまで通過するだけだった地域への移住，つまり一方的だった西漸運動とは逆の流れが形成された。東への移動も起こって，往来する人口移動の結果，西部全体の均衡のとれた発展がもたらされることになったのである。その結果，準州だった地域が次々と州に昇格することになった。金が発見され

たことで，カリフォルニアが州に昇格するのは確実となったが，一方，奴隷州か自由州かの論争が再燃した。結果的に1850年の妥協が成立し，カリフォルニアの自由州としての昇格，逃亡奴隷法の成立など，奴隷制をめぐる緊張をはらんだ安定が生み出される契機となった。

　ゴールドラッシュは典型的なアメリカン・ドリームのひとつだったが，金鉱石から金を抽出するために水銀を用いたことから来る川の汚染など環境にあたえたダメージ，先住民族の立ち退き問題，急増した移住者の持ち込んだ病気を原因とする先住民族の人口減，拝金主義の横行など深刻な問題点も見逃せない。とりわけ残留した水銀は，現代にいたってもなお，採掘場付近に暮らす先住民族に中毒症状を引き起こしている。

『大草原の小さな家』

　ローラ・インガルス・ワイルダーが『大きな森の小さな家』を始めとする9つの連作を書いたのは60歳を過ぎてからのことだった。それはもともとは，自分たち一家の開拓時代の実際の経験をつづった回想録であり，ローラが敬愛してやまなかった開拓者としての父親を中心とした個人的な家族史である。一家は初め，ウィスコンシン州の森林地帯に住んでいたが，南北戦争以来の「若者よ西に行け，そして国とともに伸びよ」というホーレス・グリーリーのかけ声に促されるように西部に移動し，1862年の「自営農地法」の定めに従ってカンザス州南東部にほとんどただ同然で数百エーカーもの広大で肥沃な土地を手にいれた。のちにここが，『大草原の小さな家』の舞台となった。「自営農地法」とは，政府がアメリカ先住民から奪い取った土地を，開墾して農地に転用することを条件に人々に分け与えることを約束した法律であり，開拓者一家の家長には160エーカー，妻には80エーカーが与えられ，外国人でも永住帰化を約束した者には同様の恩恵が与えられた。

　開拓時代の西部での生活は実際は苦難に満ちたもので，ローラ自身もその経験をしているにもかかわらず，物語は少女の目を通して庶民が夢を追い求めて生きていた西部開拓時代を明るく再現してあるために，多くの人々に開拓時代への郷愁と子供時代の無垢への憧憬をかき立てた。この個人史的な少女向け物語が，少女以外にも多くの読者を捉え，またテレビドラマを通じて多くの人を惹き付けたのもうなずける。

　しかし，インガルス家に「小さな家」を建てるための「大草原」を提供した「自

営農地法」が，多くの移民や開拓者が西部に流入し，大勢のアメリカ原住民が追放・迫害を受けるきっかけになったことを考えると，『大草原の小さな家』も，地下にアメリカ先住民の墓を隠ぺいしたまま，その上にあぐらをかいて暮らしている征服者のずうずうしい残酷物語に思えてくる。　　　　　　　　　　　　　　（田中）

原典紹介

The Journals of Lewis & Clark (Tuesday August 13th, 1805)

Lewis

　We set out very early on the Indian road which still led us through an open broken country in a westerly direction.

　we had proceeded about four miles through a wavy plain parallel to the valley or river bottom when at the distance of about a mile we saw two women, a man and some dogs on an eminence immediately before us.　they appeared to v[i]ew us with attention and two of them after a few minutes set down as if to wait our arrival we continued our usual pace towards them.　when we had arrived within half a mile of them I directed the party to halt and leaving my pack and rifle I took the flag which I unfurled and a[d]vanced singly towards them the women soon disappeared behind yards of hill, the man continued until I arrived within a hundred yards of him and then likewise absconded.　tho' I frequently repeated the word *tab-ba-bone* sufficiently loud for him to have heard it.

『ルイス＆クラークの日誌』（1805年8月13日火曜日）

ルイス

　私たちは，とても早い時間に，西の方に開けたでこぼこの土地に依然として続いているインディアン道へと踏み出した。

　峡谷，あるいは川床に並行しているうねった平原を4マイルほど進んだところで，おおよそ一マイルくらい離れたところに，ふたりの女，それから，私たちのすぐ上の高台に数頭の犬を従えた一人の男が見えた。彼らは，警戒しながらこちらを見ているようだった。そして，私たちが歩調を変えずに進んで辿り着くのを待っているかのように，女たちはふたりとも座ったままだった。半マイルほどの所まで近づいたところで，私は隊員にとまるように指示し，荷物とライフルを置いて，旗を広げながらひとりでふたりの方へ歩いて行った。すると，彼女たちはすぐに丘の向こうへ消えていった。男の方は動か

なかったが,私が百ヤード近づくと同じように姿を消した。けれども,私は「タバボーン(白人だ)」と彼に聞こえるように大声で何回も叫んでいた。

The Significance of the Frontier in American History (1893)

F. J. Turner

In a recent bulletin of the Superintendent of the Census for 1890 appear these significant words: "Up to and including 1880 the country had a frontier of settlement, but at present the unsettled area has been so broken into by isolated bodies of settlement that there can hardly be said to be a frontier line. In the discussion of its extent, its westward movement, etc., it can not, therefore, any longer have a place in the census reports." This brief official statement marks the closing of a great historic movement. Up to our own day American history has been in a large degree the history of the colonization of the Great West. The existence of an area of free land, its continuous recession, and the advance of American settlement westward, explain American development.

『アメリカ史におけるフロンティアの意義』(1893)

F. J. ターナー

1890年の国勢調査局局長の最新公報には,次のような重要な記述がある。「1880年の時点に至るまで,移住地にはフロンティアがあった。しかし,現時点では,移住の済んでいない地域は,移住地の中に孤立した塊で散在しているので,フロンティアの境界線は殆ど無いといえるほどである。従って,その範囲,西漸運動の有無などを吟味してみると,国勢調査局の報告書には,フロンティアはもはや存在しえない。」この短い公式声明は,偉大なる歴史的運動の集結をしるしている。私たちの時代に至るまで,アメリカの歴史は,大いに大西部の植民の歴史そのものだった。自由土地の地域の存在,その絶え間ない後退,そしてアメリカの西方への移住の進展が,アメリカの発展を説明している。(Frederick Jackson Turner, *The Significance of the Frontier in American History*, 1893)

カウボーイたちの本当は短い歴史

　カウボーイと言うと，普通私たちは，西部劇に登場する，拳銃を片手に華々しい喧嘩をする荒くれ男たちをイメージする。しかし，本来，カウボーイとは，野生の牛を育て，それを市場まで届けることを生業とする個人企業型の小規模放牧農民のことであった。彼らはロングホーンという野生の牛を何百，何千の単位でかき集め，長い旅をものともせず，東部の消費地につながる鉄道の町まで追い立て，市場でそれを売りさばいた。
　ロングホーンがたくさんいたテキサスは，それ故カウボーイの本家として名高い。しかし，南部まで鉄道が発達し，牛を遠くまで追い立てる必要がなくなってしまったことや，東部やヨーロッパから進出してきた巨大資本家が放牧牛を独占したせいで，牛追いに従事するカウボーイは消滅した。彼らの黄金時代は1860年代だが，実際西部史で活躍した歳月はせいぜい20年ぐらいでしかない。　　　　　（田中）

第4章

移民の国アメリカ

（伊藤　章）

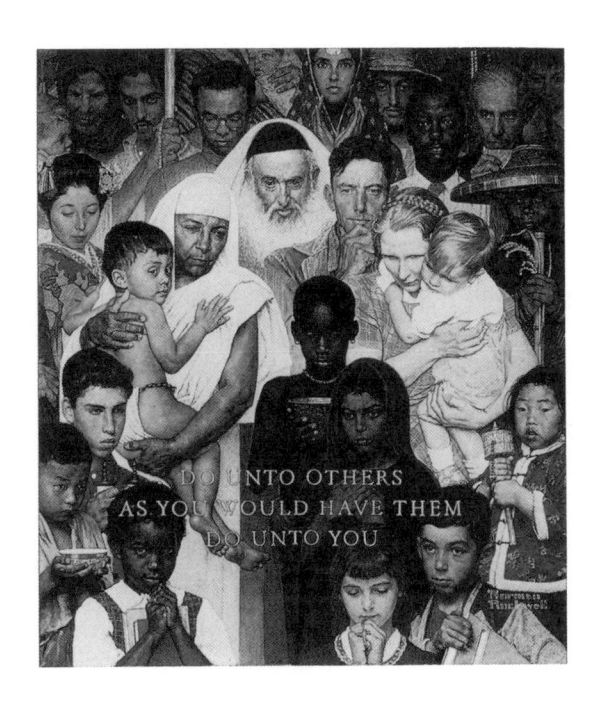

概　　説

▶イー・プルーラ
バス・ユーナム
　アメリカの自己イメージを表す言葉として，e pluribus unum（多数の中の統一）という標語があり，合衆国の紋章や1ドル紙幣，硬貨などに表象されている。このモットーはもともとは，独立した13州が永続的な同盟を保つことを表明したものであったが，しだいに多くの人種と民族からなるひとつの社会，アメリカ合衆国の特質と理想を表現する言葉とみなされるようになった。多数の移民を迎え，「多数のなかの統一」を夢見てきた移民の国アメリカにふさわしいモットーである。最近ではクリントン大統領が第1期目の就任演説（1993年1月20日）のなかで「わたしはアメリカの理念そのものにあらためて身を捧げる……われわれの国が多様性のなかでこそ深遠な統一を可能にできるという信念によって高められた理念に」と述べた。

　アメリカはこの夢を実現したのであろうか。それともその夢は人種と民族間の対立という悪夢に変わってしまったのであろうか。いま世界各地でたくさんの，しかも深刻な，民族問題に起因する紛争が起こっている。現代は民族間の調和がはたして可能なのかという難題を突き付けられている時代だと言ってもよい。その点でアメリカは，民族紛争や民族対立に苦しむ現代世界を考える上で重要なヒントを与えてもくれよう。それはアメリカが建国以来，民族問題の大きな実験場として，言語や文化，宗教を異にする多くの人種・民族集団がそれぞれの文化的遺産を保ちながら，ひとつの社会としてまとまることができるのかという課題に取り組んできた国だからだ。ここでは，移民がいつ，どれくらい，どの地域からやってきたのか，移民の歴史を振り返りながら，移民排斥運動や移民法制定の社会的，文化的背景にも踏み込んだあと，移民国家アメリカの課題を整理してみよう。

▶年度別移民数と
　移民送出地域
　2000年の国勢調査によれば，総人口約2億8000万人中，ネイティヴ・アメリカンの人口は約250万人，総人口の0.9％に満たない。ということは，現在合衆国に住む人々の99％強は，過去4世紀近くにわたってアメリカに移住してきた人々とその子孫だということになる。表

4-1にあるように、移民の数が比較的正確にとらえられるようになった1820年から1990年までの170年間に移民総数5700万人というから、日本の現在の総人口の半分以上が移民であった。次に移民のもっとも多かった10年間は、1901年から1910年が第1位、第2位が1981年から1990年である。アメリカは過去に移民の受け入れ国であっただけではなく、現在もなお多数の移民を受け入れている国であることがわかる。移民の歴史がアメリカの歴史である。

ではどの地域からやってきたのか。表4-2にあきらかなように、1860年までは西欧と北欧が圧倒的な比率を占めていたのが、1861年以降はしだいに減少していき、それにかわって東欧と南欧が増えていく。1901年から1920年になるとパ

表4-1　年度別移民数（1820-1990）

（三桁以下四捨五入）

年　　度	総　　数
1820-1830	152,000
1831-1840	599,000
1841-1850	1,713,000
1851-1860	2,598,000
1861-1870	2,315,000
1871-1880	2,812,000
1881-1890	5,247,000
1891-1900	3,688,000
1901-1910	8,795,000
1911-1920	5,736,000
1921-1930	4,107,000
1931-1940	528,000
1941-1950	1,035,000
1951-1960	2,515,000
1961-1970	3,322,000
1971-1980	4,493,000
1981-1990	7,338,000
1820-1990	56,994,000

（出典）　合衆国商務省センサス局編（鳥居泰彦監訳）『現代アメリカデータ総覧1992』（原書房，1993年）10頁。

ターンが逆転し、東欧と南欧が第1位となる。1921年から1960年になると、北アメリカ（カナダ）とラテンアメリカからの移民が増える。1961年以降はずっとラテンアメリカが第1位となり、着実に増加するアジア系は1971年以降は第2位となる。1971年以降、ラテンアメリカとアジアをあわせると、移民のじつに8割を占めるようになった。2000年現在、いわゆる有色人種をみてみると、黒人人口3465万、ヒスパニック3530万、アジア系1024万、人種構成比は、白人75.1％　黒人12.3％　ヒスパニック12.5％　アジア系3.6％　アメリカ先住民0.9％となる。ヒスパニックに白人が含まれているとしても、有色人種が25％近いわけだから、「アメリカの茶色化」が確実に進行している。合衆国国勢調査局は、この構成比が2020年には白人64％　黒人13％　ヒスパニック16％　アジア系6％　アメリカ先住民1％になるだろうと予測している。白人と有色人種の割合が逆

第4章　移民の国アメリカ

表4-2 送出地域別移民の割合の変化

1820-1860		1861-1900		1901-1920		1921-1960	
北・西欧	95%	北・西欧	68%	南・東欧	44%	北・西欧	38%
北アメリカ	3%	南・東欧	22%	北・西欧	41%	南・東欧	20%
その他	2%	北アメリカ	7%	北アメリカ	6%	北アメリカ	19%
		アジア	2%	アジア	4%	ラテンアメリカ	18%
		その他	1%	ラテンアメリカ	4%	アジア	4%
				その他	1%	その他	1%

1961-1970		1971-1980		1981-1990	
ラテンアメリカ	39%	ラテンアメリカ	40%	ラテンアメリカ	47%
北・西欧	18%	アジア	35%	アジア	38%
南・東欧	15%	南・東欧	11%	欧州	10%
アジア	13%	北・西欧	7%	カナダ	2%
北アメリカ	12%	北アメリカ	4%	その他	3%
その他	3%	その他	3%		

(出典) 合衆国商務省編(斎藤眞・鳥居泰彦監訳)『アメリカ歴史統計 植民地時代〜1970年』(原書房,1986年)105-209頁;『現代アメリカデータ総覧1992』11頁.

転するのも時間の問題である。

▶移民法と移民政策の変遷　アメリカは移民を無制限に受け入れてきたわけではない。移民は資本主義の発展にともなって,安価な労働力として19世紀の終わり頃までは歓迎されたが,カトリック教徒のアイルランド人やイタリア人,ポーランド人,ユダヤ教徒は差別と偏見にさらされた。かれら以上に激しい差別を受けたのが,中国人移民であった。かれらは鉱山や大陸横断鉄道の工事現場で働くための安価な労働力として入ってきたが,中国人がどんどん流入することにおびえた人々は,カリフォルニアをはじめ西部各地で中国人排斥運動を起こす。そのため1882年,政府は中国人労働者の入国を禁ずる「中国人排斥法」を成立させた(以下表4-3参照)。

この背景には何があったのか。まず人口のそれほど多くない西海岸に中国人が溢れたように思われた。たしかにカリフォルニアでは,一番多い時で州人口の9%を占めるにいたった。白人労働者は,安い賃金でも働く中国人を不当な競争相手とみなし,かれらを襲撃した。中国人排斥運動の先頭に立ったのは,新しい白人移民の労働者であった。たとえばアイルランド系のデニス・カーニー(Denis Kearney 1849-1907)は1870年代半ばに中国人排斥を公約に掲げる

表 4-3 アメリカの移民法と移民政策の変遷

年	移民法と移民関連事件
1882	中国人排斥法（1943年廃止）
1890	エリス島に移民入国管理事務所設置（1954年閉鎖）
1907	日米紳士協定
1917	移民法，アジア移民の実質的停止，16歳以上の移民に識字テスト
1921	移民割当法，1910年にアメリカに居住している人口を基礎に出身国別受け入れ割り当て決定，ヨーロッパからの移民35万人に制限
1924	国籍法（ジョンソン＝リード法），西半球以外からは年間15万人が上限，別名排日移民法　国境パトロール開始
1948	難民受入法
1952	移民・国籍法（マッカラン＝ウォールター法）
1965	移民・国籍法（ハート＝セラー法），7項目の認可基準設定
1975	インドシナ難民受け入れプログラム
1976	移民及び国籍法改正，一国当たり2万人の枠維持
1978	移民及び国籍法改正，全世界からの受け入れ上限29万人設定，東西半球に関する許可基準を統一，移民・難民政策に関する特別委員会設置
1980	難民法
1986	移民改革規制法，不法入国者を特別救済
1990	移民改革規制法改正，エリス島移民博物館開館

（出典） Reed Ueda, *Postwar Immigrant America: A Social History* (Boston: Bedford Books, 1994) 169-72.

「労働者党」（Workingmen's Party）を結成し，力を伸ばした。政治家やマスコミだけではなく普通の人々もこの反中国人ヒステリーに身を投じた。のちに黄禍論（yellow peril）と呼ばれる，アジア人脅威論が吹き荒れた結果成立したのが，先の中国人排斥法であった。「自由の女神像」の台座に刻印された，「世界の避難所」としてのアメリカの理想を裏切る最初の法律となる。

中国人の次に排斥運動の対象になるのが，アジア系では日本人であり，ヨーロッパ系では東欧や南欧からの新しい移民である。1880年代以降，東欧や南欧から，母国語ですら読み書きができない，貧しい，文化的に異質な移民が大量にやってきた。こうした移民の大量流入に先住組のアングロ・サクソン系は危機意識を募らせた。かれらは新移民がアメリカ文化の統一性を破壊し，社会を根底から変化させようとしていると感じた。こういう一般大衆の意識に，遺伝学や優生学，人類学などの学問も味方する。当時の学者や知識人は，北欧系と

図4-1 「時代の一大恐怖——アンクルサム，外国人によって飲み込まれる」(1860年代 画家名未詳)

　西欧系の人種は東欧系や南欧系よりも優れている，アジア系は劣等人種である，人種の混合（雑種化）は避けなければならない，と本気で唱えた。図4-1に人種混淆の怖れが表象されている。アンクルサムが東欧系の移民と弁髪の中国人によって食べられ，やがては中国人によってすっかり吸収されてしまうのである。

　移民制限論者のささやかな成果が，1907年の「日米紳士協定」であり，日本に移民の自主規制を約束させた。もっと大きな成果としては，第一次世界大戦中に制定された「1917年移民法」である。いかなる言語も読めないもののほか，革命運動家や急進主義者の入国を禁じた。この頃は「100パーセント・アメリカニズム」という名のナショナリズムが吹き荒れ，異質な移民の制限を強力に後押しした。こうして1921年と24年に，東欧系と南欧系を制限する移民割当法が成立する。これによって，西欧と北欧諸国は大きな割り当てを受けたが，東欧や南欧諸国はほんのわずかしか受けられず，アジア地域にいたってはゼロになった。

　第二次世界大戦中と戦後，アメリカは自由主義世界におけるリーダーシップを確保するために規制緩和を行なう。まず1943年に中国との戦時同盟を強化す

るため，中国人に移民割当枠を与える。これまでの移民割当法は，「1952年移民国籍法」に一部ゆるめられ，アジア系排斥を終わらせた。1965年には新しい移民国籍法，いわゆる「新移民法」が成立し，不公正な割当枠を廃止した。この法律の意義として，第一にアメリカ市民の親族に優先権を与えると同時に，直接親族は数的制限から除外した。その結果，移民は祖国から家族を自由に呼び寄せることができるようになった。第二に西半球以外の17万人の全体枠のうち，10パーセントを専門職従事者に割り振った。その結果，貧しい国と地域で「頭脳流出」が起った。第三に難民や亡命者に救済の手を差し伸べた。新移民法制定以降，政府の思惑に反して，メキシコをはじめとするラテンアメリカ諸国からのヒスパニック系とアジア系が増えることになった。

　最近はヒスパニック系の不法移民の増加が問題になっている。1980年代半ばに，国内で逮捕される不法移民の合計が年間100万人を越えるという異常事態に，「1986年移民改革規制法」が制定される。その骨子は第一に，不法移民と知りながら雇用したものを処罰すること，第二にアメリカに住んでから長い不法移民に恩赦を与えようとすることにあった。それでも不法移民はいっこうに減らないのが現状である（全米で現在800万人と推定）。最近の世論調査は多くの人々が移民規制に賛成していることを示している（図4-2参照）。これは相変わらず，南との長い国境から不法移民が流入し続けていることだけではなく，難民として入国を希望するものが絶えないこと，さらに現在の移民が特定の地域に集中していることが背景にある。その結果，カリフォルニア州では1994年11月に住民投票で「提案187」を可決させた。不法移民の医療や教育などに税を使うのをやめさせることを狙ったものだが，実質的には不法移民を締め出すことを狙っている。

▶排外主義　　19世紀の前半頃までは西欧や北欧からの移民が多く，以前から住んでいた先住組とあまり大きな摩擦は起きなかったが，19世紀中葉から20世紀初めにかけては，アイルランド系に続いて，東・南欧からの移民が大量に殺到し，この言葉も文化も宗教も違うかれらがはたして同化することができるのか，危ぶむアメリカ人が増えた。異質な移民を制限すべきだという声が強くなる。こういう態度を「排外主義」（nativism）という。

図4-2 「立ち入り禁止」と心のなかで叫ぶ自由の女神像
(1993年8月9日号の『ニューズウィーク』誌表紙)
アメリカ合衆国の象徴でもある自由の女神像が次々と押し寄せる移民や難民にいまにも溺れそうになっている

 排外主義的な態度は，アングロ・サクソン優位主義とナショナリズムが結び付いて生まれる。ノー・ナッシング党（Know-Nothing Party；正式名 American Party）やクー・クラックス・クラン（Ku Klux Klan；略称 KKK）の活動などがその顕著な例である。ノー・ナッシング党は1840年代に結成され，移民とくにカトリック教徒のアイルランド人の公職からの排除と，帰化のための条件であった居住期間を5年から21年に延長することを主張し，北部で急激に台頭した。やがては奴隷制をめぐって分裂するが，アイルランド系に対する偏見はそう簡単には消えない。それが図4-3によく表れている。ワニに扮したカトリックの司祭が川から陸地に押し寄せ，子どもたちを襲おうとしている。水際

図4-3 トマス・ナスト『アメリカ河ガンジス——司祭と子供たち』(『ハーパーズ・ウィークリー』誌1871年9月30日号)

ではプロテスタントの先生が生徒を守ろうとしている。崖の上の建物——「合衆国公立学校」(*U. S. Public School*)——はアイリッシュの暴徒の襲撃によって荒廃している。屋上にアメリカの国旗が翻っているが、よく見ると逆さになっている。崖の上の人々（アイルランド系の政治ボスたち）は、子どもたちをワニの餌にするべく、次々と崖下に投げ落としている。その隣では、1人の女教師が死刑台に連行されようとしている。対岸に見える立派な建物は、タマニー・ホール。ここは、ニューヨークのアイリッシュの政治ボスたちの溜まり場であった。上に2本の旗が翻っているが、ひとつはアイルランドの国旗、もうひとつはバチカンの旗のようだ。隣接している建物には、「政治的ローマ・カトリック学校」(*The Political Roman Catholic School*)とある。ここには、ニューヨークがアイルランド系の政治屋たちに支配されてしまうのではないか、公立学校制度がカトリックの教区学校によって崩壊してしまうのではないか、ひいてはアメリカがローマ法王に支配されてしまうのではないか、といったアイルランド系に対するアメリカ人側の不安と怖れをみてとることができよう。

KKKは南北戦争後、公民権を獲得した黒人と黒人に同調する人々を弾圧する

第4章 移民の国アメリカ | 77

図4-4 ジョン・ケネディ「諸君,イメージ・チェンジしなくっちゃ」(1960年代)

秘密組織として生まれたが,第一次世界大戦後に復活し,100％アメリカニズムのもとに反カトリック教徒,反ユダヤ教徒,反外国人移民を唱え,一時は会員が500万人に達した(図4-4参照)。

　排外主義の向かい風を受けた移民は自民族で結束する必要がでてくる。自分たちだけで集まって暮らすほかにも,たとえばアイルランド系は,都市政治を支配し,警官や消防士など下級公務員職を専有するようになる。イタリア系はマフィアを作った。犯罪組織を作ったのはなにもイタリア系だけではない。アイルランド系もユダヤ系も作ったし,最近では黒人も中国系も中南米系も作っている。ある意味では,差別されてきたマイノリティや新しい移民が,先住組の差別と偏見に抗して生き延びるための装置でもある。

　もっと重要なことは,アイルランド系やイタリア系,ポーランド系などのちに「ホワイト・エスニック」と呼ばれる新しい移民は,アングロ・サクソン系の先住組の目には,かれらと同等の白人とはみなされなかったということだ。

悪くて猿同然, 良くて黒人と白人の中間的な人種とみなされた。そこでかれらは主流派にもぐりこむために, ホワイトネスを獲得する道を選択することにした。いま移民史の分野で, かれらがどのような過程を経て「白人」という属性を獲得していったか, 研究が進んでいる。

移民排斥の動きはいま, 宗教右翼を含む保守派に根強い。たとえば, 共和党の大統領候補として一時センセーションを巻き起こしたパトリック・ブキャナン (Patrick Buchanan) は, 5年間の移民停止を盛り込んだ強硬な移民規制案を唱えた。団体としては,「アメリカ移民改革連合」(Federation for American Immigration Reform) や「アメリカ移民規制協会」(American Immigrant Control Foundation) などが移民規制運動を展開し, 連邦議員や政府に圧力をかけている。

▶移民の国アメリカの課題　アメリカの真の問題は移民問題というよりは, 階級の問題, とりわけ貧困層 (アンダークラス) を底上げし, 貧富の差を縮めるという問題である (1997年のデータでは, 貧困層は白人11％に対し, 黒人26.5％ ヒスパニック系27.1％ アジア系14％)。人種間の平等は法律上は達成されたのだから, アメリカの今後の課題は, 社会的, 経済的な平等を達成することである。その上で, 移民国家アメリカの理想の姿は, 一人一人が人種的, 民族的アイデンティティを継承するのも, 無視するのも, 自分で新しいアイデンティティを作り上げるのも自由な, しかも互いに寛容な社会だ。

では, アメリカはこのような社会を作り上げることができるだろうか。悲観的な材料には事欠かない。つい数年前に南部を中心に, 黒人教会の放火事件が相次いだ。KKK の関与も疑われている。反移民の立場からの書物や黒人の知能が白人より劣っていると主張する人種差別的な書物がベストセラーになった。ピーター・ブライムロウ (Peter Brimelow) の『エイリアン・ネイション』(*Alien Nation* 1995) であり, チャールズ・マレー (Charles Murray) とリチャード・ハーンスタイン (Richard Herrnstein) の『ベル曲線』(*The Bell Curve* 1994) である。黒人の中産階級化に寄与したアファーマティヴ・アクション (第11章参照) の縮小, あるいは撤廃の動きが広がりつつある。白人中産階級のなかに, 有色人種の多い都会を離れて, 郊外や農村部, 他の州に脱出する動きがある。

図 4-5　移民の出生地（1820-1979）

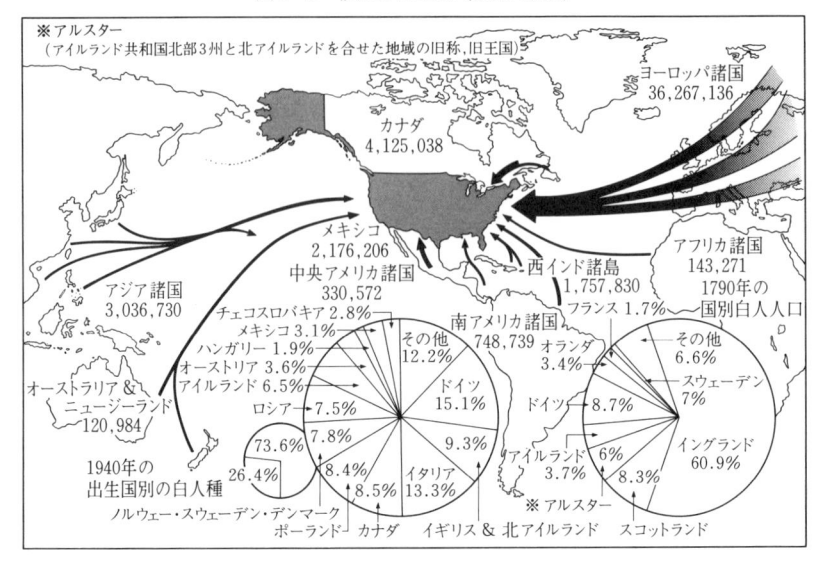

※アルスター
（アイルランド共和国北部3州と北アイルランドを合せた地域の旧称、旧王国）

ヨーロッパ諸国　36,267,136
カナダ　4,125,038
メキシコ　2,176,206
中央アメリカ諸国　330,572
西インド諸島　1,757,830
アフリカ諸国　143,271
アジア諸国　3,036,730
南アメリカ諸国　748,739
オーストラリア＆ニュージーランド　120,984

1940年の出生国別の白人種
チェコスロバキア 2.8%
メキシコ 3.1%
ハンガリー 1.9%
オーストリア 3.6%
アイルランド 6.5%
ロシア 7.5%
その他 12.2%
ドイツ 15.1%
イタリア 13.3%
7.8%
9.3%
8.4%
8.5%
73.6%
26.4%
ノルウェー・スウェーデン・デンマーク
ポーランド
カナダ
イギリス＆北アイルランド

1790年の国別白人人口
フランス 1.7%
オランダ 3.4%
その他 6.6%
スウェーデン 7%
イングランド 60.9%
ドイツ 8.7%
アイルランド 3.7%
6%
8.3%
※アルスター
スコットランド

　周囲に鉄製のフェンスをめぐらし，出入り口に警備員を配置した，要塞のような住宅地に住む人々も急増している。人種統合を求めてきたマイノリティの側にも，以前の人種隔離に自発的に戻ろうとする動きがある。その一方で，アメリカ社会にはどんな移民をも結局は同化させてしまう強力な同化装置が働いているから問題ないと楽観する向きもある。

　いずれにせよ，アメリカは歴史始まって以来，実験国家としていつも，よりよい未来，よりよい社会を目指してきた国だ。移民の国アメリカは今後も，多民族社会にふさわしい多様性と統合を同時に求める国家作りに，試行錯誤を重ねながらも邁進するであろう。

アメリカへの入国・永住・帰化手続き

　アメリカに90日以上観光や商用で滞在する場合，あるいは留学する場合には各種のビザの申請が必要である。しかし，1988年12月15日以降，ビザ免除パイロット・プログラム制度により，日本人が90日以内の観光や商用で渡米する場合，アメリカ

が指定した航空会社や船会社の切符を利用し，なおかつアメリカから出国する航空券か乗車券を持っていることを条件に，ビザの申請が不要になった。

アメリカに永住するためには通称グリーンカードと呼ばれる永住許可証を発行してもらう必要がある。グリーンカードの申請には，結婚及び家族関係を通しておこなう方法，就労及び投資を通しておこなう方法，くじ引きで応募する方法の3通りがある。かつてアメリカが特に独身者の入国審査を厳しくおこなっていたのは，彼らがアメリカで結婚して安易に永住権を手に入れるのを警戒していたためである。永住権取得のためにアメリカ人女性との偽装結婚をもくろむフランス人男性の登場する映画『グリーンカード』（1990年製作，ピーター・ウィアー監督）はこのあたりの経緯を示している。

永住権取得と同時に居住外国人（resident alien）として登録され，さらに5年たつと市民権を取得する資格ができる（但しアメリカ市民と結婚した場合は3年後）。帰化手続きのためには移民局に帰化申請を行ない，口頭による帰化試験に合格しなければならない。その際審査されるのは，英語力・アメリカ社会の基礎知識・憲法を守るかどうか・良い人柄かどうかである。さらに裁判所で聴聞を受けて，アメリカ市民として適格であると判断されると，合衆国への忠誠を宣誓した後，市民権を付与され，合衆国市民（U. S. citizen）となる。永住権と市民権の大きな違いは，選挙権と被選挙権が後者にはあって，前者にはないことであるが，生活上の両者の違いはほとんどないと言われている。

(田中)

キー・トピック解題

1 WASP

▶アングロ・サクソン系の優位

アメリカが独立したときには，すでにアングロ・サクソン系の優位は確立していた。それは，たまたまイギリスがアメリカに植民地を建設し，独立したときにはイギリス系の人々が主流を占めていたからだし，イギリスの政治や法律，教育などの諸制度と文化がアメリカ社会の基底を作っていたからだ。最初の国勢調査が実施された1790年，総人口393万人中，イギリス系6割，残りの2割は他のヨーロッパ系，黒人2割であった（先住民はいわば国家の外に置かれていたから，統計から省かれてい

る)。イギリス系にスコットランド系とアイルランドに移住したスコットランド系,スコッチ＝アイリッシュを加えると,白人人口の8割にもなる。この人種的にはアングロ・サクソン系,宗教的にはプロテスタントの白人とその子孫が政治・経済・文化・宗教的権力を掌握し,のちにワスプ (White Anglo-Saxon Protestant) と呼ばれることになる。

　かれらが優位を保ったもうひとつの理由として,独立直後の30年間はヨーロッパからの移民が少なかったことがあげられる。この間アングロ・サクソン系は自然増で人口を増やした。ところで植民地時代にアメリカに渡ってきた人々は,みずからを移民ではなく,入植者 (colonist) とか移住者 (settler) とみなしていた。移民 (immigrant) という言葉はそもそもが1789年にアメリカで最初に使用された言葉であり,しかも受け入れ側の立場からの言葉である。ここにも,移民は先住組の人々 (colonial stock) によってすでに形成された制度と文化を受け入れ,同化するのは当然という考えが見え隠れしている。

▶**ワスプの定義, ワスプの凋落**　　ワスプという言葉はアーヴィング・アレン (Irving Lewis Allen) の『アメリカの蔑視語』 (*Unkind Words : Ethnic Labeling from Redskin to WASP* 1990) によれば,1957年にはじめて登場したというから,比較的最近の概念である。最初は「東部の裕福な支配層」という意味で使われたが,しだいに「プロテスタントの支配者・エリート層」を指す蔑称に変化していったという。誰がワスプか,きびしい条件を付けると,民族的にはイングランド系のみだが,次第に定義が緩められ,スコットランド系やウェールズ系をはじめ,成功していれば,ドイツ系もオランダ系もさらには北欧系も,ついには西欧・北欧系のプロテスタントがワスプと考えられるようになる。

　上流階級のワスプの子弟は全寮制のプレップスクールで学び,アイビーリーグや名門のカレッジに進学するのが普通であった。卒業後は親と同様,弁護士や医者,有名大学教授などといった専門職のほか,議会や中央政府,裁判所,実業界,軍で中枢の地位を占めた。各種財団の理事や評議員をつとめるのもワスプの役割であった。あらゆる白人の頂点に立つワスプは,圧倒的な影響力を行使し続けてきたが,いまその力にもかげりが見られる。ワスプの凋落とも言うべきテーマを扱った芝居が1993年ブロードウェイで2本上演された。そのう

ちの1本,アーサー・ミラー(Arthur Miller 1915-)の『最後のヤンキー』(The Last Yankee)は,社会の変化に翻弄され,うつ病になって入院しているふたりの白人女性と,かの女たちを見舞いにきた夫たちを描く。アメリカ独立戦争当時の英雄を先祖に持ちながら,大工に甘んじている夫の妻が,「もしユダヤ系やイタリア系,アイルランド系なんかだと,自民族で結束して助け合うけど,ヤンキー系アメリカ人[東部のワスプのこと]なんて聞いたことある?」と問う。ここに,ますます多人種・多元化していくアメリカ社会で自信を喪失し,孤立していくワスプの姿をかいま見ることができる。

2 メルティング・ポットからサラダ・ボウルへ

▶メルティング・ポット論と同化主義

1909年,ニューヨークで『坩堝』(The Melting Pot)という芝居が上演された。ここから,アメリカを坩堝にたとえることが広まった。ユダヤ系イギリス人のイズリアル・ザングウィル(Israel Zangwill 1864-1926)によるこの芝居の舞台は,ニューヨーク。主人公は2人のロシアからの移民。ひとりはユダヤ人の作曲家で,アメリカにおける諸人種の融合を謳った一大シンフォニーを構想している。作曲家は同じロシア移民だが,キリスト教徒の娘を愛している。劇のクライマックスで,ふたりはマンハッタンの貧民街の建物の屋上からニューヨークを見渡しながら,「アメリカは神の坩堝,ヨーロッパのすべての人種が溶け,作り変えられる偉大な坩堝」だと思う。

ただ,人種の坩堝というイメージを最初に提示したのはザングウィルではない。18世紀末のクレヴクール(J. Hector St. John de Crèvecœur 1735-1813)にはじまる。かれは『アメリカ人の農夫からの手紙』(Letters from an American Farmer 1782)のなかで,アメリカ人とはなにかと問い,ヨーロッパからやってきた人々がアメリカという育ての母のもとで交じり合い(混血して),アメリカ人という新しい人間になると述べた。問題は,だれが人種の坩堝に入ることを許されているのかという問題である。かれもザングウィルも,アメリカという坩堝のなかに入ることのできる人間はヨーロッパ系だけであって,黒人やヒス

パニック系，アジア系のことは念頭にない。

▶オーケストラ論と文化多元主義　20世紀に入って一部の知識人が文化多元主義（Cultural Pluralism）を唱える。まずユダヤ人の哲学者ホレス・カレン（Horace Kallen）は，ヨーロッパからの移民は坩堝のなかで溶けてひとつに融合するのではなく，それぞれの言語や文化を保ちつづけるべきだ，英語は公式の言語とされるべきだが，諸民族は自分たちの特質を自覚し，異なる文化が調和してシンフォニーを奏でるのが，アメリカのあるべき姿だと主張した。かれの影響をうけた評論家のランドルフ・ボーン（Randolph Bourne）は，1916年に「トランスナショナル・アメリカ」（"Trans-National America"）という論文を発表し，アメリカは移植されたヨーロッパなのであり，諸文化の連合体であるのがアメリカの運命であると主張した。しかし文化多元主義よりは，人種の坩堝という理想のほうが強く支持されたので，移民政策は異質な移民を制限する方向で動く。

▶サラダ・ボウル論と多文化主義　1950年代以降，公民権運動の高まりとともに，黒人以外の少数派集団もそれぞれ平等の権利を主張するようになる。社会全体としても，多様性を容認する方向に動いていく。この変化を示すものとして，1959年に歴史家カール・デグラー（Carl Degler）が「サラダ・ボウル」（Salad Bowl）という言葉を紹介する。諸人種，諸民族が坩堝のなかで溶け合って，均一のものになるのではなく，鉢に盛られたサラダのなかの野菜や果物のように，それぞれの持ち味を生かしながら，全体の調和にも貢献すべきだと主張した。最近は多様性を容認する方向から，評価する方向へ進み，多様な民族集団の文化は価値において対等であると唱えられるようになる。名称も文化多元主義から多文化主義へと多元性を強調するネーミングに変わる。教育カリキュラムの多様化も進み，マルチカルチュラルな教育が推進されるようになる。バイリンガル教育といって，英語が得意ではない移民の子どもでも公立学校では，その子の第一言語で授業が受けられるような制度が導入されて久しいが，これも多文化教育の一環としてとらえることができる。大学では，エスニック研究の学科や学部が設置されたり，コースが開講されたりする。

3 多民族社会の影

▶人種暴動　人種暴動はこれまでにもあったが、最近は黒人のなかにヒスパニック系とアジア系が流れ込んだために、従来の白人対黒人という図式に、マイノリティ間の対立が加わって、人種摩擦が複雑化している。新しいマイノリティ、とくに非合法のヒスパニック系移民は黒人と同じ職を求めて競争し、しかも低賃金でも働こうとするから、対立は激しくならざるをえない。他方アジア系の移民、とくに韓国系は雑貨店や酒屋、スーパーなどの事業主として台頭し、貧しい黒人住民の反感と嫉妬を買う。ヒスパニック系においては、先住組と新しい移民とでは貧富の格差が甚だしい。これが死者53人、負傷者4000人、被害総額7億5000万ドルを出した、1992年4月のロサンゼルス暴動の背景にあった。

　移民の歴史を考えると、最初にやってきた移民が主流派を形成し、そのあとにやってきた移民が追い付こうとする。新しい移民はつぎの移民がやってくるまで社会の下積みになる。だがどんどん新しい移民が流入するので、先にきたものたちは経済的地位を上昇させていく。先にきた移民はあとからきた移民にはなかなか追い付かれないのが普通であるが、ただ黒人のアンダークラスだけがあとからきた新参者の移民にも追い越されていく。黒人は他のほとんどの移民集団よりもはるかに古くからアメリカに住み、しかも英語を話してきた。しかし英語を解せず、宗教や文化も異なる東欧や南欧の貧しい移民でさえ、しばらく苦労すると、ゲットーやスラムから脱出することができた。韓国系にいたってはたいした苦労もせずに、黒人を踏み台にして、事業主として成功しているように映る。

▶分裂するアメリカ　人種統合の夢は破産して、アメリカ社会はふたつの国民に分裂していると指摘した書物が1992年に出版された。アンドリュー・ハッカー（Andrew Hacker）の『アメリカの二つの国民』（*Two Nations: Black & White, Separate, Hostile, Unequal*）である。かれは多くの数字を挙げながら、サブタイトルにあるように、アメリカ社会は白人社会と黒人社会

に分かれていて，たがいに敵対的であり，しかもはなはだ不平等であることをあきらかにした。アメリカはひとつにまとまっているのではなく，社会の主流から閉め出された黒人などのマイノリティが別の集団を形成しているというのだ。黒人の教育者が黒人の子どもたちに人種的な誇りを植え付けるために，西洋文明は黒人が創始したと主張する，アフリカ中心主義的な歴史教育を行なう土壌がここにある。また，白人との人種分離を唱える黒人回教（Nation of Islam）の指導者，ルイス・ファラカン（Louis Farrakhan 1931- ）が都市部の黒人に人気が高いこともここから説明できる。アンダークラスの状況が好転しないかぎり，分離主義と黒人ナショナリズムがそう簡単に消えることはない。

　アメリカの最近の国家目標は，さまざまな人種・民族集団が平等に，しかも多様な価値観をいかに発展させていくかにあった。かたや共通の理念をもとに多くの民族の統一体を志向し，かたや各人種・民族集団の独自性に重きをおく多文化主義を志向する。そのようなことがはたして可能であろうか。多文化主義は文化に序列をつけない文化相対主義に陥りやすい。多文化主義が行き過ぎてしまい，それぞれのエスニック集団が自己主張をぶつけ合うようになれば，アメリカは分裂しかねないと指摘したのが，歴史家，アーサー・シュレジンガー（Arthur Schlesinger, Jr.）の『アメリカの分裂』（*The Disuniting of America : Reflections on a Multicultural Society* 1992）である。かれの危惧するとおり，もしそうなれば，たしかにアメリカは「多くのものからなるひとつ」ではなく，「多くのものからなる多くのもの」（E Pluribus Plures）になる危険性はある。

4　メスティソ・アメリカ

▶異人種間結婚

　ゲアリー・ナッシュ（Gary B. Nash）は「メスティソ・アメリカの隠れた歴史」（"The Hidden History of Mestizo America" 1995）のなかで，つい最近まで異人種間結婚は北米ではあまり起こらなかったと思われてきたが，そうではなく，きわめて早くから，異なる人種間の結婚がたくさん行なわれてきたことをあきらかにした。アメリカで一番早い，もっとも有名な例はイギリス人青年ロルフとインディアンの娘ポカホンタスの結婚で

ある。白人とインディアンとの結婚以外では、黒人とインディアンとの結婚が多かった。逃亡した黒人奴隷がインディアンの部落に身を寄せ、そこでインディアンと結婚したという事例である。20世紀前半のカリフォルニアの農村地帯では、日本人に代わって入ってきたインド人男性の8割までが地元のメキシコ系女性と結婚したという。

　アメリカの歴史を通じて多数の人々があらゆる時代にあらゆる地域で、異人種間、異民族間結婚を繰り返してきた。その結果、黒人の4分の3は混血であり、そのうち3分の1はインディアンの血が混じっている。ヒスパニック系にいたってはほとんどすべてが混血であり、インディアンの大部分もそうだし、何百万人という白人も混血である。アジア系の外婚率も増加している。多民族社会アメリカの未来のためには、人種や民族の間の差異をあいまいにする異人種間結婚が、過去にあったし、現在はそれがますます増えているという事実を認識しなければならない。次に、結婚という形で人種や民族を超えて交わるという意味だけではなく、精神的な意味でのアメリカのハイブリッド（異種混淆）性あるいはクレオール現象を認識し、そこに誇りをいだくということ、そこにアメリカの未来がある。

▶アメリカ文化の
　ハイブリッド性
シェリー・フィッシュキン（Shelley Fisher Fishkin）は「《ホワイトネス》を問い直す、《ブラックネス》を紛糾させる——アメリカ文化地図の作り変え」（"Interrogating 'Whiteness,' Complicating 'Blackness': Remapping American Culture" 1995）という論文のなかで、いかにアメリカ文化が黒人文化の影響を受けてきたか、白人と黒人がいかに密接にからみあっているか、近年アメリカで旺盛に行なわれてきた研究を紹介している。この論文は、人種を問わず、アメリカ人がいかに互いを見つめあい、模倣しあい、学びあってきたか、そしてその過程で「疑問の余地がないほど混血の」アメリカ文化を創造してきたか教えてくれる。文化のクレオール化はなにも言語の分野だけで起こるのではない。そもそものはじまりから、混合と雑種性がアメリカ文化の法則であった。アメリカ文化のこうしたハイブリッド性を理解し、称賛することによってはじめて、アメリカは21世紀に向けて新しい、活力ある、共通の文化を作り上げることができるのではないだろうか。

▶アメリカ史の多文化性　アメリカの歴史そのものが，アメリカの比類ない人種的，民族的多様性が織り成してきた歴史であったということを教えてくれるのが，日系二世の歴史家ロナルド・タカキ（Ronald Takaki）の『多文化社会アメリカの歴史』（*A Different Mirror : A History of Multicultural America* 1993）である。この書物は，アメリカを構成する多様な人種・民族集団の多様な歴史がいかに密接に絡み合っているか，またアメリカの歴史がこうした多様な集団が寄り集まって，新しい社会を作ろうとしてきた歴史であるか，最後には各集団がともに生きるためには，こうした多文化的な歴史を認識しなおすことがいかに重要なことか教えてくれる。人種的，文化的な混淆，多文化的な歴史を基盤にして未来を構築していくこと，それが多民族社会アメリカの課題となる。

二つの祖国に引き裂かれた日系二世たち

　第二次大戦中，アメリカ西海岸の日系人約11万人が，敵性住民としてユタやアリゾナなどの砂漠に強制収容された。そして日本への忠誠を放棄し合衆国のために戦うことを宣誓した多くの日系二世は，ここから出征していった。日系人だけで編成された第100大隊，第442連隊は，ヨーロッパ戦線で大活躍し，合衆国への忠誠心を示した。一方，宣誓を拒否した二世たちは，投獄されるか日本へ送還された。親の国日本に銃を向けられなかった彼らは，生まれ育った国アメリカに「ノー」と言わざるを得なかった。ジョン・オカダが書いた小説『ノー・ノー・ボーイ』（1957）は，宣誓を拒否した「ノーノー組み」の青年が故郷シアトルへ帰っての苦悩を描いている。アメリカ政府が強制収容の過ちを認め，ひとり2万ドルの補償金を支払ったのは1990年のことである。また強制収容の様子を描いた映画に，タムリン・トミタ主演の『愛と哀しみの旅路』（1990）がある。　　　　　　　　　　　　　（山越）

原典紹介

America is in the Heart (1943)

Carlos Bulosan

　"It is but fair to say that America is not a land of one race or one class of men. We are all Americans that have toiled and suffered and known oppression and defeat, from the first Indian that offered peace in Manhattan to the last Filipino pea pickers. America is not bound by geographical latitudes. America is not merely a land or an institution. America is in the hearts of men that died for freedom; it is also in the eyes of men that are building a new world. America is a prophecy of a new society of men : of a system that knows no sorrow or strife or suffering. . . .

"America is also the nameless foreigner, the homeless refugee, the hungry boy begging for a job and the black body dangling on a tree. America is the illiterate immigrant who is ashamed that the world of books and intellectual opportunities is closed to him. We are all that nameless foreigner, that homeless refugee, that hungry boy, that illiterate immigrant and that lynched black body. All of us, from the first Adams to the last Filipino, native born or alien, educated or illiterate— *We are America !* . . ."

図4-6 フィリピン系のカルロス・ブロサンの自伝的小説『我が心のアメリカ』(1943)

『我が心のアメリカ』(1943)

カルロス・ブロサン

「アメリカはひとつの人種もしくはひとつの階級からなる国ではないと言ってもよい。汗水たらして働き，苦しみ，抑圧と敗北を知っている我々すべてがアメリカ人である。マンハッタンで和平を申し出た最初のインディアンから最後のフィリピン人農業労働者まで。アメリカは地理的な領域に制約されていない。アメリカはたんにひとつの土地でも制度でもない。アメリカは自由のために命を捧げた人々の心のなかにある。それはまた新世界を作り上げようとしている人々の眼の中にもある。アメリカは新しい人間社会を予言する。悲しみも争いも苦悩も知らない体制を予言する。(略)

「アメリカはまた名もなき外国人，家なき難民，職を乞う飢えたる少年，木からぶら下がっている黒い死体でもある。アメリカは書物と知的機会の世界が閉ざされていることを恥じている無学な移民である。我々は皆，あの名もなき外国人，あの家なき難民，あの飢えたる少年，あの無学な移民，あのリンチで吊るされた黒い死体である。我々す

図4-7 日系二世のモニカ・ソネの自伝『二世の娘』(1953)

Nisei Daughter
Monica Sone

べて，最初のアダムズから最後のフィリピン人まで，アメリカ生まれであれ，外国生まれであれ，学があれ，無学であれ——我々がアメリカなのだ！（略）」

Nisei Daughter (1953)

Monica Sone

"I don't resent my Japanese blood anymore. I'm proud of it, in fact, because you and the Issei who've struggled so much for us. It's really nice to be born into two cultures, like getting a real bargain in life, two for the price of one. The hardest part, I guess, is the growing up, but after that, it can be interesting and stimulating. I used to feel like a two-headed monstrosity, but now I find that two heads are better than one.... I think the Nisei have attained a clearer understanding of America and its way of life, and we have learned to value her more. Her ideas and ideals of democracy are based essentially on religious principles and her very existence depends on the faith and moral responsibilities of each individual. I used to think of the government as a paternal organization. When it failed me, I felt bitter and sullen. Now I know I'm just responsible as the men in Washington for its actions. Somehow it all makes me feel much more at home in America."

...I had discovered a deeper, stronger pulse in the American scene. I was going back into its main stream, still with my Oriental eyes, but with an entirely different outlook, for now I felt more like a whole person instead of a sadly split personality. The Japanese and the American parts of me were now blended into one.

『二世の娘』(1953)

モニカ・ソネ

「日本人の血をもう恨みません。実際，誇りに思ってます。それは，わたしたちのためにあんなに頑張ってきたお母さんや一世のためです。ふたつの文化に生まれて本当によかった。一個の値段でふたつ，人生の掘り出し物を手に入れたようなものです。ただ，

一番辛かったのは成長期だったでしょうか。でもそれを過ぎてしまうと，興味深くも面白くもなりうるんです。かつては頭がふたつの怪獣のような気がしましたが，いまでは頭がふたつあるほうがひとつよりも良いと思ってます。(略) 二世はアメリカとその生活様式をはっきりと理解できるようになったし，ますますその真価がわかったように思います。アメリカの理念や民主主義の理想は本質的に宗教的な原理に基づいていますから，アメリカの存在そのものが一人一人の信仰と道徳的責任にかかっています。これまでは政府は父親のように保護してくれるものだと考えていました。アメリカがわたしを見捨てたとき，腹も立ったし，気もふさぎました。でもいまでは，アメリカの行動に対して自分も政府のひとたちと同じように責任があるのだとわかりました。それでアメリカの居心地がずっとよくなったような気がしています」

(略) わたしはアメリカ的風景のなかにより深く，より強い脈動を発見していた。その本流のなかへ戻るところであった。いまだ東洋人の目をしてはいるが，まったく違った視野を備えた目で。というのもいまでは，分裂した悲しい人格ではなく，ひとつの統合された人間のように思えたからだ。わたしの日本人の部分とアメリカ人の部分がいま溶けてひとつになった。

聖パトリック教会

ニューヨーク5番街にそびえ立つ聖パトリック教会は，1880年代の完成から今日に至るまで，カトリック信仰を持つアイルランド系アメリカ人たちの心のとりでである。3月17日は「聖パトリックの日」が全米で盛大に祝われるが，もともとは，祖国アイルランドの守護聖人聖パトリックを記念する彼らの祭りだった。この日，人々が体の一部に必ず身につけるシンボル・カラーの緑色は，4世紀にパトリックが初めてアイルランドにキリスト教を布教した際に，シャムロックと呼ばれる緑色の三つ葉のクローバーを手に取り，三位一体を説いたという伝説に由来する。アイルランド系社会は1961年にはジョン・F・ケネディを大統領として誕生させるまでに成長した。アメリカン・ドリームを実現することのできたアイルランド系移民はごく一部であり，1840年代の馬鈴薯の大飢饉を逃れてアメリカに渡ってきて以来，その大半はWASPの壁に阻まれて下級労働者階級に甘んじ，長年辛苦の道をたどってきた。聖パトリック教会はそうした労働者たちにとっての心の支えであった。

(田中)

第 5 章

奴隷制とアメリカ南部

(笹田直人)

概　説

▶奴隷制の起源　1619年，8月の終わりに，ジェームズタウンに漂着したオランダの戦艦が食料と引き換えに，船荷として積まれていた20人の黒人を植民地人に委ねた。黒人たちは，新しい所有者のもとで使役されることになったが，まだ「奴隷」ではなかったといえるだろう。当時の植民地には，騙され誘拐まがいに連れてこられた者も含め，白人の年季奉公人（indentured servant）が多数いたが，黒人たちは彼らと大差ない地位を占めていたとされ，終身，奴隷的に使役される身分にはなかったからである。彼ら年季奉公人には，定められた年限を勤め上げれば，自由民になりうる可能性があった。その意味で，合衆国の奴隷制の起源をこれらの20人に直接求めることはできないかもしれない。このあと黒人奴隷制度は，長い年月をかけて徐々に練り上げられていったのである。

　次第に，肌の色の違いをもって年季奉公人を階層化する慣行が生まれていった。逃亡の懲罰として，黒人にだけ終身奉公が科せられたのはその一例である。そして，終身奉公の持つ高い収益性がことに農園主たちにひろく認識される機会が増えるにつれ，奴隷制度は黒人を終身奴隷の身分に固定化する制度へとやがて変容していった。1641年，マサチューセッツが植民地としては初めて黒人奴隷制度を合法化し，それは他の植民地にも広がっていったが，さらに1663年，ヴァージニアが奴隷の身分の母から生まれた子を例外なく奴隷と規定するに及んで，人種に基づく世襲の奴隷制度はほぼ完成したといえよう。それに伴い，異人種混交を禁じる法律も生まれ始めた。たとえば1691年のヴァージニアの異人種混交を禁じた法律は，混血の庶子を生んだ白人女性に15ポンドの罰金，その庶子には30年間の奉公を課すことを定めていた。

▶アメリカ独立　こうして，18世紀に入ったときはすでに完成を見ていた奴隷制度だが，この世紀の後半に，見直されるべき機会が到来した。それは言うまでもなく，アメリカ独立である。独立革命において，当初は黒人に兵籍を与えることは禁止されていた。しかし，戦争が続くなかで，白人

図5-1 フレデリック・ダグラス　　図5-2 94人の黒人売り出しの広告

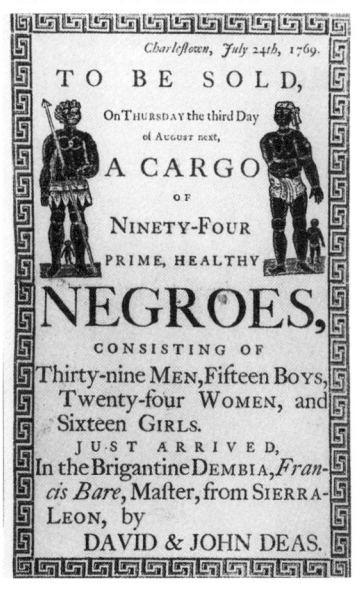

兵の動員が困難になるにつれ，サウス・カロライナやジョージアを除いては，奴隷，自由民を問わず黒人を召集する州が増えていった。およそ5000名と推定される黒人兵たちのなかにも，独立の高邁な精神に共鳴し，フレデリック・ダグラス（Frederick Douglass 1817-95）の言葉によれば「人類愛と自由平等という自明の理にのっとった国家の到来」を希求し果敢に戦う者もいたのである。終戦後，従軍した黒人たちの大半は，解放され自由になった。ヴァージニアでは，奴隷主が解放の褒賞の約束を翻して再び奴隷に引き戻そうという動きが一部に見られたが，議会や裁判所の命令により，解放が実現した。しかし，解放は従軍兵にしか及ばなかった。自由の名のもとに戦われた独立戦争の理想はあきらかに後退したというべきだろう。

　独立宣言にも謳われた「自明の理」に従って，白人と平等であるべき黒人が奴隷の身分を解放されれば，それは独立の理念の輝かしい実現のひとつになるはずだった。しかし88年に発効した憲法には，20年の期限付きながら奴隷貿易の存続の容認や奴隷主の逃亡奴隷への所有権確認などがもりこまれ，奴隷制の

維持・存続は改めて保障されたのである。

　1808年に奴隷貿易は禁止されたが，18世紀末から，19世紀初頭にかけての奴隷貿易最盛期には，誘拐・拉致された年間10万人のアフリカ黒人たちが，黄金海岸とも奴隷海岸ともよばれたアフリカ西海岸から船荷として運び出されたという。そこから西インド諸島までのいわゆる中間航路（middle passage，往路であるイギリス―アフリカ西海岸と復路である西インド諸島―イギリスとの中間の航路）において，彼らは甲板下の荷室に立錐の余地なく監禁され，航路の途上，多数の犠牲者が出たという。奴隷貿易禁止後は，国内の奴隷取引が却って活発になり，奴隷商人が暗躍して，黒人たちが動産として売買される機会は増えた。その結果，奴隷一家の離散や女性奴隷の性的搾取の機会が増大していった。リッチモンド，チャールストン，ニューオーリンズなどは奴隷市場で栄えた。

▶南部大農園の奴隷
　1860年の時点で，国内の黒人奴隷は400万人にものぼっており，アメリカ南部の人口の35％をも占めていた。彼らの大半は，苛酷な白人監督のもとで「夜明けから日没まで (From Can See to Can't see)」，時には安息日の日曜にすら，綿花，砂糖黍，タバコ，米などを栽培するプランテーションで使役された。彼らは奴隷主の館から離れた居住区の丸太小屋で大家族の共同生活を営んでいた。苛酷な労働にもっぱら従事したフィールド・ハンズ（field hands）と呼ばれる奴隷たちと違って，大工や煉瓦積み工，機織りなどの熟練工，料理人，召使などの家付きの奴隷たちは，比較的恵まれていたが，もちろん彼らは勝手に自分のプランテーションを離れることは禁じられていた。

　彼らには姓は公的に必要なものではなかったが，大半のものは主人の姓を名乗ることを強要され，子どもが生まれると，白人が悪ふざけで，プラトンやワシントンやリンカンなどの名づけを行なうこともしばしばだった。子どもは，5歳くらいから労働を課せられた。それらは水汲みなどの雑用で，馴らし仕事だったが，罰にも慣れるようにと，容赦なく鞭打たれた。ダグラスは「失敗，偶然の事故，権力欲，どんなことでもが，すべて奴隷が鞭打たれる口実となった」と語っているが，子ども時代から続いた虐待の結果，面従腹背，愚鈍で無

知を装う戦略が黒人たちの間に定着した。彼らはこうして白人たちを欺いていたのである。

　一方、白人奴隷主の欺きの戦略も見逃せない。白人監督と、奴隷を追い立てる黒人の監督助手とがもっぱら懲罰の実行をつとめたのであり、その背後で大農園の白人奴隷主人は寛容で慈悲深い威厳を保つことができたのである。奴隷主たちは父親として、保護者同然の振る舞いを装い、奴隷たちから服従ばかりでなく感謝をも要求したのである。「奴隷たちは奴隷であることの惨めさを十分に知りながらも、哀れな主人の奴隷であることは、まったく屈辱であると考えていたのである」とダグラスは観察しているが、主人を誇りに思わずにいられないこのような奴隷の奇妙な心理の形成に、パターナリズムの深い浸透を見ることができるだろう。

▶奴隷の反乱と逃亡　　温和で従順で、陽気なダーキー（darkey）は、野蛮で復讐心に燃えるニガーと表裏一体をなしている。白人たちが前者を信じたがるとしても、それと同じ度合いで後者への恐怖も募っていった。殊に1831年、ヴァージニア州サザンプトンで起きたナット・ターナーの反乱では、60人もの白人が殺害され、不安は現実のものとなった。奴隷に知の扉を開かせる識字への警戒がいや増すこととなった。読み書きは、教えても自学自習しても、露見すれば厳しく罰せられることが周知徹底されてはいたが、ひそかに教える白人や黒人、隠れて学ぶ黒人は少数ながら後を絶たなかったのである。デュ・ボイス（Du Bois 1868-1963）によれば、1860年までに読み書きのできる黒人は、わずか5％にしかすぎなかったのだが、彼らは学ぶことへの純粋な渇望ばかりでなく、白人と対等に読み書きができるという自信と誇り、黒人を隷属状態にとどめ置く権力の源泉に近づく喜びを知ったのである。彼らの多くは北部で自由を獲得しようと逃亡奴隷の道を選択した。

▶奴隷制度廃止論の興隆　　奴隷制廃止運動の本格的な組織ができたのは1775年で、フランクリンの指導のもとにフィラデルフィアで奴隷制反対協会が設立された。独立革命後、1787年には、オハイオ川、ミシシッピ川、五大湖に囲まれる地域での奴隷制度を禁止した北西部領地条例が発布され、19世紀に入るまでに、北部諸州では、奴隷制度は姿を消していたが、勿論、北

図5-3 ウイリアム・ロイド・ギャリソン

部で人種差別がなかったわけではない。ノースカロライナ生まれ、奴隷の父と自由人の母をもつ、ディヴィド・ウォーカーは、北部の隠然としてはいるが人種差別の厳然たる実態と、南部奴隷制社会のあからさまな黒人虐待の両方を見聞することが出来た。彼は、「一人のすぐれた黒人は六人の白人を殺すことができる」と1829年の著作『世界の有色人市民への訴え』にしるし、奴隷解放ばかりでなく黒人差別の撤廃への展望をひらく主張を雄弁に行なった。こうした煽動的な文書は、30年代の奴隷解放運動の盛り上がりの前兆を示していた。

奴隷を解放したあとに、奴隷主のこうむった損失を政府はどのように賠償するか。これは明らかに、奴隷解放を阻む大問題であったのだが、19世紀には、無償での奴隷解放を唱えるアボリショニスト(奴隷制度廃止論者)たちが増えてきた。白人のアボリショニストであるウィリアム・ロイド・ギャリソン (William Lloyd Garrison 1805-79) は1831年、『解放者』紙を創刊、即時無償解放を訴えた。その夏のナット・ターナーの奴隷反乱、翌年のイギリス領のジャマイカでの奴隷反乱、相次いでおきたこれらの事件はアボリショニストたちを勢いづかせた。33年には「アメリカ奴隷制反対協会」が結成され、同年イギリス議会が西インド諸島の全奴隷約80万人を解放する決議を出した。奴隷解放へのうねりは、もはや世界的趨勢だった。

▶逃亡奴隷法　北部自由州に逃亡した奴隷はもとの所有者のもとに返還されねばならないという旨を定めた1850年の逃亡奴隷取締法は、そうした趨勢に対する南部諸州の議員たちの必死の反撃だったともいえるだろう。1793年に制定された逃亡奴隷法を1826年に無効としたペンシルヴェニア州の例に見られるように、逃亡奴隷の保護をあからさまに行なっていた北部諸州への反撃でもあった。逃亡奴隷を幇助したものは、6カ月の懲役か1000ドルの罰金

図 5-4　懸賞金つきの逃亡奴隷広告

> weather, the respective sale or sales will begin the first fair day or days after.
>
> ## RUN AWAY
>
> on Saturday last, a middle-sized yellowish Negro Fellow, named CYRUS, formerly belonged to Mr. *Williamson* at *Stono*, and is well known in Town and most Parts of the Country. £. 20 reward for his Head, or £. 5 to any Person that secures him in the Work-House, will be paid by　　　　*Thomas Tucker*, Pilot.
>
> ## TO BE SOLD
> AT the usual place in *Charles-Town* on tuesday

を科せられることになった。この法律が制定されると，泣き寝入りをしていた南部の奴隷主たちは，逃亡を成功させ自由を獲得していた元奴隷の引渡しを求め始め，数年後，200人もの元奴隷がかつての所有者に引き渡されたという。逃亡奴隷の中には，カナダにさらに逃亡を図るものもいた。

　逃亡奴隷法にアボリショニストたちは憤激し，ストウ夫人は，『アンクル・トムの小屋』を書き，エマソンやソローら北部知識人たちも一斉に怒りの声をあげた。白い肌の元黒人奴隷エレン・クラフトの手記は，北部白人女性たちの感涙を誘った。ソジャーナ・トルースの講演は，深い感銘を与えた。奴隷体験記スレイヴ・ナラティヴは，1840年代から50年代に少なからず読まれ，奴隷解放論を躍進させたが，50年代以降，たとえば，ヘンリー・ハイランド・ガーネットやサミュエル・リンゴールド・ウォードらの逃亡奴隷が，ナット・ターナーを称揚し，暴力肯定を含む闘争の急進化を強めるようになると，白人アボリショニストたちの逡巡を招くことになった。黒人たちはそうした状況に国内での奴隷解放実現への希望を失い，ハイチやアフリカ黄金海岸，メキシコなどへの移住を唱えるマーティン・ディレーニーなどのブラック・ナショナリズム

図5-5 黒人の入隊を募る北軍

が勃興することになった。

▶南北戦争と奴隷制　1860年リンカンが大統領に当選すると，南部7州が連邦を脱退し，翌年ジェファソン・デイヴィスが暫定政府を樹立，自ら大統領に就任した。この南部連合国（Confederate States of America）には，最終的に南部11州が参加した。南部は，北部の妨害や干渉からの自由，独立，自治を求めるという大義を掲げ，一方，北部は謀反を討ち，国家の分裂を修復し統一するという大義のもとに南北戦争が勃発した。

　リンカンは，就任当初は強硬な奴隷解放論者では決してなかったし，また奴隷解放を明瞭な旗印に掲げて戦ったわけではなかったが，南北戦争の途中の62年，彼は軍事戦略上の理由もあって奴隷解放宣言（Emancipation Proclamation）を行ない，戦争の大義を連邦の維持から奴隷制度の廃止へと変えた。奴隷たちは，この宣言で解放されたわけではなく，実際の解放は，65年南部降伏後の憲法第13修正を待たなければならなかったのだが，こうして奴隷解放が次第に戦争の大義として浮かび上がってくるにつれ，リンカンの思惑通り奴隷主のもと

から北部に逃亡したり，連邦軍の召集に応じたりする奴隷の数が増大した。連邦軍で従軍した黒人は，18万6000人にのぼる。彼らはのちに，解放後のプログラムとしてプランターから没収した土地が分配されることを信じて戦ったが，土地の没収は財産権の侵害にあたるとされる声が強く，立法化されるに至らなかった。解放後に黒人たちに与えられるとされた「40エーカーの土地とラバ一頭」の約束手形は空手形に終わったのである。結局，彼らは物納小作人（sharecropper）として，貧苦に喘ぐことになった。戦争の傷跡は深く，36万人にも及ばんとする連邦軍の死者，25万人近くの死者が南部連合軍から出た。

図5-6　黒人を威嚇するKKK

▶再建期の南部とジム・クロウ法　敗戦後の南部再建への道は極度に険しかったが，没落したかつての支配階級に替って，北部と結びついた若い世代が鉄道の敷設に乗り出し，アトランタ，バーミンガム，ダーナムなどが，鉄道の要衝の地として新南部の産業の中核都市として栄えた。綿花以外に，木材，タバコ，家具，鉄鋼，石炭，織物などが再建期の南部を支えた。1895年には，南部産業の進展を誇るべくアトランタ博覧会が開催され，ブッカー・T・ワシントン（Booker T. Washington 1856-1915）が「白人と黒人は手の指のように離れているが，同じ手のひらに属している」と説く名演説を行なった。人種間の宥和を説くその姿勢は，ダグラスの姿勢とは明らかに異なっていたが，ダグラス亡きあと，彼は，黒人の指導者の地位に祭り上げられた。

しかし，農機具から肥料，種子に至るまで，すべて地主から貸し付けを受けて耕作する黒人たちの生活はきわめて苦しく，再建期の黒人の自立は困難に満ちていた。奴隷解放後は，黒人取締法（black codes）が制定され，黒人たちの職業選択や移動の自由には制限が加えられた。さらにプランテーションで奴隷

図5-7 1861年当時の自由州と奴隷州

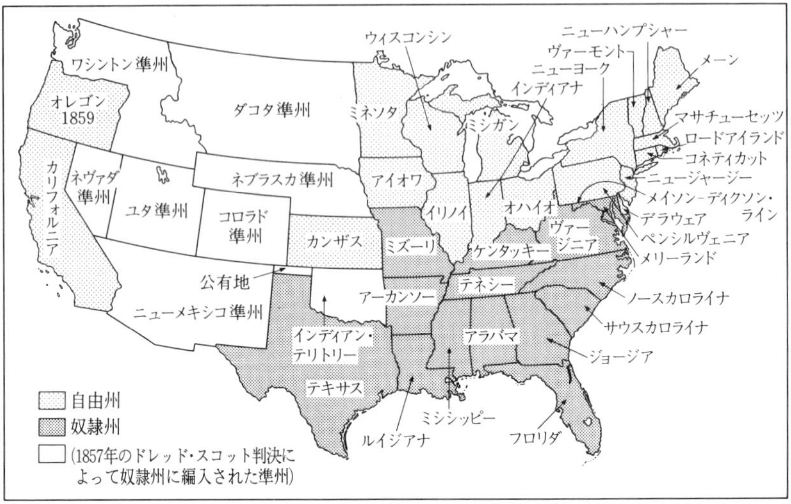

の行動に目を光らせていた地回りのパトロールに代わって，1866年，KKK（Ku Klux Klan）が結成され，鞭打ちや放火，リンチなどの暴力的手段を用い，黒人ばかりでなくスキャラワグ Scalawag（共和党支持の南部白人）をも威嚇し，黒人を抑圧する白人支配体制を援護した。1880年代になると，白人と黒人の人種分離を目的として，鉄道，学校，レストランなど公共の施設で黒人を隔離する法律が相次いで制定され，それらは，ジム・クロウ法と総称され，「分離すれども平等」という口実のもとに長らく続くことになる南部の人種差別体制の基礎となった。

南部プランテーションにおける奴隷たちの生活

　南北戦争前の過酷な黒人奴隷虐待の様子は『アンクル・トムの小屋』や『ルーツ』などでよく知られる。しかしタバコ，綿花，砂糖きび，米などを生産する南部プランテーションには多様な側面があった。日常的には，主人を隊長とする軍隊的な強制労働の場であり，学校であり，教区であり，そして夕にはケークウォークやチャールストンなどのダンスがくりひろげられるバラエティショーの場でもあった。こうした奴隷たちが与えられた家は「スレイヴ・クォーター」と呼ばれ，主人の屋

敷の裏側に並んで建てられた。その家屋は狭く粗末な設備だった（写真）。奴隷たちを半強制的に同居させて子どもを産ませる，すなわち奴隷生産が主人には大きな収入となった。解放直前には奴隷一人の値段は2000ドルにもなっていたという。法的な結婚制度がなかった奴隷たちは，次々と相手を変えさせられ，夫婦もなければ親子もなく，別々に売り飛ばされることもあった。 (山越)

スレイヴ・クォーター

キー・トピック解題

1 アメリカ南部というアイデンティティ

▶アメリカ南部

アメリカ南部とはどこを指すのだろうか。植民地時代は，ニューイングランドを除き，ニューヨークからジョージアに至るまでが「南部」と呼ばれたように，南部の指し示す場所は，時代によって変遷している。現代にも通じる南部の領域設定は，1760年代のペンシルヴェニアとメリーランドの境界紛争に端を発して，チャールズ・メーソンとジェレミア・ディクソンが策定したメーソン-ディクソン・ライン（Mason-Dixon Line）に由来する。

　アメリカ南部の特殊性を理解するには，まず植民地建設当時にまでさかのぼらねばならない。もともと南部のルーツには，大半が宗教的動機をもって入植を志した北部とは異なり，起業精神が，経済的成功の目標があった。峻厳な気候条件のもとで，刻苦勉励して「丘の上の町」を建設しようとしていた北部と

は違って，砂糖黍，綿花，タバコ，米などの農産物の生産にうってつけの気候，自然の豊かな恵みは，「新しいエデンの園」を南部に想像させ，倹約と勤勉を宗とする北部とは違う個性の自覚を促していたのである。実際，ヴァージニアのタイドウォーターからサウスカロライナにかけては，イギリスのジェントリ階級が憧れるような擬似的貴族風社会が形成されていた。年季奉公人，小作農，独立自営農民（yeoman）たちは過酷な労働に明け暮れていたが，18世紀イギリス風の煉瓦造りの，あるいはフランスのポーチやヴェランダを持ったコロニアル様式の，あるいはギリシャ復古調の領主館に住む一握りの富裕なプランターたちは，謹厳実直なピューリタン精神とは対照的な贅沢とゆとりを楽しんでいた。

1793年のコットン・ジンの発明後，綿繰りが容易になった結果，綿の生産は増大しつつあったが，殊に1830年以降，50年代までに，綿花の生産は飛躍的に伸びた。「綿の王国」であった深南部のミシシッピやアラバマ，ルイジアナ，ジョージアでは，奴隷が非人間的に酷使され，イリノイ州などの南東部の奴隷州では「川下に売られる」という言葉が脅し文句として使われたほどである。

▶旧き良き南部　南部のアイデンティティ形成は，ミズーリを除くルイジアナ購入地域の緯度36度30分以北の土地を自由州とするという1820年のミズーリ協定以降の奴隷州と自由州を巡る争いが起きてから新たな局面を迎えたといえる。名誉と謙譲の徳を尊ぶ貴族風の矜持（きょうじ），奴隷制度に対する良心の呵責，時代の進歩と自由州拡大に伴う包囲網への危機意識などが複雑に絡み合って，その守旧的アイデンティティは粉飾されていったのである。

1830年代には，騎士（Cavalier）神話が，南部のアイデンティティを形成する核となった。南部エリートたちは，17世紀イギリスの謹厳なピューリタンであるクロムウェル卿から逃れた王党派・騎士党員の亡命貴族の末裔に自らをなぞらえた。こうして彼らは北部ピューリタンとは対照的なアイデンティティを形成していったのである。南部が南北戦争で敗北してからは，ロマンティックなプランテーション神話がうみだされた。懐古は，すべてを美化する。高貴で誇り高き南部貴族は，貞淑で献身的で天使のような南部の貴婦人（Southern Belle）を守り慈しみ，いつまでたっても幼稚で手がかかるサンボを庇護してい

かねばならなかった。ノーブレス・オブリージこそ，プランテーションの醇風美俗である。牧歌的な農園風景の中で育まれた白人主人と黒人奴隷の関係は，調和のとれた平穏な主従関係という規律ある封建的な世界とみなされ，解放後の南部の，あるいは北部の人種問題をも含む社会的価値観の崩壊による混沌状況と対比されたのである。南部の頽廃と荒廃が深刻であればあるほど，こうした神話は南部人の誇りと面目を保つよすがとなったのである。

2 人種混交／混淆

▶人種混交／混淆の由来　miscegenation 人種混交／混淆とはラテン語の造語で，*miscere* (= to mix)＋*genus* (= race)，つまり racial amalgamation の意味をもつ。この言葉は南北戦争のさなかの1863年，ニューヨークで出版された匿名の政治パンフレット *Miscegenation : The Theory of Blending the Races, Applied to the White Man and Negro* のなかで，反アボリショニストの民主党員，D・G・クローリー，G・ウェイクマン（2人とも北部人ジャーナリスト）によって初めて案出された。2人は熱烈な共和党員・奴隷解放論者を装い，奴隷解放宣言は白人と黒人の混血を促進することになると述べ，「世論が2つの人種の結合を是認して初めて人種問題の解決は成し遂げられる」とリンカンに高らかに宣言させようではないか，それにあたっては miscegenation を共和党の綱領の1項目に加えるべきだとの主張を展開した。彼らの目的は，当時の生理学的見解に基づき異人種混交/混淆を褒め称え，共和党が miscegenation を促進する党であることを白日の下にさらすことにより，逆説的に民主党支持へと世論を誘導することにあった。つまり民主党・共和党を問わず，コーケジアン（白人種）の雑種化・種の頽廃への不安や強迫観念を煽って，最終的にはリンカン再選を阻止しようと目論んだのだ。

▶異人種結婚との差異　実際，miscegenation には，さしあたり異人種の結婚（雑婚），異人種の性交という行為（混交），それらの帰結としての混血児出生（混淆）までの三位相が含まれているが，異人種結婚（interracial marriage）は禁止されていたわけだから，後二者の含意が強調さ

れ，それに対する警鐘が鳴らされたことは明らかである。

　まず，黒人男性がもつ性愛上の潜在的な脅威を煽り立てること。一方で，貞淑かつ純潔，他方で，性愛に対する情熱を秘めているという，当時支配的だったヴィクトリア朝的な白人女性観によれば，黒人の強大とされたペニスから白人女性は守られねばならなかったし，また同時に隔離されなければならなかったのだ。こうして，人種関係を性愛化し煽情化するために，この新語は発明される必要があった。

　次に，人種別の身分のヒエラルキーの崩壊が招く混沌とした社会への不安を掻き立てること。歴史的に見て，南部では17世紀初頭には年季奉公人同士の間では，雑婚や人種混淆はさほど稀なことではなかったとされる。やがて年季奉公人のなかでだれが奴隷という身分につくかという問題が起きて初めて，miscegenation は忌避され始めた。終身奴隷が黒人と定められ，3世代前に黒人の血が混じっていれば黒人と規定されるような，いわゆるワンドロップ・ルールが支配するようになると，少なくとも白人女性と黒人男性の間での人種混淆はタブー視されるようになった。ただし，miscegenation は奴隷主の白人男性と奴隷女性との間には頻繁に起きた。奴隷主と黒人女性奴隷との間にできた子どもは，奴隷とみなされ，奴隷主の財産となったからだ。実際，1860年の国勢調査によれば，ムラートーは59万人近くいた（奴隷は約396万人，自由黒人は約48万人）。こうしてこの新語は，白人男性と黒人女性には許された混交によって秩序立てられた人種別のカースト社会を護持する一方で，白人女性と黒人男性の混交が招くカリブ海諸国では既に到来している無秩序な人種混淆社会への不安を煽り立てるのに用いられたのである。

　miscegenation という語の有効性は奴隷解放後も生き残った。北部諸州にしても，異人種間の結婚を禁じる法律に対する異議が唱えられるようになったのは南北戦争中のことだったが，奴隷制が廃止されても，interracial marriage は禁止され，その意味で miscegenation の含意は依然として有効だった。1883年のペース対アラバマでの敗訴から，1967年のラヴィング対ヴァージニアで違憲判決が下される（この時点では，16州が禁止）まで，禁止は続いた。

3 リンチ

▶リンチの由来　アメリカ独立革命のさなか，利敵行為を働く王党派の植民地人に対して，司法の手続きを経ないで鞭打ちなどの私的制裁を加えたヴァージニアのチャールズ・リンチ大佐に因み，フロンティアの地などで犯罪者に対して法の裁きを待つことなくしばしば行なわれた民衆による私刑をリンチと呼ぶようになった。

　南部プランテーション社会では，白帽団員（whitecapper）たちにみられるように，自警組織が素行の悪い黒人奴隷をはじめ，共同体の規範を逸脱する者を取り締まる慣わしがあった。しかし，そうした場合でも南北戦争前は，リンチが犠牲者を死にまで至らしめるという例はそれほど多くはなかったとされる。私刑の狙いは，主に治安や秩序の維持にあったのである。

▶リンチの変質　南北戦争後，自警組織が解体してKKKが結成され，リンチを先導する役割が広汎に組織的に果たされるようになると，リンチは主な標的を黒人に定めた。1880年から，1930年までのリンチの犠牲者は，白人723名に対して，黒人3220名にのぼった。リンチは，今やはっきりと異人種への憎悪の表現へと変貌したのである。と同時に，その実態もあきらかに変質していった。殺害という処罰方法は普通のこととなったのである。もはや，黒人は奴隷ではなく，ということは，誰かの私有財産ではなくなったがゆえに，殺害は誰の許可を得る必要もなくなったともいえるだろう。首を縊るだけにとどまらず，拷問や火炙りなどの残虐な方法で，彼らは命を奪われていった。実際，南北戦争後の南部のリンチの増加は著しく，1880年代の時点ですでに，全米のリンチの総数のうち南部で起きたものは82％を占めていたが，1920年代には，95％以上を占めるまでに至っていた。

　1882年以降で言えば，ミシシッピ，ジョージア，テキサス，ルイジアナの順でリンチは多発したということからも分かるように，リンチは深南部の，言い換えれば南部性の発露としてあった。加害者も，もはやクラッカーが主体となるのではなく，上流階級に至るまでの広範な階級に属する白人たちがリンチに

図5-8 「もし奴が北部人か黒人自由民なら、ヤンキーどもと黒んぼは吊るせという評決が下る」

加わった。白人の「善男善女」たちはまるでハイキングにでも出かけるように、家族ぐるみでリンチを見学しに行ったのである。それは、敗北した南部白人の黒人に対する過剰防衛から発していたことは否定し得ないだろう。殊に解放後、黒人男が報復のため白人女を襲うというレイピスト神話は、しばしば去勢＝男性器の切除を伴うリンチの引き金を引いた。黒人男が白人女を暴行した、あるいは強姦未遂に及んだという咎で、リンチは多発するようになったのだ。ところが、実際には、そのほとんどは確たる根拠無しに暴発することが多かった。そんな中、1892年、反リンチ運動の創始者でもあるジャーナリストのアイダ・B・ウェルズ-バーネット（Ida B. Wells-Barnett 1862-1931）は、3人の黒人男性のレイプが原因とされるリンチ事件を調査し、現実にはレイプなど起こってはいないことを突き止め、新聞紙上で暴露した。しかし、リンチは1950年代の公民権運動の興隆するまで、やむことがなかった。

1939年、ビリー・ホリデーは、「南部の木には奇妙な果実が成る／葉には血が、根元にも血が滴る／南部のそよ風に黒いからだが揺れる／ポプラの木に奇妙な果実が吊り下がっている」とニューヨークのカフェ・シティで唄った。それは『奇妙な果実』の初演であり、自伝によれば彼女は不安な気持ちを抱いたまま新曲を披露したという。そこは、当時のニューヨークで唯一、白人も黒人も集う開放的なナイトクラブであったが、リンチのテーマを、それも黒人が公衆の面前で取り上げることは前例のないことだった。実際、唄い終わると、しばらく拍手はなかったという。

4 ミンストレル・ショー

　1828年頃，幕間寸劇として，焼きコルクを顔に塗り黒人に扮装して，南部黒人奴隷の身振りや動作をまねて歌って踊った白人芸人トーマス・D・ライスが，アメリカのミンストレル・ショーの始祖であると言われている。ライスは片足をひきずるような独特の老黒人馬丁の身体の動きをデフォルメして模倣したとされ，その滑稽な踊りは，調子はずれの唄とともに「ジム・クロウ」と呼ばれ人気を博した。「ジム・クロウ」が黒人の蔑称として使われたり，南北戦争後の黒人差別・隔離政策をさす名称となったのも，その源はここにある。

　1842年には，ニューヨークでフランク・ブロウアほか白人4名の俳優がヴァージニア・ミンストレルズ一座を結成し，初のミンストレル・ショー専門の一座として国内はもとより，英国にも巡業し，大成功を収め，ミンストレル・ショーはアメリカの大衆演芸としての地位を確立した。また，50年代にはクリスティ・ミンストレルズがスティーヴン・フォースターの「ケンタッキーの我が家」などの唄をひろめた。フォスターは南部に暮らしたこともなく，また歌詞は南部方言で書かれていたわけではなかったが，その感傷的メロディは，想像上の南部の郷愁と黒人への憐憫の情を掻き立て，白人たちの間に受け容れられたのだ。黒人のケークウォークのような派手な練り歩き，掛け合い漫才などのショーのマナリズムもこのころに多様な形で定着していった。

　目と唇のまわりを強調した隈取，不恰好でつぎはぎだらけの服装を着て南部のプランテーションの黒んぼ訛りで繰り広げられるどたばた劇や，感傷的な唄。言うまでもなく，ミンストレル・ショーは，20世紀にも及ぶ道化やサンボなど黒人を侮蔑するステロタイプの構築・定着に加担するという悪しき負の遺産を持っている。ただ，歪められたものではあれ，唄や踊り，民間伝承などに浸透していたアメリカ黒人文化のエッセンスが，ミンストレル・ショーを通じてアメリカ白人文化に流入し，なにがしかの影響を及ぼしたこともまた事実である。ミンストレル・ショーは，その意味で，白人にとってのみ一方的に言えることだが，白人と黒人の文化の相互作用(インタラクション)が生成される数少ない場であった。

図5-9 ライスのジム・クロウの踊り

ヨーロッパから続々と流入してくる新移民たち。南北間の高まる緊張関係。1830年以降頻発した不況。反目しあう白人たち。暢気なダーキーたちの楽天的世界に遊び，また彼らを嘲笑することで，以上のような緊張を緩和するという効果もまた得られていたかもしれない。

再建期の南部では，ジョージア・ミンストレルズのように，黒人たち自らがミンストレル・ショーを演じる例が見られるようになった。彼らに期待されたのも白人が演じたのと同じ様式化されたミンストレル・ショーだったが，旧き良き南部の懐古趣味は大いに搔き立てられ，彼らは海外にも活躍の舞台を広げた。その結果，多数の黒人のミュージシャンやダンサー，コメディアンに成功の機会が与えられるようになった。「セント・ルイス・ブルーズ」の作曲者として名高いW・C・ハンディやジェームズ・ブランド，デイジー・ガレスピーたちにとって，ミンストレル・ショーは登竜門になったのだ。

20世紀に入ると，ミンストレル・ショーは衰退していき，ヴォードヴィルに取って代わられるようになった。

コットン・ジン

　従来，綿花は手作業でその種を除去し，綿の繊維を取り出していたので，その作業のスピードは遅々たるものであり，紡績の機械化の進むイギリスの需要に十分応えることができなかった。おりしもジョージア州サヴァンナを訪れたマサチューセッツ州出身のエリ・ホイットニーはその問題を目の当たりにし，1793年，綿から種を取り除く綿繰機（コットン・ジン）という機械を発明することに成功した。コットン・ジンは回転式シリンダーの上にのせたワイヤーの歯に綿花の種を通すことにより，繊維と種の殻を選り分けるという簡単な構造だったので，ホイットニー

が特許を取得していたにもかかわらず,南部の幅広い地域で模造された。コットン・ジンは,綿生産に革命的な効率化をもたらし,次の20年間に生産高は10倍にはねあがった。綿花はアメリカ南部の中心的産業になり,南部を事実上綿花王国の座にのしあげた。コットン・ジンは奴隷の需要の増大を加速化し,奴隷労働を制度化する要因となった。 (田中)

原典紹介

The Mind of the South (1941)

W. J. Cash

But at the same time the South was, of course, being continually driven more and more on the defensive. The need to justify itself in the eye of the world and in its own and to assert its pride as against the Yankee was more imperative now than it had ever been before. Moreover, there was naturally a great aversion on the part of the individuals who made up the master class to surrender the glory which had been theirs under the *ancient regime*. And like many another people come upon evil days, the South in its entirety was filled with an immense regret and nostalgia ; yearned backward toward its past with passionate longing.

And so it happened that, while the actuality of aristocracy was drawing away toward the limbo of aborted and unrealized things, the claim of its possession as an achieved and essentially indefeasible heritage, so far from being abated, was reasserted with a kind of frenzied intensity.

『南部の心』(1941)

W. J. キャッシュ

しかし同時に,もちろん南部はますます守勢に立つように仕向けられ続けていた。よその世界の目で見て,そして南部自身の目で見て自己正当化しなければならないという必要性,北部人に対抗する誇りを自己主張しなければならないという必要性は,今や以前よりずっと不可避のものになったのだ。その上,旧体制のもとではおのがものであった栄光を支配階級が放棄するように仕組んだ個々人の側には当然,大きな嫌悪の念があった。そして不運に遭遇した多くの諸国民と同じように,南部全体が膨大な後悔とノスタルジアで満たされたのである。情熱的な願望でおのれの過去に向かって退行的な憧れを抱いたのだった。

そして,貴族社会という現実は,潰え実現しなかったことどもの忘却の域へと退場し

つつあったけれども，達成され本質的に破棄し得ぬ遺産として，貴族社会という現実を所有しているのだということが，弱められるどころか，一種，熱狂的に強調されて，再び主張される仕儀と相成ったのである。

Narrative of the Life of Frederick Douglass (1845)

Frederick Douglass

Very soon after I went to live with Mr. and Mrs. Auld, she very kindly commenced to teach me the A, B, C. After I had learned this, she assisted me in learning to spell words of three or four letters. Just at this point of my progress, Mr. Auld found out what was going on, and at once forbade Mrs. Auld to instruct me further, telling her, among other things, that it was unlawful, as well as unsafe, to teach a slave to read. To use his own words, further, he said, "If you give a nigger an inch, he will take an ell. A nigger should know nothing but to obey his master—to do as he is told to do. Learning would *spoil* the best nigger in the world. Now," said he, "if you teach that nigger (speaking of myself) how to read, there would be no keeping him. It would forever unfit him to be a slave. He would at once become unmanageable, and of no value to his master. As to himself, it could do him no good, but a great deal of harm. It would make him discontented and unhappy."

『数奇なる奴隷の半生』(1845)

フレデリック・ダグラス

私がアウルド夫妻と暮らすようになってからすぐ，とても親切なことに彼女は私にアルファベットの初歩の読み書きを教え始めた。私がこれをマスターすると，彼女は私が三文字か四文字の単語の綴りの勉強をするのを手助けしてくれたのだ。ちょうど，私が進歩し始めた時点で，アウルド氏が事態の進展に気がつき，何よりも奴隷に読むことを教えるのは，危険であるばかりでなく，違法なのだからと言って，即座に，これ以上のことを私に教えるのを禁じた。さらに，彼自身の言葉を借りれば「奴隷にちょっとでも親切にすれば，付け上がる。奴隷というものは，主人に服従することだけ知っていればいいのだ――言われたことだけしていればいいのだ。この世で一番の奴隷も，学ぶことによって台無しにされてしまうものだ。まあ」と彼は続けた「あの黒んぼ（私のこと）に読み方を教えたりすれば，奴は逃げ出してしまうだろう。一生，奴隷には不向きになってしまうだろう。すぐに手がつけられなくなって，主人には一文の価値もないものになってしまうだろう。彼自身にとっても，益するところはない，大変な害があるだけだ。彼は不満を抱いて，不幸な人間になってしまうだろう。」

『アンクル・トムの小屋』と『風と共に去りぬ』

ハリエット・ビーチャ・ストウの『アンクル・トムの小屋』は南部の黒人奴隷の悲惨な生活を物語り，まだ黒人を見たこともない北部人のピューリタン精神に訴えかけ，南北戦争を引き起こす遠因になったと言われている。一方，マーガレット・ミッチェルは南部の敗北にこだわり，『風と共に去りぬ』（1936年）のなかで，南部の実態を正しく伝えていないストウを非難し，それをうのみにしている「ヤンキーの無知」を嘲笑している。ストウの奴隷の生活描写がどれだけ事実に基づき，正確であったかは考察の余地があるにせよ，ミッチェルが『風と共に去りぬ』のなかで南部の神話を作り，南部の歴史を書き換え，それを正当化しようとしていることだけは事実である。ミッチェルは，奴隷制度の下で，忠実なよき奴隷が，彼らを優しくいたわる主人に仕えている様子を描くことによって，奴隷所有者だった南部白人の罪悪感を隠蔽することに成功しているからだ。

　ミッチェルの作り上げる古きよき南部のイメージは，南北戦争敗退によってすべてを失った南部人たちに心の拠り所を与え，彼らの誇りと自信を回復する上で大いに役立った。しかし，一方で『風と共に去りぬ』は，奴隷制度はすでに廃止されたにもかかわらずそれを正当化し，差別や隔離を奨励することによって，再び黒人を冷遇し，彼らからチャンスも奪うような状況を作り上げた。それは，南北戦争後，憲法第14修正によって，黒人に市民権が与えられるようになったにもかかわらず，黒人に対する差別が続いていたことが背景にある。『風と共に去りぬ』に対する非難は現代まで続き，記念館として保存されているアトランタのマーガレット・ミッチェル・ハウスは3度放火され，1996年のアトランタ・オリンピックの際には『風と共に去りぬ』のビデオが選手村に設置されたビデオルームのリストから外されたという。

（田中）

第 6 章
都市と経済
(松本一裕)

概　　説

▶フロンティアとしての都市　1890年，国勢調査局によりフロンティアの消滅が宣言されたが，その宣言を裏書きするように，人びとはすでに西へと向かうかわりに，都市へと向かい始めていた。たとえば，1880年代と1890年代の20年間で，総人口に対する都市人口の比率が，28％から40％へと急上昇している。1880年代頃から，おもに南欧や東欧からのいわゆる新移民が増加し，1907年にピークに達したが，彼らは，西欧・北欧出身者中心のそれまでの旧移民がおもに中西部の農業地帯に定住したり，西部開拓に貢献したりしたのとは異なり，夢実現の些細な可能性なりともつかもうと，不熟練労働の職を求めて，東部・中西部諸州の大都市工業地帯に押しよせていた。南部の黒人も確実な解放とあらたな生活を求めて小規模ながらも北部へと移動を開始し，1900年頃には北部の多くの都市に黒人社会が実質上出来上がっていた。さらには，大都市の後背地から若者たちも成功の夢を抱いて続々と各地の中心都市へやって来ていた。

　成功物語であると同時に，田舎の青少年に対する都会生活の指南書でもある，ホレイショ・アルジャー（Horatio Alger 1832-99）の膨大な作品群が，1867年から1910年頃まで（すなわち彼の死後までも）読まれつづけたことは，この時期の若者たちの都市にかける夢がいかに根強いものであったかを物語っているだろう。とにかく都市は，移民や黒人や地方の若者たちの夢を引き受けるだけの可能性と活力に満ちていた。西漸運動としてのフロンティアは消滅したかもしれないが，都市の可能性がはらむ未知の領域としてのフロンティアは，各地の大都市でますますその存在を顕わにしつつあったのである。

▶工業化の背後で　そのような都市の可能性と活力を支えていたのは，南北戦争以後急速に進展したアメリカの工業化である。戦争に勝利した北部の産業資本は，もはや農業中心の南部や北西部に遠慮することなく，大量生産・大量消費を基盤にした工業化へと突き進むことになる。1869年にはユニオン・パシフィック鉄道とセントラル・パシフィック鉄道がむすばれ，大陸

横断鉄道が完成し，1884年までにノーザン・パシッフィク鉄道とサンタフェ鉄道の大陸横断路線も開通するなど，鉄道網はもうすでに充分はりめぐらされ，各地の大都市とその後背地，さらには大都市相互をむすぶ輸送経路は確立していた。はりめぐらされた鉄道の上を，産物や原料や製品が流れ，都市を目指して人びとが移動し，ニューヨーク，ボストン，フィラデルフィア，シカゴなどの中心都市が急激な繁栄と拡大を見せていた。たとえば，セオドア・ドライサー（Theodore Dreiser 1871-1945）が『シスター・キャリー』（Sister Carrie 1900）の冒頭，主人公がシカゴへ向かう列車で途中知り合った男に，「シカゴはすごい都市になります。こいつは奇跡です。ここでは見るべきものに事欠きません」と述べさせているが，他の各地の大都市にも同じことが言えただろう。

図6-1　1900年頃のシカゴ

しかし，そのような大都市の繁栄・拡大の背後で，深刻な問題の種がまかれていた。やはり『シスター・キャリー』の冒頭，キャリーは列車の窓から，大平原の景色を横切って電柱が並び，だだっぴろい野原の真中に家屋が一軒ぽつんと立っているのを目撃する。これはやがて大挙して押しよせてくる住宅群の前哨地帯の風景であるが，押しよせてくるのは，あらたにやって来た移民や黒人や若者たちではなく，むしろそれら新来者を避けて郊外へと移動するおもに中産階級の白人たちである。1920年代には，自動車の大衆化で都市の郊外化に加速度がつき，その流れを追って産業も郊外へと移動することになるのである。ここに都市の空洞化，インナー・シティ（大都市のスラム地区）の問題，さらにはそれと関連して財政難，雇用，犯罪，人種暴動などの将来都市につきまとう深刻な問題の萌芽が胚胎するのである。

▶欲望の鏡としての都市　『シスター・キャリー』は他にも都市の未来を予言している。キャリーはシカゴでまず製靴工場に職を見つけるが，そこで彼女が出会うのは，安い賃金で過重労働を強いられている女工

第6章　都市と経済　117

たちである。このような労働者の搾取は，1866年の全米労働組合（National Labor Union）を皮切りに，1869年には労働騎士団（Knight of Labor），1877年には社会主義労働党（Socialist Labor Party），そして1886年にはアメリカ労働総同盟（American Federation of Labor）と次々に全国的な労働組織が結成される誘引となり，鉄道大ストライキ（1877），ヘイマーケット事件（1886），プルマン社のストライキ（1894）など，シカゴを中心に数多くの大争議を引き起こした。ただし，都市における搾取の犠牲者が同時に，都市を舞台に夢見る者でもあることをキャリーは示している。都市にあふれるさまざまな商品が語りかける言葉に，キャリーの「内なる欲望が聞き入り」，彼女はその商品を身にまとう自分を夢見る。さらにニューヨークに出たキャリーは，着飾ったヴァンス夫人と一緒にブロードウェイをそぞろ歩き，歩行者である自分たちも眼差しを受ける対象，夢見られる対象になりえることを発見する。それはほとんど，商品が人びとの欲望を目覚めさせ，その商品を身につけた人びとが都市の風景の一部となってさらに人びとの欲望を刺激するという，脱工業化社会特有の消費文化の世界を想わせる。

　1871年の大火災以後，シカゴは急激な復興を見せ，『シスター・キャリー』の舞台となる1889年頃には，シカゴ派と呼ばれる建築家の指導のもと，資本家の財力，工業力，工業技術，労働力，さらには立体的空間へと方向転換したフロンティアの意志力，これらすべてが結びつき具現化したような超高層ビルが続々と建てられていた。このような工業化都市の建設の真っただ中で脱工業化の芽が育っていたのである。

▶脱工業化と大移動（グレート・マイグレーション）　アメリカ各地の都市は1840年あたりから急激な人口の集中による都市化現象を呈し始め，大都市の人口の増加は1950年代まで続き，1960年代から減少し始める。工業化による大都市の活況のピークは，ニューヨークが100万都市になった1880年頃から，消費文化主体の「アメリカ的生活様式」（American way of life）が一般化する以前，すなわち1910年代頃までと考えられるだろう。1920年代，バブル景気とともに消費文化と郊外化が国民に浸透するに従い，大都市の脱工業化は水面下で確実に進行していた。それが顕わになるのは，第二次大戦後，1940年代末から60年代

半ばである。1930年代の不況，第二次大戦中の物資不足が大規模な住宅建築の障害になっていたが，終戦で抑制が消え，繁栄と出生率の急上昇が中流の郊外進出を加速させ，とくに1970年代には都市の郊外化とともに急速に多くの職と資本が北部の工業都市を去り，郊外やサンベルト地帯へ移った。たとえば，1947年から82年の間にシカゴは59％の製造業の職を失ったのである。1920年代以降，すくなくとも北部各地の大都市は水面下で確実に，製造業主体の工業都市からサービス産業主体の脱工業化都市へと変貌していた。

図6-2 超高層ビルが続々と建てられていた

このような産業・経済の構造変化の流れと，南部黒人の北部への移動は矛盾する。この両者のずれが，人種問題を中心に1960年代半ばに顕在化する都市問題の本質的な原因である。南部黒人の大規模な移動（the Great Migration）は，第一次大戦中，海外からの移民が絶え，労働者が不足した北部の産業が，それまで消極的だった黒人労働者採用を積極的に進めたことに触発されて始まる。以後，確実な解放とあらたな生活を求める南部黒人の大移動は，1930年代の大恐慌による不況によっても途絶えることなく，第二次大戦後の1950, 60年代に再度活発化し70年代にようやく収まった。その結果，1910年に南部に全国の90％近くいた黒人が，1970年には約50％までに減少したのである。

しかし，南部から大挙して押しよせる黒人たちを受け入れる体制が，北部の大都市には構造的にもはや備わっていなかった。不熟練労働の職が黒人を受け入れる基礎になるのだが，両大戦の特需景気とその余韻が過ぎ去れば，不熟練労働の場を提供する製造産業が都市においてすでに斜陽であることは明らかだった。移動してきた黒人たちに提供する職がなくなっていたのだ。グレート・マイグレーションの悲劇は，都市が第二次産業中心から第三次産業中心へ構造変化する時期と重なることである。白人移民ならば，サービス産業の片隅にでももぐり込めるだろうが，黒人にはやはり人種差別の壁があり，第三次産

第6章 都市と経済 | 119

業に活路を見出すことはほとんど不可能であった。黒人ゲットーは，増加する流入者を不安定なまま抱え込み，拡大の一途をたどる。その黒人を避けて郊外へと逃れる者が激増する。1940年代になると，ホワイトカラーだけでなくブルーカラーまでも郊外へ移り始める。郊外化にあわせて産業資本もさらに郊外へと移動する。都市の税収は減少し，黒人の抱える問題に対処する予算もなく，事態はさらに悪化する。これが南部から夢をいだいて陸続と都市へと押しよせる黒人たちを待ちうける現実であった。

▶都市再開発とインナー・シティ　黒人ゲットーの進出とともに急速に空洞化しつつある旧市街部の再興と，脱工業化体制に向けての大規模な都市再開発が，1950年代から60年代半ばにかけて，シカゴでは民主党マシーンのボスで市長のデーリー，ニューヨークではニューディール政策当時からニューヨークの公園建設などで活躍していた都市計画者のモーゼス（1960年には失職）らによって，精力的に推し進められた。ゲットーなどのスラム街には高層の公共住宅が，再開発地区にはオフィス・ビルや高層アパート群が建てられ，その間をぬう高速道路も建設された。さらには教育施設の充実も図られた。しかし，黒人のゲットーのスラム化に対してはなんら根本的な解決はなされなかった。たいがいの大都市において，黒人たちは自分たちの意志に関係なく高層の新居に押し込められたにすぎない。最も大切な雇用問題については手つかずのままであった。そもそもこのような政策は，黒人ゲットーの拡大を押さえ，発生場所に閉じ込めようとする政策の現われであり，この地区に近寄るなというあからさまな表現でもある。ここにインナー・シティ問題が必然的に浮上することになる。戦後の都市計画は，1960年代半ばまでに，黒人のスラム地区を都市の片隅に押し込めることで都市全体の空間的安定をもたらしたかもしれないが，同時に社会的不安を生みだす構造を温存したのである。

　戦後都市再開発はそのような不安の構造を温存するどころか，さらに根強い不安を生み出してしまった。都市の郊外化により衰退しつつも，それまでまがりなりにも伝統的に都市生活の基盤をなしていた街路を中心にした生活圏（近隣社会）が，高速道路や高層アパートやオフィス・ビル建設優先のあからさまに脱工業化をめざした再開発によって，ほとんど破壊されつくしてしまったの

である。戦後の急激な脱工業化という大きな社会構造の変化により生じた歪みや不安を，少しなりとも和らげる緩衝地帯の役割を果たすはずであった生活圏が消えたのである。その影響は，消費文化を中心にした若者文化の到来もあいまって，1950年代の若者の非行化の問題として現われ，60年半ばには，インナー・シティの犯罪増加・激化を中心にした「都市の危機」(urban crisis) として浮上した。

図6-3 1960年代のハーレム。左上に見えるのが，再開発により建てられた高層の公共住宅

▶都市と人種問題　1960年代はさまざまな面で意味深い。「激動」という大げさな表現で形容してもいいような時期である。J.F.ケネディ大統領，黒人指導者キング牧師，ロバート・ケネディの暗殺があり，ヴェトナム戦争が激化・泥沼化し，黒人をはじめとするマイノリティの差別撤廃運動と公民権運動が盛り上がり，大学における反戦・反権力闘争が勃発し，ヒッピーたちの既成社会からの離脱運動，性革命などをふくむ対抗文化が興隆するなど，脱工業化という構造変化の軋みを表現するかのように，アメリカ社会は大きく揺れ，社会全体に高揚感，そして不安感が充満した。その不安感を煽るように，1964年のニューヨークのハーレムでの黒人の暴動をきっかけに，毎年全米各都市で数年にわたり，「長い暑い夏」(long and hot summer) と呼ばれる一連の人種暴動が続発した。

　この一連の暴動は，凶悪化・多発化する都市部の犯罪とあいまって，「都市の危機」意識を募らせた。しかし，「都市の危機」問題は，再開発後ふたたびスラム化しつつある旧市街部に密集する黒人を中心とする人種問題に還元され，産業・経済の構造変化とそれに対応しての都市再開発により生じた大きな問題

図6-4 「長い暑い夏」と呼ばれる一連の人種暴動が続発した

の一側面としては捉えられることはなかった。「都市の危機」は，白人にも黒人にも他のマイノリティにもかかわる都市全体の問題ではなく，インナー・シティという都市の一部の問題（すなわちそこに居住するおもに黒人の問題）として片づけられた。

この時期，人びとは，社会の大きな構造変化の急激な顕在化により，高揚感とともに，漠然とした不安感をいだいていたが，その不安感を人種問題として局限することで，不安をやり過ごそうとしていたのである。脱工業化という目的に向かって着々と秩序づけられてゆく都市，その都市のど真ん中に存在するインナー・シティという混沌とした領域は，アメリカ社会の矛盾の吹き溜まりであった。アメリカの脱工業化へと向かう過程と黒人の北部への大移動との矛盾を淵源として成立し，人種差別という根強い壁によって，社会のさまざまな矛盾，不安，不満，絶望を押し付けられてきたのが，黒人のゲットーであり，その黒人のゲットーがたいがいインナー・シティの中心をなしていた。だからといって，インナー・シティの問題を人種問題としてのみ説明し去ろうすることは，都市がそしてアメリカ社会が構造的に抱える問題や矛盾に背を向けるに等しい。アメリカの大都市は，自らのど真ん中に存在する混沌に蓋をしようとしていた。インナー・シティは「あの別の世界」(that separate world) として捉えられ，人種差別問題・人権問題の対象として，さらにはニューヨークのハーレムのように好奇心をそそる文化的な対象としてのみ注目をあびる世界に変貌させられつつあった。

▶消費都市と不安の制度化　1960年代末から70年代にかけて，政府の熱心な指導のもとに進められたアファーマティヴ・アクション（マイノリティ優遇措置）と呼ばれる，マイノリティ（とくに黒人）の教育・職場での優遇措置も，以上のような大都市における都市問題を人種問題に還元する路線と無縁ではない。確かにこの政策の結果，黒人の中流人口がある程度増え，彼らがゲッ

トーを脱出する可能性は高まった。だが，この政策の数値的割当に象徴されるように，彼らを別の枠組みに属す存在であること（すなわち「あの別の世界」の住人であること）を前提として，差別撤廃の数字的なつじつま合わせのために推進されたものであり，結局，人種問題の名のもとにインナー・シティ問題の本質を隠蔽することに寄与したのである。その証拠に，1970年代，優遇措置により，指導的立場を担うべき優秀な人材の流出をみた黒人ゲットーはそれまで以上に環境が悪化した。

図6-5　化粧直しされたソーホー地区
（ニューヨーク）

その悪化したインナー・シティ問題をカモフラージュするかのように，1970年代半ばから都市再興の動きが活発になり，80年代の初めには，都市の中心部は70年代初めよりずっと希望のもてる場所になっていた。古い住宅が修復されるなど，ストリートを中心にした住宅用近隣社会があいついでダウンタウンに建設され，10年前には想像もつかないほど街はシックな場所に変貌した。70年代初めに都市を恐れて逃げ出した多くの若い専門職の連中が，都市に戻り始めた。都市に人びとを引きつけるために，いかに街をプロデュースするか——そのように都市計画者たちが心を砕き始めたのである。街はひとつの芸術的作品と見なされ，人びとの視覚を魅了するためのさまざまな空間や景観が生み出された。都市はもはやものを製造する場所ではなく，ものを消費する場所に完全に変貌した。都市自体が消費の対象と化したのである。

インナー・シティの問題は消滅したのだろうか？　たしかに，「都市の危機」としては話題に上らなくなった。だが，そのことはこの問題の消滅を意味しない。1970年から1992年の間に，民間警備産業の雇用者数が3倍になり，1972年から1990年の間に，ガードマンの職があらたに30万も増えた——この事実がす

べてを物語っている。人びとは社会的な問題として都市問題と闘うことを停止して，個人的に身を守り始めたのである。インナー・シティが象徴している都市における貧困や犯罪を当然のこととして受け入れ，各自が個人的に安全対策を商品として買い始めたのである。このような「都市の不安の制度化」(the institutionalization of urban fear) によって，インナー・シティ問題として都市のど真ん中に存在している混沌とした世界は完全に隠蔽されつつある。夏の盛りを過ぎた「十月の都市」(October cities) と，ある若い学者がアメリカの都市を名づけたが，インナー・シティという矛盾に満ちた領域に背を向けつつあるアメリカの大都市は，表面的にはともかく，本質的にすでに活力を失い，凋落しつつあるのかもしれない。とにかく，デュ・ボイスが「都市のなかにある都市」と名づけた世界を，いかに自らのなかに位置づけ・組み込んでいくか，そこにアメリカの大都市の死活がかかっているのではなかろうか。

> ### 労働運動
>
> アメリカの労働運動の指導者たちは1830年代から40年代にかけてさまざまな組織的な試みをなしたが，当時の大陸系移民の大多数は労働運動などに関心を示さず，自ら進んで安い賃金で働いていた。全国レベルの労働組織が結成されたのは1869年の労働騎士団 Knights of Labor が最初で，約70万人の組合員がいた。しかし，1886年5月のシカゴでのヘイマーケット事件（集会で乱闘が起こり労働者と警官の双方に多数の死傷者が出た）以来，労働騎士団は無政府主義者と関係があるような印象を世間に持たれたため，その勢力は衰退した。それ以降は，アメリカ労働総同盟（AFL）が労働運動の中心となり，よりよい賃金とその他の労働条件の獲得をめざして労働運動を指導したサムエル・ゴンパーズは「アメリカ労働運動の父」と呼ばれた。しかし，当時の労働組織は未熟で，労働法も整っていなかったため，たとえば1894年にシカゴのアメリカ鉄道労働組合が低賃金に抗議して起したプルマン・ストライキは鉄道会社に出動を要請された連邦軍の力によって潰されてしまった。
>
> 1900年から20年にかけて組合運動が盛んになり，12年にはW・ウィルソンが組合の支持を受けて大統領に就任し，13年に労働省を創設，14年にはこれまで組合を弾圧してきたシャールマン反トラスト法を廃止した。しかし，1929年以降の不況期

になると，組合員の失業によって組織は弱体化した。1935年，J・ルイスはAFLから独立して産業別会議（CIO）を結成し，以降AFLと勢力争いにしのぎをけずったが，55年には両者は合併して，AFL-CIOが結成された。60年代にはホワイト・カラーの組合員が増加したが，70年代後半以降は再び失業者の増加と共に組合員が減少してきている。アメリカの組織率はピークで50年代の30％，90年代は約14％と，低いが，これはアメリカが基本的に個人主義に基づく能力主義・業績主義の国であり，言語と習慣の異なる労働者たちを組織することが困難であるためであると考えられる。 (田中)

キー・トピック解題

1 ニューヨークとシカゴ

▶多数派のいない都市

　ニューヨークはアメリカの都市ではない，とよく言われる。平均的なアメリカの都市とは，あまりにも違っているのである。たとえば，ニューヨークでタクシードライバーをしている者の国籍は85カ国（1998）にも上るし，1996年にこの都市に移住した合法移民は約13万人で，2位のロサンゼルスの2倍であり，ニューヨークというこの狭い地域が全米の合法移民の14.5％を引き受けているのである。さらに，それと同数かそれ以上の非合法移民も紛れ込んできているはずだ。ロサンゼルス周辺はメキシコ系とアジア系，マイアミは中南米のヒスパニック系の移民が多いが，ニューヨークには，およそ世界のあらゆる地域から人が集まってきている。市の人口約731万人（1992）のうち白人が52.3％，黒人が28.7％，アジア系が7％であり，さらに人種・民族を問わずヒスパニック系が24.4％，白人のうちユダヤ系が約17％と多様である。人種・民族的，文化的な多様さとこの多様さが生みだす混乱がニューヨークの活力の源泉だろう。ニューヨークが，インナー・シティの深刻な問題を抱えながら，さらには都市として斜陽の兆候をみせながらも，「アイデアの自由市場であり，アイデアを支援する勇気のある都市」としてポジティヴなイメージを発散し続けているのは，このような多様さと軽度の混沌のおかげであろう。

図6-6 移民たちはさまざまな夢を抱いてやってきた

しかし1970年末から80年代にかけ，市の中心部（とくにマンハッタン）のビル建設や建物の化粧直しなどの再開発が活発化し，人々が戻り始めたのがきっかけとなって，あらたな問題が浮上した。すなわち，ニューヨークは「普通でない人間」（つまりスーパーリッチ）の街になりつつある，「このすばらしい新都市において，普通の人間には事実上未来がない」というのである。だが，このような論議の背後で，別の意味での「普通でない人間」，つまりそのあたらしい都市が隠蔽してしまった人々（貧困層の80％を占める黒人やプエルトリコ人）についてはなんの議論もなされていないのである。

▶黒いシカゴ

シカゴはもっとも典型的なアメリカ的都市である。すなわち，大西洋岸にあって植民地時代以来の国際都市として栄えてきたニューヨークや，20世紀の自動車時代に発展した西海岸のロサンゼルスとは異なり，シカゴは内陸の国内交通のかなめとして，とくに中西部の農産物集散地として発達し，19世紀アメリカの工業化，都市化に歩調をそろえて成長した都市である。だから，アメリカの経済・産業構造の変化の影響がもっとも深刻だったのはシカゴである。本章の「概説」で指摘した都市の脱工業化と南部からの黒人の大移動の矛盾はシカゴにおいて他のどの都市よりも深刻であった。

現在黒人はシカゴの人口の40％近くも占めているが，この都市の黒人文化は信じられないほど多面的である。数々の影響力のある黒人雑誌が出版され，長い間ブラック・モスレムの本拠地でもあり，大統領候補に名前があがったこともあるジェシー・ジャクソン牧師（Jesse Jackson 1941- ）が活発な活動を展開したのもシカゴである。1970年代までは全米でもっとも厳密に人種隔離がなされていた大都市の筆頭であったが，ジェシー・ジャクソンの指導の下に，他の都市のどのゲットーにも先がけて黒人のコミュニティ組織が作られ，都市再開発計画に対して妥協を迫ったり，不在地主に対して建物の修理要求や全米初の

家賃ストライキを実行するなど，黒人の自己主張が具体的な場で組織だって行なわれるようになったのがシカゴである。シカゴはアメリカの人種問題に発する矛盾を典型的な形で担わされ，また担ってきた。今後も積極的にそれを担い，40％も占める黒人をこの都市の主役として浮上させることができるか，そこにシカゴの可能性が横たわっているのではなかろうか。

2　グレート・マイグレーション

▶大移動の直接の理由　　1863年に奴隷解放が宣言され，南北戦争後の65年に憲法第13修正として明文化されたが，南部再建政策(リコンストラクション)が終了して連邦軍が引き揚げると，南部では黒人たちへの差別が復活し，黒人たちは少しずつ北部へと移動を開始した。ただし，グレート・マイグレーション（大移動）と呼ばれるほどに大挙して押し寄せ始めたのは，1910年代の第一次大戦頃からのことである。それには3つの理由がある。①戦争中移民が途絶え，労働不足に悩んだ北部の工業都市が黒人労働者を積極的に採用した。②南部の産業が黒人たちを支えきれなくなった。そして，③南部における黒人に対する暴力である。最後の理由については，黒人作家ジェイムズ・ボールドウィン（James Baldwin 1924-87）の次のような証言がある。「ぼくのおやじが南部を離れてニューヨークへやって来たのは，第一次大戦後，南部に拡がった暴力に対する脅威からだった。黒人の帰還兵たちが軍服を着たままリンチを受けて，虫けらのように殺されたんだ。おやじはこわくなって，ニューヨークへやって来たというわけさ。なかにはシカゴへ行く者もいるし，デトロイトへ行く者もいた。それで，北部の都会に出てきてどうなったか。ご存知のとおりさ」。

▶「故郷としての都市」　　ただし，そのような直接の理由とは別に，大移動には黒人たちの内面深く潜むいまひとつの理由があった。黒人にとって，移動することは自分たちが得た解放を確認するという特別の意味をはらんでいた。自由人となった黒人にとって，空間的移動は，白人に指定された土地を拒み，自分が何者であったか，また何者であるのかを見出そうとする欲求の現われであり，勝ち取った解放のもっとも意味ある表現だったのである。

1890年代には12人に1人の南部の黒人が，自分たちが得たはずの解放を確認するかのように，とにかく州境を越えていた。都市を目指したのは，そこには確実な解放と自分たちの本来の生活が存在すると思えたからだ。奴隷として強制的に住所を指定され，自己が帰属する本来の場所を奪われていたアメリカの黒人にとって，北部の都市は，彼らが帰るべき「故郷としての都市」，すなわち，帰属すべき場所として彼らが想い描くヴィジョンであり，そこにあると同時にそこにない都市であった。伝説的なブルース歌手のロバート・ジョンソン (Robert Johnson 1898?-1937) が，「スイートホーム・シカゴへ帰りたくないかい」と歌ったときにも，そのような思いが込められていたはずだ。

▶黒人の転入と都市の郊外化　1910年から20年にかけ，大西洋岸に沿ってニューヨークやボストンへ，ミシシッピ川を遡るようにしてシカゴやデトロイトへ，そして西にカルフォルニアへという3つのルートが確立し，南部黒人の本格的な移動が始まった。移動は1920年代にピークになり，50年代から60年代にかけ再燃し，70年代に減速した。1910年，南部に全国の90％ほどいた黒人が，70年には約50％に激減する大移動だった。そこに1960年代から本格化したヒスパニック系とアジア系の移民が加わり，都市への移動者は激増した。だが，都市人口は1960年代から減少し始めている。下層階級の移民や黒人の転入を嫌い，中産階級（おもに白人）が郊外へ大挙して移動し始めたからだ。郊外化は，1940年代後半に目立つようになり，50年代に社会問題となり，60年代から70年代にかけては，南部や西部のサンベルト地帯への移動がブームになった。

　1970年以後，黒人の北部移動は減速し，南部に帰る者も出現した。北部都市の黒人人口は増加しているが，それは移住による増加ではなく自然増加であり，大規模な人口の再配置は終了した。南部黒人が夢見た「故郷としての都市」は消滅したのかもしれない。

3　ゲットー

▶中継地としてのユダヤ人ゲットー　ゲットーとは，元来はヨーロッパの諸都市における，一般社会から隔離されて設けられたユダヤ人居住地区のことを

いう。ユダヤ人を擁護していたロシア皇帝アレクサンドル二世が暗殺された1881年以降，迫害を逃れてアメリカに渡る東欧からのユダヤ人移民が急増し，おもに東部の大都市で，ヨーロッパのゲットーに似たユダヤ人の生活共同体が急速な成長をみせた。1910年には，マンハッタン南部のロワー・イーストサイドのユダヤ人が125万に達し，一躍ニューヨークに世界最大のユダヤ人居住地区が現出した。アメリカにおけるユダヤ人のゲットーは，ヨーロッパの場合と異なり，外部から遮断された居住地区ではなく，移住してきたユダヤ人がアメリカに居場所を見出すまでの，いわば中継所の役割を果たしてきた。ゲットーには貧困が充満していたかもしれないが，住民には社会的成功へと上り詰めようとする意欲が存在した。「よく生きるとは，社会的に上昇することを意味した。それは結局，わが身がゲットーから出て行くことを意味したのである。生まれ育った場所にしがみついて生きるのは，なんら生きていることにはならなかった」と，ニューヨークのブロンクス出身ユダヤ系知識人のマーシャル・バーマン（Marshall Berman 1940- ）は述懐している。

▶**行き止まりの黒人ゲットー**　ゲットーという語は他の集団の貧困地区に対しても用いられるようになったが，その意味合いは必ずしも同じではない。とくに黒人ゲットーは，南部から移動してきたほとんどの黒人にとって行き止まりの場所だった。人種差別が支配的な社会では，黒人たちにとって，ゲットーの外部に居場所はなかったのだ。他の集団のゲットーは外部へと通じているために，その境界は外縁部分で消えてしまって曖昧だが，黒人ゲットーの外縁部はたいがい明確な輪郭を持っている。黒人ゲットーでは，成功を収めた幸運な者でさえゲットーの外部に住宅を見つけることが不可能に近いのである。

　アメリカは流動性の支配する国である。ユダヤ人ゲットーの住民が生まれ育った場所から脱出することと生きる意味を同一視するように，アメリカ人一般にとっても，下層から中流，そして上流と社会的上昇を果たすことはたいがい場所の移動と結びついている。南部の黒人たちも，「グレート・マイグレーション」の項で指摘したように，彼らの本来の故郷を夢見て都市へと移動してきたのであった。だが，彼らには人種差別の壁のために社会的にも空間的にも流動性が阻まれている。さらに彼らを受け入れてくれるはずであった不熟練労

働を必要とする産業の衰退と都市からの撤退が追い討ちをかけた。流動が支配する国にあって、黒人ゲットーの住人は滞留を余儀なくされている。

▶悪夢としての故郷　黒人たちが魂の故郷としてあこがれ、1920年代には多様な芸術活動の発信源だったハーレムも、30年代以降挫折と幻滅が充満する黒人地区に変貌し、60年代には貧困、失業、ドラッグ、殺人、非行などの病状を呈して他の地域から孤立し、インナー・シティ問題の代名詞のような地域になり、ラルフ・エリソン（Ralf Ellison 1914-94）は「もはやハーレムはどこにも存在しない」と宣言した。だがすでに40年代から50年代にかけ、ボールドウィンや彼自身の作品によって、都市がはらむ夢を否定する一貫したパターンは強固なものになっていた。1965年、クロード・ブラウン（Claude Brown 1937- ）の『約束の地の息子』（*Manchild in the Pormised Land*）が脚光を浴びたが、それは悪夢としてのハーレムを内部から描いたからだ。「約束の地」の約束は完璧に破綻していた。いまや消費文化の夢をプロデュースする場と化した都市において、黒人ゲットーの悪夢はどのような位置を占めるのだろうか。

◆4 アファーマティヴ・アクション

▶アファーマティヴ・アクションのアイロニー　アファーマティヴ・アクションとは、1960年代末から70年代にかけて推進されたマイノリティ（とくに黒人）優遇のための積極的措置であるが、一般には60年代の公民権運動のひとつの成果として理解されている。しかし、それは完全な誤解である。そもそも公民権運動と優遇措置はいくつかの点で矛盾する。公民権運動は黒人の優遇措置（人種の区別を前提にしている）を唱えてはいない。唱えたのは、肌の色による不当差別撤廃（Color Blind）である。だから当然、公民権運動の中心（たとえば、キング牧師が主導する）グループは、1964年の公民権法に優遇措置を含めることに断固反対した。世論も、人種差別撤廃を強く支持していたが、マイノリティ優遇措置には反対していた。優遇措置をめぐる決定的なアイロニーは、この政策をそれこそ積極的に推進したのが、黒人の指導者でもなければ公民権運動の活動家でもなく、白人の政府高官（エリート）であり、それを支持した保守派の

政治家たちであったという事実である。そもそも、公民権のために膨大な群集がワシントンに押しかけたが、優遇措置のためにワシントンまで行進した者などいない。

▶アファーマティヴ・アクションが主張された理由

では、なぜそのように支持されてもいなければ要望があるわけでもない、むしろ反対の声が強い政策が推進されたのか。①1964年以来多発する黒人の暴動による危機を、黒人優遇措置により一気に（つまり表面的に）対処しようとした。②冷戦構造が確立された世界での外交政策の一環として、優遇措置を人権擁護のデモンストレーションに利用した。③1964年と65年に相次いで成立した強力な公民権法によって認められた人種による差別撤廃が実際に実行されていることを誇示するため、すなわち政府高官の担当員の業績確保のために優遇措置が利用された。さらに付け加えれば、④黒人に対する過去における差別に対して、積極的に優遇措置を取ることで償いをするという意味合いもあった。

▶数字的進展・理念的後退

優遇措置は他のマイノリティや女性にも適用され、黒人や女性の社会進出はたしかに進展した。しかし、公民権法によって1969年に新設された雇用機会均等委員会が雇用者や大学にマイノリティと女性の数の内訳の報告を求めるにいたり、人権運動は理念面において後退した。人種差別撤廃という、人権の平等という理念の問題から、優先割当（quotas）の適用という数字の問題にすり替わってしまったのである。黒人に対する過去における差別に対する補償としての優遇措置という考えにしても、差別を無くすというより、具体的数字の問題にすり替わっている。このすり替わりの過程で、優遇措置が公民権運動に組みこまれてゆき、当初公民権運動が基底に据えていた、肌の色や人種を超えて存在する普遍的な人間という理念はほとんど影をひそめてしまったのであった。このような普遍的人間という理念の衰弱に、1980年代の多民族主義・多文化主義出現の原因があるのかもしれない。

▶保守化と逆差別問題

優遇措置政策の動機はともかく、そのよう政策が可能であった背景には、やはり1960年代におけるリベラリズムの浸透が存在したはずだ。しかし、80年代に保守化の潮流が急速に高まる中で、優遇措置は白人に対する逆差別であるという白人側からの反論の声が高まり、

修正が加えられ始め，現在もその動きが続いている。優遇措置を推進した側，優遇措置に反対を唱える側，双方に共通するのは普遍的人間像の欠如である。

摩天楼と映画

映画では，自由の女神やマンハッタンの高層ビルが作り出すスカイラインが，アメリカへの到着シーンによく使われる。チャップリンの『移民』やコッポラ監督の『ゴッドファーザーⅡ』などでも，摩天楼の近代化された圧倒的な風景と，それを見上げるヨーロッパの「貧しきものたち」の姿が対照されている。重力にあらがうようにそびえ立つその姿は，自由の国，文明の国を象徴するにふさわしい建造物といえるだろう。エンパイアステイト・ビルによじ登った『キング・コング』(1933)を，飛行機が撃ち落とすかと思えば，『めぐり逢い』(1957)では，ヨーロッパからの船旅で恋に落ちた2人が，それぞれの関係を精算して再会することにした場所も，エンパイアの展望台であった。ヒロインは約束の日，途上で車にひかれ，約束を果たせない。後に再会を果たしたとき「天国に一番近いところ」を見ていて車にひかれた，と言い訳をさせているのが象徴的である。　　　　　　　　　(山越)

原典紹介

Sister Carrie (1900)

Theodore Dreiser

Before following her in her round of seeking, let us look at the sphere in which her future was to lie. In 1889 Chicago had the peculiar qualifications of growth which made such adventuresome pilgrimages even on the part of young girls plausible. Its many and growing commercial opportunities gave it widespread fame, which made of it a giant magnet, drawing to itself, from all quarters, the hopeful and the hopeless—those who had their fortune yet to make and those whose fortunes and affairs had reached a disastrous climax elsewhere. It was a city of over 500,000, with the ambition, the daring, the activity of a metropolis of a million. Its streets and houses were already scattered over an area of seventy-five square miles. Its population was not so much thriving upon established commerce as upon the industries which prepared for the arrival of others. The sound of the hammer engaged upon the erection of new structures was everywhere heard. Great industries were moving in. The huge railroad corporations which had long before recognised the prospects of the place had seized upon vast tracts of land for transfer and shipping purposes. Street-car lines had been extended far out into the open country in anticipation of rapid growth. The city had laid miles and miles of streets and sewers through regions where, perhaps, one solitary house stood out alone—a pioneer of the populous ways to be. There were regions open to the sweeping winds and rain, which were yet lighted throughout the night with long, blinking lines of gas-lamps, fluttering in the wind. Narrow board walks extended out, passing here a house, and there a store, at far intervals, eventually ending on the open prairie.

『シスター・キャリー』(1900)

セオドア・ドライサー

　仕事を探して歩き回るキャリーのあとについていく前に，キャリーの未来が広がるはずの世界を見ておこう。1889年のシカゴは，かつてないほどの成長を遂げていた時期で，若い娘たちでさえこのような思いきった旅に出てこの都市にやってきても，無理もないと思われていた。ひと儲けできる機会にあふれていて，それも増加の一途だという評判は遠くにまで知れわたっており，そのために，この都市は巨大な磁石のように，あらゆるところから希望にみちた人びとや希望を失った人びとを引きつけていた——これから運だめしをしてみなければならない人びとも，すでにどこかで運がつきてみじめな結末を見てしまった人びともやってきた。人口50万を超える都市であり，100万都市にふさわしい野望と大胆さと活力を発散していた。その街路と建物が占めている面積は，すでに75平方マイルにまでに広がっていた。住民の繁栄を支えていたのは，既存の商業界よりもむしろ，この都市によそから新たにやってくる人びとをあてにして拡大していく産業界だった。建設の槌音がいたるところで響き，新しい建造物が建てられつつあった。大企業が進出してきた。この地域の将来性に早くから眼をつけていたあちこちの巨大鉄道会社は，貨物輸送の中継や配送の基地にするためにすでに広大な土地を確保していた。路面電車の電線が，人口急増を見込んで，人家がまばらな遠くの田園地帯までのびていた。市は道路や下水道を何マイルも敷設し，場合によっては，孤立した家屋がたった一軒——将来人びとが大挙して押しよせる道を切り拓く先駆者といった風情で——立っているだけの地域にまで及んでいた。吹きっさらしの風や雨に打たれるままになっている地域もあり，それでもそこは夜になると，長く列をなしたガス灯の，風に吹かれてちらちら揺れる光がいつまでも点っていた。板敷きの狭い歩道が，遠く離れて点在する住宅や店舗をつなぐようにのびて，それがしまいに途切れるところの先には，大草原が広がっていた。

"Sonny's Blues" (1957)

James Baldwin

"Do you mind," he asked, "if we have the driver drive alongside the park? On the west side—I haven't seen the city in so long."

"Of course not," I said. I was afraid that I might sound as though I were humoring him, but I hoped he wouldn't take it that way.

So we drove along, between the green of the park and the stony, lifeless elegance of hotels and apartment buildings, toward the vivid, killing streets of our childhood. These streets hadn't changed, though housing projects jutted up out of them now like rocks in the middle of a boiling sea. Most of the houses in which we had grown up had vanished, as had the stores from which we had stolen, the basements in which we had first tried sex, the rooftops from which we had hurled tin cans and bricks. But houses exactly like the houses of our past yet dominated the landscape, boys exactly like the boys we once had been found themselves smothering in these houses, came down into the streets for light and air and found themselves encircled by disaster. Some escaped the trap, most didn't. Those who got out always left something of themselves behind, as some animals amputate a leg and leave it in the trap. It might be said, perhaps, that I had escaped, after all, I was a school teacher; or that Sonny had, he hadn't lived in Harlem for years. Yet, as the cab moved uptown through streets which seemed, with a rush, to darken with dark people, and as I covertly studied Sonny's face, it came to me that what we both were seeking through our separate cab windows was that part of ourselves which had been left behind. It's always at the hour of trouble and confrontation that the missing member aches.

「サニーのブルース」(1957)

ジェームズ・ボールドウィン

「わるいけど」とサニーは言った。「運転手さんに公園沿いに走ってもらっていいかい。西側を走ってもらいたいんだ——ずいぶん街を見ていないからね」

「もちろんかまわないさ」とぼくは言った。ご機嫌をとってるように思われはしないか心配だったけど、弟はそんなふうには受けとらないだろうと考えた。

そこでぼくたちは、公園［セントラルパーク］の緑の木々とホテルやアパートの無表情で生気のない優雅なたたずまいのあいだをとおって、ぼくたちが子ども時代を過ごした活きいきと騒々しい通りへと車を走らせた。通りは少しも変わっていなかった。ただ、

昔はなかった公団住宅が逆巻く海のなかの岩のように通りから突き出ていた。ぼくたちが育った家々はおおかた消えていた。万引きをやらかした店も、はじめてセックスを試みた地下室も、上からブリキ缶やレンガを放りなげたりした屋根も姿を消していた。しかし、ぼくらが住んでいた頃の家とうりふたつの家々がまだあたりには多く、かつてのぼくたちとそっくりの少年たちが、こうした家で窒息せんばかりになって、光と空気をもとめて通りに出てきては、大変な不幸にとりかこまれている自分たちを見出すことになるのだ。その罠を逃れた出た者もいるが、たいがいは罠に捕らえられたままだった。逃れた出た者はきまって自身の一部をなにかしら後に残していった。動物のなかにはみずから脚をきって罠のなかに残していくものがいるが、それと同じことだ。おそらく、ぼくは逃れ出た方だろう。結局、ぼくは教師なのだから。あるいは、サニーもやはり逃れた口かもしれない。かれはもう何年もハーレムには住んでいないのだから。でも、たむろする黒人のために急に暗くなったかと感じられる通りをアップタウンへとタクシーに運ばれながら、それとなくサニーの表情を注意してみてると、ぼくたちがタクシーの左右それぞれの窓からおなじように捜しているものは、あの後に残されたぼくたち自身の一部なのだということがわかってきた。欠けてしまった部分がうずくのは、きまって困難にまき込まれたり、困難に立ち向かうときなのだ。

ダウンタウンとサバービア

　19世紀後半以降の交通手段の発達とともに、中流以上の人々は都市から郊外へと流出し、サバービア（郊外住宅地区）を形成した。それは、巨大都市のあらゆる利点を享受しつつも、移民や貧民の流入によって犯罪の巣窟と化した都市の中心、すなわちダウンタウンから家庭を守る為であった。彼らは仕事は都会に、家庭は田舎の自然のなかにと、職住の分離を図った。その背景に、農民的生活こそが幸せな生活であるというトマス・ジェファソン以来の考え方があったことは一般的に知られているが、その他に、『アンクル・トムの小屋』の著者ハリエット・ビーチャー・ストウの影響があったことを忘れてはならない。彼女は『家庭経済論』のなかで、家庭はクリスチャンの道徳心を養うための最良の源泉であり、ダウンタウンの世俗的関心から分離されるべきであると説き、家庭を聖なるものとする福音主義を広めるのに決定的な役割を果たした。しかし彼女の思想は中流以上の家庭を守ることはできても、ダウンタウンの荒廃そのものを救うことはできなかったことは言うまでもない。

（田中）

第 7 章

ハイブラウとロウブラウ

（金田由紀子）

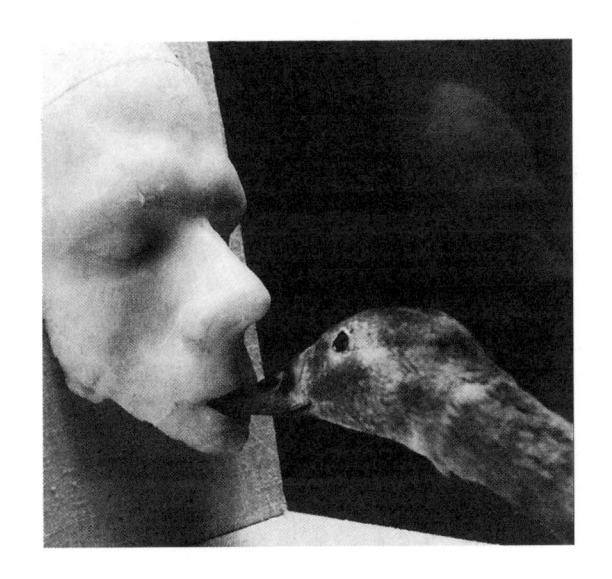

概　説

▶エリート文化と大衆文化　ハイブラウ（highbrow）とは学問や教養のある知識人のことであり，ロウブラウ（lowbrow）とはその反対に知識が乏しく教養の低い人，というのが辞書の一般的な定義である。その中間の人々をミドルブラウ（middlebrow）という呼び方をすることもある。しかし，このように学問や知識の程度によって，いわば文化的階級の差異を強調するような見方は，現代では時代錯誤の旧式な定義になりつつある。たとえばモダン・ジャズやポップ・アートのように，文化や芸術自体の「ハイ」と「ロウ」の区分けが逆転したり，その境界があいまいになったりしている中で，文化や芸術に関与する人たちの「文化的階級」を簡単に色分けできなくなっているからである。ジャズもポップもアメリカ社会に深く根ざした文化であるが，このようなハイとロウの転倒や混淆にこそ，民主主義の国アメリカの本質とこの国の文化の醍醐味がある。

　ハイブラウとロウブラウという呼び方があるのと同時に，主にそれらの人たちが創造し支えてきたと考えられる文化や芸術も，「ハイ」と「ロウ」の区分をすることがある。それぞれの文化的階級が創る文化の総体は，「エリート文化」（high culture）と「大衆文化」（popular culture）と呼ばれるものである。とくに芸術に限ってみるならば，一般に「ハイアート」（高級芸術）（high art）と「ロウアート」（大衆芸術）（low art）という区分がなされてきた。芸術における「ハイ」と「ロウ」の差異の基盤になってきたのは，アカデミズムや伝統との関わり具合である。つまり，アカデミズムや伝統を重視して，それらに添った創作に努めてきたのが「ハイアート」である。一般に受け手の側に教養の素地が必要とされる場合も多く，堅苦しいとか難解だとみなされてしまうこともある。

　宗教から食物にいたるまで「文化」とみなされる領域は広いが，本章では芸術に限って扱うことにする。たとえば，オペラは高級芸術であるが，それに対してアメリカが生んだ偉大な大衆芸術がミュージカルである。視覚芸術では，

19世紀までは聖書や神話を主題にした絵画が正統的な高級芸術であったが，20世紀に盛んに描かれるようになる抽象絵画の多くも高級芸術である。その対極にある大衆芸術が広告用の商業美術であるが，工芸品などのフォーク・アートも大衆芸術である。アメリカは大衆芸術の宝庫であるが，歌や踊りや漫才などを寄せ集めたヴァラエティ・ショーのヴォードヴィル (vaudeville) や，黒人に扮した白人が演じるミンストレル・ショー (minstrel show) と呼ばれる大衆演芸が盛んであった。20世紀に入り，映画が大衆に夢を与える芸術として登場した。ブルースやロック，ヒップ・ホップなどの大衆音楽は，アメリカが世界に発信し続けている大衆芸術の例である。

▶社会体制と文化の形態　アメリカ合衆国はその建国の経緯からも明らかなように，さまざまな面でヨーロッパからの影響のもとで発展した。アメリカ文化史もまた，ヨーロッパ文化への憧れと反発の歴史という一面がある。あくまでもヨーロッパ文化へのこだわりを捨てない文化人たちが根強く存在していたが，ヨーロッパ文化から「独立」した独自の文化を創ることが，アメリカ人の目標のひとつであった。

　ヨーロッパは歴然とした階級社会であったが，文化や芸術は貴族のもの（エリート文化）という考え方があった。しかし，このようなヨーロッパ型文化とは全く異なる文化を生みだして，ロウブラウや大衆文化が社会の重要な構造として発展したのが民主主義の国アメリカである。ヨーロッパとの対比を念頭に「民主的な自由社会」アメリカに大きな可能性をみたフランス人，アレクシス・ド・トクヴィル (Alexis de Tocqueville 1805-59) は，「庶民または一般民衆」も積極的に精神文化に関わるアメリカ型の新しい社会の文化的発展を予見した。

　トクヴィルの著書『アメリカの民主政治』（*Democracy in America* 1835；1840）によれば，「多数の富裕なまたは安楽な人々」で満たされる「民主的な自由社会」では，いわゆる貴族文化に属していない人々も，「種々まちまちの程度の相異を示しながらも，知性の働きと楽しさとに，没頭することができる」。このような民主的な社会では，「精神労働に関心をもつ」人々が増え，「知的享楽への好み」は，貴族社会ではこれを享受できなかった人々（「庶民または一般民衆」）のところまで下がっていく。世襲・階級・門閥による特権がなくなる

とき,「知性」が「人々の運命の主たる相異」をつくり,「知識の効用は,大衆にも特に眼につくほど明らかになる」。

　トクヴィルが論じたのは,アメリカを超える普遍的なデモクラシー自体のイメージである。しかし,「人々はその地位において,著しくはやい速度で,上昇したり下降したりする……諸階級はいつでも交通しあい,まじりあい,模倣（もほう）しあいそして羨望（せんぼう）しあう」というような彼の見方は,現代にまでいたるアメリカ文化そのもののイメージである。「ハイブラウ」と「ロウブラウ」の文化的階級差のあいまいさや,ハイアートとロウアートの転倒や交差のような特徴は,トクヴィルが見通したように,自由と平等を理念とする社会特有の現象である。

　ジャクソニアン・デモクラシーの時代として知られる19世紀前半のアメリカでは,民主主義がおおいに発展して,ヨーロッパ社会とは全く異なる文明が育ちつつあった。ラルフ・ウォルド・エマソン（Ralph Waldo Emerson 1803-82）が「アメリカの学者」("The American Scholar")という講演をして,実質的なアメリカの知的独立宣言をしたのは1837年であった。

▶**WASPと主流文化**

　アメリカはさまざまな人種的・民族的背景をもった人々が共存する社会である。アメリカが明確な「文化的階級」の呪縛から逃れて,さまざまな文化が民主的に共存する可能性をもっているのは,多人種・多民族からなる社会構造のためでもある。しかし,「人種のるつぼ」や「サラダボウル」にたとえられてきたアメリカにおいて,多様な人種や民族の統合と同化の中心であるとみなされてきたのは,ＷＡＳＰを中心とするいわゆる白人の価値観であった。1960年代に公民権運動が活発になる前には,「白人」の美学がアメリカ文化の中心にあるとする考え方が定着していたが,それは,文学・美術・音楽のどの分野でもみられた。

　たとえば,植民地時代の代表的詩人であるアン・ブラッドストリート（Anne Bradstreet 1612-72）やエドワード・テイラー（Edward Taylor c. 1642-1729）をはじめとして,20世紀のノーベル賞詩人 T. S. エリオット（Thomas Stearns Eliot 1888-1965）に至るまで,公的なアメリカ文学史の中心は,長い間アングロ・アメリカ文学であった。また,アメリカの画家たちにとって,伝統的にヨーロッパが美術の本場であり,アメリカ美術の発展は,ヨーロッパからの影

響なしにはありえなかった。それは、最初はローマで次にはロンドンで長い間名声をとどろかせたベンジャミン・ウェスト（Benjamin West 1738-1820）や，自分の才能の芸術的完成を求めてロンドンに住みついたジョン・シングルトン・コプレイ（John Singleton Copley 1738-1815）の例に見る通りである。ジャクソン・ポロック（Jackson Pollock 1912-56）などによる抽象表現主義絵画を頂点とするモダニズム系の抽象画の本場はパリであり，この分野のアメリカ人が20世紀半ば近くまでお手本としていたのもヨーロッパであった。音楽の分野に目を移せば，ニューヨークのメトロポリタン歌劇場は，世界最大の

図7-1　ジャクソン・ポロックの製作風景

オペラ・ハウスであり，この都市がオペラの世界的中心地のひとつであることはたしかである。しかし，オーケストラによる音楽はもちろんのこと，リブレット（台詞）の詩と神話の多くは，やはりヨーロッパからの輸入文化である。

　以上の具体例はほんの一部にすぎないが，アメリカではハイブラウが享受するエリート文化は，多分にＷＡＳＰ主体の白人文化と重なっていた。しかし，たとえば，アメリカの歴史と社会構造をつくってきたアフリカ系の人々の文化を無視しては，アメリカ文化の総体を語ることはできない。また，多人種・多民族の社会構成こそ，アメリカがヨーロッパとは全く異なる個性的な文化を形成した背景である。

▶多人種・多民族社会の声　白人が創作した文化にも，古くからネイティヴ・アメリカン（インディアン）やアフリカ系の人々（黒人）が登場していた。たとえば，詩人のフィリップ・フレノー（Philip Freneau 1752-1832）は，キリス

第7章　ハイブラウとロウブラウ　｜　*141*

図7-2 ラングストン・ヒューズ肖像

ト教徒とは異なる死生観などをもつインディアン文化への共感を詩に表現した。白人画家のジョージ・カトリン（George Catlin 1796-1872）は，自分自身の足で西部に踏み込んで，インディアンの風習や儀式などをありのままに観察して絵画に残した。また，チャールズ・バード・キング（Charles Bird King 1785-1862）は，「高貴な蛮人」としての古典的なインディアン像を描いた画家である。現代美術では，抽象表現主義の旗手であるポロックの半抽象画作品にも，インディアンが描かれている。

少数民族を他者的な視点で観察の「対象」とするということではなくて，万人の平等と民主主義という視点から描いた代表的な芸術家は，詩人のウォルト・ホイットマン（Walt Whitman 1819-92）である。ホイットマンは，『草の葉』（*Leaves of Grass* 1855-92）において，白人もインディアンも黒人も含めたあらゆる人種，そしてあらゆる階級と職業の老若男女を，詩人自身の自我の宇宙に取り込んで自分自身と同化させることによって，人類全体の平等をうたったのである。WASPを中心とした白人文化が主流の社会構造をもっていたアメリカで，人種・民族の平等を独自の表現で確立したホイットマンは，「文化的階級」の格差解消の礎を築いた芸術家である。ハーレム・ルネサンスの代表的な詩人ラングストン・ヒューズ（Langston Hughes 1902-67）は，ホイットマンの詩には「はっきりとした黒人の自由と平等への呼びかけがある」と述べている。

アフリカ系の文化は，アメリカにおいて際だった特徴を示すマイノリティ文化の代表である。とくに音楽の分野では，黒人奴隷の労働歌から発生したと言われるブルースはもちろんのこと，ジャズ，リズム・アンド・ブルース，新しくはヒップ・ホップというように，アフリカ系は大衆音楽の主要な担い手だっ

た。しかも、グローバルな視点からみるときに、これらの大衆音楽は、一国のロウブラウの階級的な枠組みに閉じこめられない重要な位置を占め、アメリカ文化の本質をなしている。アフリカ系文化は、ＷＡＳＰ中心の白人文化からの差別に対する抗議や抵抗の表現でもあり、ホイットマンが歌ったような、民主主義と平等を理念とするアメリカ社会を明確に表象するものである。

▶**大量消費社会と文化**　第二次世界大戦が終わった頃から、アメリカは本格的な大量消費社会に入った。20世紀後半のさまざまな領域の文化は「ポストモダニズム」と呼ばれる文化用語で説明されることが多いが、これはアメリカが徹底した大量消費社会に変化していった結果として現われた文化現象でもある。電気製品や自動車の普及にみる技術革新、そして伝統的なピューリタニズムの倫理感を否定する新しい価値観が生まれてきたことによって、1920年代頃からアメリカは大量消費社会に変化していった。大量消費の実現によって、富裕階級に独占されていた物質的な豊かさが社会全般に行き渡り、物質的平等が進展した。このような社会構造の変化を背景として、もともと民主主義的な平等を理念としていた国の文化において、「ハイ」と「ロウ」の交流と相違の解消が際だってきたのが、ポストモダニズムの文化である。

「ポスト」（後の／次の）という言葉からわかるように、ポストモダニズムはモダニズムへの反響（継承や反動）として現われたものである。モダニズムとは、20世紀初頭から芸術の諸分野に現われた文化現象であるが、たとえば美術ではパブロ・ピカソ（Pablo Picasso 1881-1973）を代表とするキュービズム、英語詩ではエズラ・パウンド（Ezra Pound 1885-1972）の長編詩『詩篇』（*The Cantos* 1925-69）にみるように、過去の芸術の表現方法を解体して革新的な芸術を創造した。ポストモダニズムの芸術も、モダニズムのスタイルの革新性を受け継いで、さまざまな斬新な表現方法を生み出した。しかし、モダニズム芸術が一般に、ハイブラウのための難解なハイアートと見られがちであるのに対して、ポストモダニズムの芸術には、ロウアートとの境界が曖昧で大衆芸術の再現方法を用いたものもあり、一般にモダニズム芸術よりも「わかりやすい」と見なされる部分もある。最も顕著なのが美術であり、商業広告の技法を用いたポップ・アート、また科学技術と電子工学を利用したヴィデオ・アートやコン

図7-3 彫像がビルの一部か，ビルが彫像の一部なのか？

ピューター・アート，明らかに大衆芸術そのものである「落書き」が美術作品として評価されたグラフティ・アートなどがある。ポストモダニズムの文化表象には，ハイブラウとロウブラウの文化が限りなく混じり合う可能性をもった，アメリカの本質が現われている。

アーモリー・ショウ

　1913年2月17日，ニューヨークのレキシントン・アヴェニューにある兵器庫（アーモリー）で近代国際美術展が開かれた。展覧会はヨーロッパ部門とアメリカ部門に分かれ，合計1600点の絵画・素描・彫刻・版画が展示された。ヨーロッパ部門では，ロマン派から近代美術までの流れが展望できるようになっていたが，なかでもフォービズムやキュービズムといった先進的なモダン・アートは，芸術家たちばかりか一般大衆にも大きな衝撃を与えた。特に，マルセル・デュシャンの絵画「階段をおりる裸体」はマスコミを通じて話題になったが，長い行列を作ってまでこの絵を鑑賞しに来た人々は，この絵のいったいどこに裸体があるのかと首をかしげていたと言われる。当初は「気違いじみた芸術」と評された展覧会であったが，伝統にとらわれることなく，このような異国の新しい芸術をすみやかに受容していったところにアメリカの国としての若さと柔軟性が見られる。　　　　　（田中）

キー・トピック解題

1 超越クラブとトランセンデンタリズム

▶アメリカの知識人とコンコード

コンコードは，ボストンの近郊，マサチューセッツ州北東部の小さな町である。1775年に独立戦争の発火点となったこの町は，個人の内面の力を信頼するトランセンデンタリズム（超越主義）(Transcendentalism) と呼ばれるアメリカ独自の知的伝統を育んだ所でもある。1834年以来エマソンが住みつき，『緋文字』(1850) を書いたナサニエル・ホーソーン (Nathaniel Hawthorne 1804-64) も住んで，町の南にあるウォールデン池畔でひとり暮らしたヘンリー・デイヴィッド・ソロー (Henry David Thoreau 1817-62) は『ウォールデン』(1854) を著した。その他に女性解放論者のマーガレット・フラーや改革運動家のエイモス・ブロンソン・オルコットなどが集まって，「超越クラブ」と呼ばれる会合をもった。エマソンとフラーが編集した雑誌『ダイヤル』(1840-44) で，彼らの思想を発表した。

　超越主義者の中心にいたエマソンが，彼らの立場を最もよく伝えている。アメリカの知的独立宣言と称されたエマソンの講演「アメリカの学者」は，過去の「依存の時代」，ほかの国々の学問に対するアメリカ人の「長い徒弟時代」の終わりを告げて，アメリカ独自の理想の知識人像を熱く語ったものである。エマソンはアメリカの真の学者のあるべき姿を論じて，①学者の精神にとって重要なのは「自然の影響」である。②「過去の精神」がその次に大きい影響である。③「行動」と「英雄の精神」を持たない学者はありえない，と述べている。「自然」こそが学者の「精神の法則」であり，「書物はただ霊感を与えるためのもの」であり「能動的な魂」だけが価値がある，「行動」がなければ「思想」は「実を結んで真理」とならない，というエマソンの主張には，新しい知識人像が見られる。「畑や仕事場が作った言葉」を重んじて，「労働の尊厳と必要」に耳を傾けるのが，民主主義の国アメリカの学者のあるべき姿である。また，エマソンは加わらなかったが，超越主義者たちがボストン郊外に組織した「ブルック・ファーム」生活協同体 (1841-47) は，彼らの社会改革への関心の

現われである。

▶「自己信頼」とアメリカ・ルネサンスの作家たち　超越主義者たちやホイットマンや小説家のハーマン・メルヴィル（Herman Melville 1819-91）は，内面世界を深く掘りさげた作風でアメリカ文学に黄金時代を築いた。この作家たちが活躍した1830年代から1860年代を，アメリカン・ルネサンスと呼ぶ。超越主義とこのルネサンスの思想を代表するのが，エマソンの「自己信頼」（self-reliance）である。「わたしにとっては，わたしの本性の法則以外に，どんな法則も神聖ではない」というように，自己の内面が判断の基準だとエマソンは主張する。しかし，個人の内面の根源には，共通の起源である「永遠に神聖な〈一なる者〉」が存在する，とも述べている。エマソンは個我の存在感を強調するロマン主義の代表的な思想家であるが，決して恣意的な個人主義を主張しているわけではない。個人の魂は，最終的には絶対的な存在に帰依するという考えをもった，キリスト教の伝統の中にある思想家であった。

　ホイットマンはエマソンと同じような思想を詩の世界で表現したが，自我（self）（「ぼく自身」）に対する賛美と誇りを高らかにうたい，世界創造の中心にある自我の偉大さを強調した。ホイットマンの「ぼく自身の歌」では，宇宙の中心にある「ぼく自身」が奴隷や犯罪者まで含めたさまざまな他者に同化することで自我の世界を完成していくが，その背後には自我が流入しそこからまた流出する不滅の存在がある。

2　ハリウッド映画

▶ハリウッドと映画の歴史　ロサンゼルス市のハリウッドは，映画産業の中心地である。ハリウッド映画は，巨大資本，大がかりな特撮，華やかな娯楽性が特徴であり，現代の大衆文化の花形である。時事的な話題や政治・社会問題を扱うほか，ラヴ・ストーリー，歴史，アクション，ＳＦ，ホラーやミステリーなど内容もはば広く，アメリカ社会を映しだす鏡でもある。アメリカ中産階級のモラルやアメリカン・ドリームの実現，建国の理念やフロンティア精神など，アメリカの伝統的な価値観が映画全体の主題であったり，映画の結び

であることが多い。

　アメリカ映画は大衆の娯楽として始まった。大勢で見るスクリーン映画（ヴァイタスコープ）がニューヨークで初公開されたのは19世紀の終わりである。当初は他に楽しみを求めるゆとりのない貧しい労働者や移民の客相手で5セントの入場料であったことから，その劇場は「ニッケルオデオン」と呼ばれるようになった。本格的な映画らしい物語性をもった初めての作品は，1903年にエドウィン・ポーターがつくった『大列車強盗』である。ハリウッドに最初の撮影所ができたのは1911年であるが，制作・配給・興行を行なったのもまた，ユダヤ系を中心とする移民労働者たちであった。現在でもハリウッドに権勢を奮っている「ユニヴァーサル」「フォックス」「パラマウント」「ワーナー・ブラザーズ」などを始めたのは，社会の底辺で差別を受けていた人たちである。見る側も作る側も社会の底辺に生きる人たちが始めたアメリカ映画であるが，次第に内容が中産階級化されていった。映画内容についての道徳的な自主規制ができて，伝統的・保守的な価値観が結末として用意されるようになったからである。

▶アメリカ映画の「芸術性」　ヨーロッパの芸術映画（ジャンリュック・ゴダールやヴィム・ヴェンダースなどの作品）と比べるならば，概してアメリカ映画には独創的な芸術的表現行為にまで高められた作品は少ない。一瞬も目を離せない刺激性と通俗性，そして安心感を観客に提供する大衆芸術に分類されるものが多いが，以下はほんの数例である。

　『ミッション・トゥ・マーズ』(2000)は，ハリウッド得意の特殊効果（SFX）による最近作であるが，火星への有人飛行の成功と火星人との出会いを描く。1人のアメリカ人宇宙飛行士が火星人との深い交流を求めて，地球への帰還をしないという冒険的な選択を示し，未知の世界にあえて踏み込むフロンティア精神で作品を結んでいる。『パトリオット』(2000)は，アメリカ独立戦争の英雄的兵士ベンジャミン・マーチンの活躍を描いた歴史ものの最近作であるが，大衆の勝利・愛国心・建国の理念など，何度も繰り返されてきたテーマによってアメリカ人の誇りを確認する啓蒙的映画である。SFXを駆使した科学映画『シックス・デイ』(2000)の主題は，クローン（複製生物）の是非をめぐる

時事問題であるが,情報提供と娯楽性が目的で決定的な倫理的判断を示すことはない。

　芸術のかおり高いアメリカ映画も存在しないわけではない。5部門でアカデミー賞を獲得した『アメリカン・ビューティー』(1999) は,中産階級の夫婦の価値観の葛藤を描いているが,類型に陥らない個性的な登場人物で構成され,現代のアメリカ文化を表象する作品である。表題はバラの銘柄であるが,アメリカ庶民の心情を描いたこの作品全体で,文字通り「アメリカ的美」を描いたとも解釈される。また監督であり俳優でもあるウディ・アレン (Woody Allen 1935-) は1960年代から映画に関わり,ニューヨークの知識人の悲喜劇などを表現し続けて,娯楽を越えた独創的芸術としての映画を創作している例である。

③　ハーレム・ルネサンスと音楽

▶「新しい黒人」　ニューヨークのマンハッタン区の北部をハーレムと呼ぶ。アメリカの黒人の意識革命と文化的な誇りが育っていった背景として,黒人居住区ハーレムの形成と発展が大きな役割を果たしている。ハーレムはもともとは白人の居住区であったが,1900年頃から黒人たちが住みだして不動産価格が下落し,第一次世界大戦頃から産業構造の変化などによって南部や西インド諸島の黒人たちが大挙して流入してきた。1920年代には,この地区は「黒人世界の首都」とまで呼ばれるようになった。危険で貧しいスラムというイメージが付きまとうハーレムであるが,1920年代にここで黒人の意識革命が起こり,文学・美術・音楽・思想にわたる黒人文化が隆盛した。その運動はハーレム・ルネサンスと呼ばれるが,公民権運動など黒人の思想・文化運動の基盤となった。

　アラン・L・ロック (Alain L Locke 1886-1954) 編集の『新しい黒人』(*The New Negro* 1925) には,このルネッサンスの神髄が収められている。たとえばジェイムズ・W・ジョンソンは,ハーレムを「黒人が有利な立場にあり,機会に恵まれている」比類ない場所と書いている。ロックによれば,さまざまな職業と階級の黒人たちが,「排斥と偏見のために」この「共通の場へ投げ込まれ

た」結果，相互作用によって自分たちの文化への真の誇りに目覚めた。かつての黒人文化の感傷主義の時代（「『アンクル』や『マミー』の時代」）は終わり，黒人にも「より徹底した，偽らざる自己表現」が必要とされている。「彼らを精神的に隔離してきた社会的差別」を容認しない新しい時代の「新しい黒人」の時代がやってきたのである。「新しい黒人」の意識革命をリードしたのは知識人・専門職・芸術家であったが，抑圧を抜け出すために率先して移動を開始したのは「最下層の一般大衆」であり，意識の変化も大衆の心に深く浸透していった。

▶黒人音楽　黒人文化の基盤となっているのは，口承文学や労働歌など無筆や隷従を強いられた人々の表現である。「黒人固有の芸術」が必然的に発達したのは，アルバート・C・バーンズが述べるように，「アングロ＝サクソン的な環境につれてこられ，本質的に性格の異なる影響のもとにおかれた原始民族は，魂をかきむしられるような経験を余儀なくされ」，その経験が偉大な芸術として実を結んだからである。差別への抵抗と苦悩の表現として生まれた黒人音楽は，ハーレム・ルネサンスの時代に普及した。

　1920年代のハーレムのクラブでは，ベシー・スミスやマ・レイニーなど職業的な女性ブルース歌手が活躍したが，深い感情表現と力強い歌いぶりで，黒人女性の現実と存在感を訴えた。ブルースには基本的形式（4小節の旋律のくり返しや第3度と第7度が半音低い音階を使うなど）があるが，ブルースはすすり泣き，苦悶の叫び，差別への怒り，歓喜や諦観など，「心の状態」の表現である。「ものういブルース」(1925) を書いたラングストン・ヒューズなど多くの黒人詩人たちが，ブルースから大きな影響をうけた。

　ジャズはブルースやヨーロッパ音楽などを起源として，ニューオーリンズで生まれた。ハーレムではコットン・クラブなどを舞台に，フレッチャー・ヘンダーソンやデューク・エリントン率いる楽団がビッグ・バンドの伝統を築き，白人の聴衆を集めた。1940年代にはチャーリー・パーカーなどが，リズムも和声も複雑で多様な展開と構造のビ・バップを演奏するようになった。ハーレムのビッグ・バンドは大衆的なダンス音楽などを演奏していたが，ビ・バップ革命を経て，ジャズは難解な芸術への道を歩んでいく。同時に黒人大衆から離れ

図7-4 デューク・エリントン楽団

て、ハイブラウのための芸術としてのモダン・ジャズも育っていくのである。

4 ポストモダン・アート

▶ポップ・アート　　ハイブラウ文化とロウブラウ文化の混淆の典型的な例が、ポップ・アートである。「ポップ・アート」という美術用語は、イギリスの批評家ローレンス・アロウェイが1950年代半ばに初めて使ったが、アメリカでポップ・アートが盛んになるのは1960年代に入ってからである。アンディ・ウォーホル（Andy Warhol 1928-87）、ロイ・リキテンスタイン（Roy Lichtenstein 1923-97）、クレス・オルデンバーグ（Claes Oldenburg 1929- ）、ジェイムズ・ローゼンクィスト（James Rosenquist 1933- ）などがポップ・アーティストとして有名であるが、ラリー・リヴァース、ジャスパー・ジョーンズ、ロバート・ラウシェンバーグも、1950年代からポップ・イメージを用いた作品を発表している。

　ポップ・アートは、広告や商品包装・漫画本・ポピュラー音楽の人気者・映画のアイドルなどの大衆文化からイメージと技法を取り入れている。たとえば、ポップ・アートの旗手ウォーホルは、靴の広告などを手がける商業美術家とし

150

図7-5 アンディ・ウォーホル『32個のスープ缶』

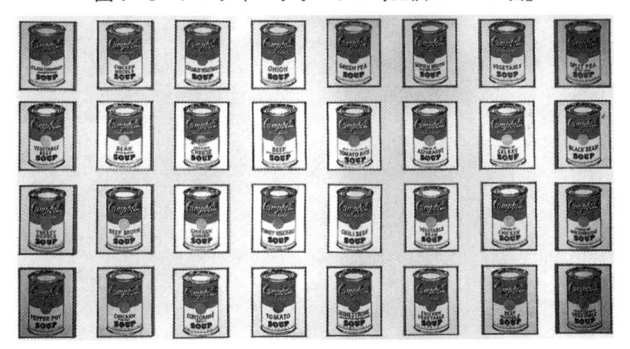

て出発したが、キャンベル缶スープをシリーズで描いた『32個のスープ缶』などで1962年に画廊デヴューを果たした。その他にも彼が絵画の主題として選んだのは、ドル札（『80枚の2ドル札』1962）やコカコーラ瓶（『210本のコカコーラ瓶』1962）、人気歌手や映画スター（『赤いエルヴィス』1962；『金色のマリリン・モンロー』1962）、社会的関心の集まる問題（『赤い人種暴動』1963；『オレンジ色の惨事』1963）など、大衆性・日常性・社会性にみちたイメージであった。

　技法的にも、商業美術のようなイラスト風の描き方であったり、写真を転写したシルクスクリーン（版画の一種）に仕上げたりというように、ウォーホルのポップ・アートには明らかに大衆芸術からの影響がある。しかし、ウォーホル作品では、それぞれの作品の構成や細部にわたる美術的効果が十分に計算されているし、大衆文化を美術に取り込むことによって社会や大衆を映しだそうとした批評性が表現されている。ポップ・アートの愛好者の層はあつく、大衆文化に主題や素材を求めているが、ハイブラウにもファンが多い。

▶アメリカ美術史へのインパクト　ポップ・アートの歴史的な意義は、ポロックやウィレム・デ・クーニング（Willem de Kooning 1904-97）に代表される抽象表現主義への反発として生まれたことである。抽象表現主義絵画では画家は主観や自己存在を強烈に主張したが、ポップ・アートは画家の感情や個性を直接的に表現することを避けた芸術である。また、抽象表現主義は、パリを中心にして起こった美術のモダニズム（キュービズム、フォーヴィズム、シュール

第7章　ハイブラウとロウブラウ　151

図7-6　エドワード・キーンホルツ『安料理店』(部分)

レアリズムなど)の成果が,アメリカ型抽象絵画として実ったものである。それは,まさにハイブラウのためのハイ・アートであったが,ポップ・アートは大衆に近づいた芸術である。

　ウォーホルの他にはたとえば,リキテンスタインは漫画の1コマを拡大して様式化した絵画で有名になり,オルデンバーグはトイレットを立体的なオブジェとして創作するなどネオ・ダダ(反芸術的な表現が信条)の傾向の作品を発表するなど,個性豊かなポップ・アーティストたちである。ポップ・アートまたはポップなイメージを使うことは,1960年代以降のアメリカ美術の際だった特徴のひとつとして定着した。白い石膏の立体人物像をつくり続けた彫刻家のジョージ・シーガル(George Segal 1924-2000)や,頽廃的で醜悪にさえ見える日常的なオブジェの組合せを創造したエドワード・キーンホルツ(Edward Kienholz 1927-94)は,社会や人間に対する創作者の鋭い洞察や批判をポップ・イメージで表現した芸術家たちである。

フランク・ロイド・ライトの建築と一般住宅

　フランク・ロイド・ライトは,日本でも旧帝国ホテルの建築などを手がけた,アメリカを代表する建築家である。滝を配したカウフマン邸(1937)が最高傑作とされるが,かたつむりを思わせるグッゲンハイム美術館の螺旋の建築もマンハッタンの高層ビルの中にあって,ひときわ目立つ存在である。アメリカ建築といえば列柱を配した公共建築や,アールヌーボー様式の摩天楼のような高層ビルが思い浮かぶが,ライトが初期に手がけた,プレイリー・ハウスと呼ばれる機能を優先した住宅

建築もまたアメリカ的である。一般住宅の方はゴシック様式，ビクトリアン様式，さらにはクイーン・アン様式を経て，20世紀に入るとバンガローやランチハウス・スタイルへと機能主義的に変化する。そして戦後ベビーブーム世代が住宅を所有し始めると，市場が高騰。工場生産で一部組み立てるプレハブ住宅は，やがて工場で完成し現場へ運ぶだけという，より廉価なモービルホームへと発展する。　（山越）

原典紹介

"Song of Myself" (1855)

Walt Whitman

Walt Whitman, a kosmos, of Manhattan the son,
Turbulent, fleshy, sensual, eating, drinking and breeding,
No sentimentalist, no stander above men and women or apart from them,
No more modest than immodest.

Unscrew the locks from the doors!
Unscrew the doors themselves from their jambs!

Whoever degrades another degrades me,
And whatever is done and said returns at last to me.

Through me the afflatus surging and surging, through me the current and index.

I speak the pass-word primeval, I give the sign of democracy,
By God! I will accept nothing which all cannot have their counterpart of on the same terms.

Through me many long dumb voices,
Voices of the interminable generations of prisoners and slaves,
Voices of the diseas'd and desparing and of thieves and dwarfs,
Voices of cycles and preparation and accretion,
And of the threads that connect the stars, and of wombs and of the father-stuff,
And of the rights of them the others are down upon,
Of the deform'd, trivial, flat, foolish, despised,

Fog in the air, beetles rolling balls of dung.   (from § 24)

I am the hounded slave, I wince at the bite of the dogs,
Hell and despair are upon me, crack and again crack the marksmen,
I clutch the rails of the fence, my gore dribs, thinn'd with the ooze of my skin,
I fall on the weeds and stones,
The riders spur their unwilling horses, haul close,
Taunt my dizzy ears and beat me violently over the head with whip-stocks. (from § 33)

I hear and behold God in every object, yet understand God not in the least,
Nor do I understand who there can be more wonderful than myself.

Why should I wish to see God better than this day?
I see something of God each hour of the twenty-four, and each moment then,
In the faces of men and women I see God, and in my own face in the glass,
I find letters from God dropt in the street, and every one is sign'd by God's name,
And I leave them where they are, for I know that whereso'er I go,
Others will punctually come for ever and ever.   (from § 48)

「ぼく自身の歌」(1855)

ウオルト・ホイットマン

ウオルト・ホイットマン,一つの宇宙,マンハッタンの息子,
気性のはげしい暴れ者,肉付きがよく,性欲あふれ,食べて,飲んで,生み殖やす,
感傷などみじんもなく,男や女を見くだすことはないし,冷たくつき放すわけでもない,
慎み深いが,同時に厚かましく遠慮がない。

すべてのドアから錠をはずせ,
ドアそのものを戸柱からはずしてしまえ。

他人を卑しめる者はだれでもぼくを卑しめることになる,
すべての言動が最後にはぼくのところへ戻ってくる。

ぼくの中を霊感が大波のように次々と打ち寄せつづける,ぼくの中をその潮流と指標が
　いつまでも。

ぼくは原始の合い言葉を話す，デモクラシーの合図を送る，
神に誓ってぼくは，すべての人が同じ条件で等価なものを受けるのでなければ何ひとつ
　受け入れない。

長い間口をつぐんできた沢山の声がぼくを通して，
世代を継いで果てることのない囚人や奴隷の声が，
病人，絶望する人の声，泥棒，身の丈の低い人の声が，
いくつのも周期を経た準備と蓄積の声が，
星を結びつける糸の，子宮の，精液の，
そして世間がさげすむ人たちの権利の声が，
障害のある人，平凡な人，まぬけな人，愚かな人，軽蔑される人たちの声が，
空中の霧，糞のかたまりをころがすカブトムシの声が。　　　　　　　（§24から）

ぼくは猟犬に追われる奴隷，犬にかみつかれてぼくは縮みあがる，
地獄と絶望がぼくをおおい，鋭い爆音がはじけてぼくは何度も狙撃される，
ぼくは柵の横木につかまって，皮膚からにじみ出る汗に薄められた血のりが滴りおちる，
ぼくは雑草と石の上に倒れこむ，
馬上の旗手が嫌がる馬に拍車をあてて，馬をぐいと引き寄せる，
そしてぼーっとなったぼくの耳に嘲りを浴びせて，頭を鞭の柄で激しくたたく。
　　　　　　　　　　　　　　　　　　　　　　　　　　　　　　　（§33から）

あらゆる物体の中にぼくは神を聞き神を見る，それでも全く神がわからないし，
ぼくよりもすばらしい人間がいることもわかっていない。

きょう見た以上の神を見たいなどとどうしてぼくは望むものか？
24時間ずっと，しかも一瞬もとぎれないで，ぼくは神というものを見ている，
男や女の顔にも，鏡にうつったぼくの顔にも神が見える。
神からの手紙は通りのいたるところに落ちていて，どの手紙にも神の署名が書いてある，
ぼくは手紙はそのままにして立ち去る，たとえぼくがどこへ行こうと，
別の手紙が次から次へときちんと届くことがぼくにはわかっているからだ。
　　　　　　　　　　　　　　　　　　　　　　　　　　　　　　　（§48から）

サロン文化

　サロン文化は本来イタリアやフランスのものであり，アメリカのものではなかった。しかし，1902年にパリに渡り，その後40年近くパリとその周辺に暮らしていたガートルード・スタイン（1874－1946）は，自室をサロンとして開放し，若い芸術家や作家らを集め，大きな影響を彼らに与えた。スタインは，キュービズムを初めとするヨーロッパの前衛芸術を最初に理解したアメリカ人で，ピカソやセザンヌがまだ貧しかったころから交流を持ち，その絵を買い集めては自宅の壁に飾った。また，『やさしいボタン』（1914）を初めとする彼女の詩は繰り返しの多い，単調なリズムではあったが，徹底的なアメリカ口語を用いたその文体がシャーウッド・アンダソンやまだ無名だった頃のアーネスト・ヘミングウェイに影響を与えたこと，彼ら第1次大戦後の世代のアメリカの若者たちを「失われた世代」と呼んだことは有名である。彼女のサロンはヨーロッパの重要な前衛芸術家たちとアメリカから来た芸術家とを結び付ける重要な役割を果たしていた。　　　　　　　　　　　（田中）

第8章
冷戦とヴェトナム戦争期の対抗文化
(山越邦夫)

概　説

▶東西冷戦構造と核の脅威　第二次大戦後トルーマン大統領（Harry S. Truman 1884-1972）は共産主義拡大を阻止するトルーマン・ドクトリン（対ソ封じ込め戦略）を外交政策とした。世界の警察の役割を担うアメリカ合衆国にとって，旧ソ連による共産主義拡大は大きな脅威だった。英仏米軍占領下にあった西ベルリン地域が封鎖され，1949年には東西ドイツがそれぞれ誕生。世界は資本主義陣営（西側）と共産主義陣営（東側）という2つの経済体制が「鉄のカーテン」（チャーチル英首相）越しに対決する構造となる。ヨーロッパでは西側諸国がつくる北大西洋条約機構（ＮＡＴＯ）と東側がつくるワルシャワ条約機構の2つの軍事同盟が対峙，米ソを中心とする冷戦状態となった。

　東欧で共産主義化を進めていた旧ソ連は1949年9月，原爆保有を公式に認めた。また同年10月，中国では毛沢東の共産党率いる人民解放軍が中華人民共和国を樹立。朝鮮半島では1950年6月に北朝鮮が38度線を越えて進軍し，朝鮮戦争（1950-53）が勃発。すぐにマッカーサー将軍（Douglas MacArthur 1880-1964）を最高司令官として国連軍が派遣された。北側に進軍したマッカーサーは「封じ込め」を越えて共産地域の「解放」戦略へと踏み出した。国連軍が中国国境に近づくと，中国軍が参戦，国連軍は総崩れとなった。トルーマンは原爆の使用を示唆するが，国際世論がそれに反発。1952年アメリカは南大平洋ビキニ環礁で，原爆の数百倍の威力を有する水爆実験に成功。翌年にはソ連も水爆実験に成功。世界は朝鮮半島の38度線を挟んで，まさに核の恐怖と隣り合わせだった。1957年にソ連が初めての人工衛星スプートニク1号打ち上げに成功。これで米ソの緊張関係は戦争が起これば全地球規模の全面戦争になることが予想される事態となった。ハルマゲドン（世界最終戦争）が現実のものと思われた当時，アメリカの家庭には地下核シェルターを備えることが流行した。

▶マッカーシズムからキューバ危機　1953年に休戦協定を結び，戦争前の状態に復帰しただけで，アメリカは朝鮮半島から「勝利なき撤退」を余儀なくされた。当時国内では，反共主義を唱えるマッカーシズムの嵐が吹き荒れていた。

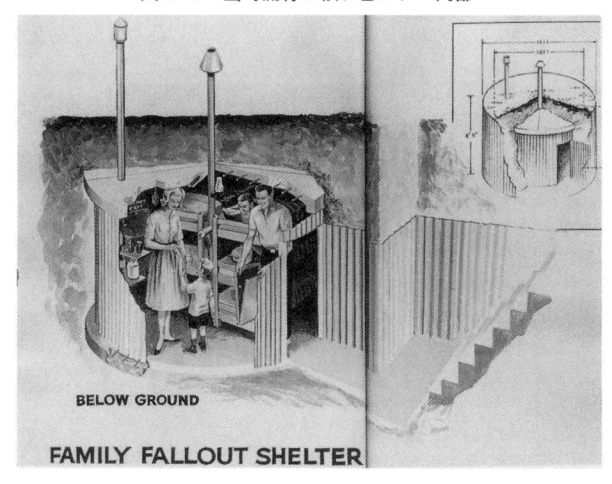

図8-1 当時流行の核シェルター内部

次々とアジア関係の政府関係者や学者が公職から追われた。政府内の共産主義者リストなど、証拠をねつ造してまで追及していた当のマッカーシー上院議員（Joseph R. McCarthy 1908-57）の失脚後も、アメリカ国内には政府に対する批判的な意見、あるいはリベラルな発言はしにくい雰囲気が続く。共和党アイゼンハワー（Dwight D. Eisenhower 1890-1969）は大統領となった翌54年、ヴェトナムに対するフランスの介入を終わらせるジュネーブ協定に反対、インドシナの共産勢力に対抗すべく南ヴェトナムに親米のゴ・ジン・ジェム政権を樹立させ、進んで介入の道を選ぶこととなる。

ケネディ（John F. Kennedy 1917-63）政権が誕生した翌1962年、カストロ将軍（Fidel Castro Ruz 1927- ）に率いられ革命に成功したキューバにソ連の核ミサイルが配備された。アメリカがミサイルを運ぶソ連船を攻撃すれば全面戦争になるという、いわゆるキューバ危機が発生。核戦争の恐怖が世界を走った。その後ソ連との間には緊張緩和がはかられ、部分的核実験停止条約が成立（1963）。米ソ共存の世界秩序づくりがなされる。こうして冷戦構造が安定化し全面戦争の危険はなくなったものの、その分だけ米ソの支援を背景とした局地戦争の可能性は増大する結果となった。

第8章　冷戦とヴェトナム戦争期の対抗文化

▶泥沼化する
ヴェトナム戦争

ソ連の軟化を中国は批判し，中ソ関係は悪化した。共産勢力は2つの極をもつようになる。この状況のもとヴェトナムの独立，統一を求める戦争が繰り広げられていた。北ヴェトナムの指導のもとに南ヴェトナム解放民族戦線が組織され，武装闘争が始まると，ケネディ大統領は軍事顧問団を送り，間接的に介入する。1965年から73年のパリ和平条約までの8年間を普通ヴェトナム戦争と呼ぶが，ジュネーブ協定の54年から実際にアメリカ軍が全面撤退する75年までとする場合もある。アメリカ史上最も長い戦争である。アメリカにとって南北ヴェトナムをわける北緯17度線は，朝鮮戦争の時に同じく東西の境界線だった。ジョンソン大統領（Lyndon B. Johnson 1908-73）時代に北ヴェトナムへの「北爆」が開始され，地上には海兵隊が投入され，解放戦線ゲリラの掃討作戦が展開された。どれだけ人的損害を加えたかを数える「ボディ・カウント」が戦闘後の風景となった。ゲリラが潜むジャングルをナパーム弾で人間ごと焼き払い，あるいは枯れ葉剤を10年間に渡って散布し続け，ついにはヴェトナム介入はアメリカの局地戦争となった。1968年には米軍兵士も1万4000あまりが犠牲となるなど，戦果があがらない戦争に世論の非難が高まるなか，ついにジョンソン大統領は戦争の拡大も大統領選への出馬も諦めた。アメリカは多大な物量を投入したにもかかわらずゲリラ戦に敗北し，撤退を強いられることとなった。69年に誕生するニクソン（Richard M. Nixon 1913-94）政権はアメリカ軍の撤退と，米ソの緊張関係を緩和するデタントを進め，72年に中国を訪問，背面外交を打ち立てる。結果，ヴェトナム戦争は大国主導の冷戦構造下でも，弱小の一民族国家が大国に勝利するという，冷戦構造を突き崩す戦争となった。そればかりかアメリカ国内においてマイノリティの権利闘争や，反権力・反権威の戦いを押し進めた。

▶時代を分けたケネディ対ニクソン公開討論テレビ中継

朝鮮戦争からニクソン大統領がヴェトナム戦争を終結させるまでのほぼ中頃に，1960年の大統領選がある。初めてテレビ討論を導入し，全米に放映された画面上でのケネディ対ニクソンの論戦は，若きケネディの側に勝利をもたらした。ケネディは希望にあふれる未来を予感させた。だが実際はヴェトナム侵攻やケネディ自身に始まる暗殺の時代を迎えるなど，時代はむしろ混乱の様相を呈していく。ケ

ネディ以前がコンテインメント（封じ込め）の時代ならば，以降はカウンターカルチャー（対抗文化）の時代と総括できる。1960年から72年までの間に18歳になった4500万人のうち300万人がカウンターカルチャーに巻き込まれた。学生活動組織ＳＤＳ（民主社会のための学生同盟，1960年に結成）など新左翼（ニューレフト）の運動がケネディ政権の「ニューフロンティア」に呼応するように60年に始まっている。その意味で一連の運動は必ずしも反戦を契機としていたわけではかった。

▶**中流家庭の自由主義とビート世代の登場**　中流階級の家庭ではスポック博士の育児書『赤ちゃんと子育て』(1946) に従って，「寛容な」子育てが行なわれていた。労働者階級でより権威主義的な子育てをしていたのに比して，専門職をしめる白人中産階級の家庭では子どもの自主性や自尊心を重んじ，学業に熱心な養育がなされた。

　50年代の文学運動であるビート世代の代表作，ジャック・ケルアック（Jack Kerouac 1922-69）の小説『路上にて』（*On the Rord* 1957）の登場人物ディーン・モリアティは自由を求めるカウボーイ／探検家さながら，アメリカの粗型的なヒーロー像を体現している。やみくもに移動する反体制的なボヘミアン文化は，ニューヨークに集まったアレン・ギンズバーグ（Allen Ginsberg 1926-97），ウィリアム・バロウズ（William Burroughs 1914-97），ケルアックなどが東部と西部，サンフランシスコなどを現に移動しつつ反逆児としてのビート世代を生んだものである。

　しかしソ連の人工衛星スプートニクに因んでビートニクと呼ばれたように，麻薬と同性愛に彩られた彼らの作品はいわゆる既成の権威には理解されることなく，ギンズバーグの『吠える』（*Howl and Other Poems* 1956）の出版は猥褻文書の嫌疑をかけられ裁判で争う結果となった。車で大陸を数日で疾走するモリアティに共感した若者は，ＳＦコミック，政府の宇宙計画，そしてテレビや映画では西部劇を観て育った世代だった。そのイメージは現代のカウボーイ，すなわち危険を冒しフロンティアにおいてひとり正義を行なうローン・ウルフ（一匹狼）の精神であった。ところが現実の官僚的な管理社会には彼らが教えられてきたアメリカの姿はなかった。50年代の順応主義的なホワイトカラーが

溢れる社会は全く退屈だった。そこに公民権運動が体制の偽善と不正を見い出す火をつけた。

▶「ニューフロンティア」と対抗文化

1960年新大統領に選ばれた J. F. ケネディは「ニューフロンティア」を提唱する。それは戦後景気に続く限りない発展を喚起すると同時に，フロンティアスピリッツの復権，すなわち独立心や冒険心を尊ぶ精神を称揚したものである。管理的な都会生活とは異なる，カウボーイスタイルの復活に代表されるような荒削りなフロンティア文化そのものをも復活させた。50年代の豊かな消費文化全盛の時代はベビーブームの世代，エルビス・プレスリー（Elvis Presley 1935-77）のロックンロールに酔い，表面的には「ノー・プロブレム」の時代だった。60年代に青春期を迎えた白人の若者たちの多くは教育に熱心な親のもと，子ども中心の家族に育った若者たちだった。ブルジョワジー的な豊かさと自由，平等といった民主主義の理想をかかげた時代に育った彼らは，おのずと権威を批判することを教育されてきたのであった。

権威に対して批判的で，自主性と創造性を尊んだ彼らは，麻薬による精神の解放，性モラルからの解放など，それまでの社会規範から自己を解放することに実験的であった。これらの文化を総称してカウンターカルチャー（対抗文化）と呼ぶ。アラン・ブルーム『アメリカン・マインドの終焉』(1987) によれば，新左翼と対抗文化はアメリカにとっての病理であるとよばれている。また1966年カリフォルニア州知事選キャンペーンでのロナルド・レーガン（Ronald W. Reagan 1911- ）による運動批判では，対抗文化はアナキズムと不道徳の代表とされるなど，常に反社会的なものとされてきた。公民権運動や女性解放運動ほどには，60年代若者文化を代表するヒッピー，新左翼やロックミュージシャンたちは評価を与えられてはいない。

▶黒人公民権運動と学生運動の連携

大戦では同等に戦ってきた黒人たちは，故郷に帰ると以前と変わらぬ人種差別，ジム・クロウ・システムに苦しんだ。公立学校への黒人の入学を認める1954年のブラウン判決，アラバマ州モンゴメリーでのローザ・パークス事件(1955年 Rosa Parks は黒人差別バス内で白人に席を譲るのを拒否して逮捕された）に端を発したバスボイコット運動，そし

て57年のアーカンソー州リトルロックの白人高校への黒人学生の入学など、公民権運動はキング牧師（Martin Luther King, Jr. 1929-68）の非暴力戦術を中心に大衆化していった。連邦政府レベルでは人種差別を違憲としたが、州内では白人社会の暴力は続いていた。1960年2月ノースキャロライナ州グリーンズボロウで、黒人学生による人種差別に反対する座り込みストライキ（シット・イン）が行なわれ、それがたちまち

図8-2　マーティン・ルーサー・キング牧師

南部全域に広がる。その4月には黒人学生の非暴力運動組織ＳＮＣＣ（スニック）が結成される。61年人種差別撤廃を訴える「フリーダム・ライド」のバスがアラバマ州で白人たちの暴力を受け、それを州警察が傍観。その非人道振りが全世界へ報道された。そして63年の夏、全米から黒人たちの乗ったバスがワシントンをめざした。25万人のワシントン大行進である。リンカン・メモリアルを背にしたキング牧師はいつもの説教でそうするように、演説の途中で用意した原稿をはなれ、有名な「私には夢がある」の部分をアドリブで演説、大喝采を浴びた。その夢とは、「いつの日か、黒人の子どもたちと白人の子どもたちとが、兄弟姉妹のように、手をとりあう」という夢だった。

　こうした黒人たちの運動に多くの白人学生たちも「ウィ・シャル・オーバーカム」を歌いながら南部でストライキに加わった。それは正義感に発したものであったが、一方で退屈で窮屈な白人中流社会からの脱出、路上に飛び出す行為であった、と多くの活動家が後に語っている。既成政党や旧左翼運動とくみせず、イデオロギーに左右されることのない「参加型民主政治」を提唱したＳＤＳの綱領、1962年の「ポート・ヒューロン白書」は全米で6万部売れ、若者世代のマニフェストとなる。「普通の人が、自分の生活に関わることを自分できめられる」社会を目指すもので、ラディカルな反エリート主義、すなわち完

図8-3　兵隊に伴われて登校する黒人学生たち―アーカンソー州，リトルロック

全な平等と個人の自由を求めるものだが，具体的な政治力をめざすものではなかった。

▶学園紛争と反戦運動の1968年　　SDSは中流家庭出身の白人学生が中心の65年以前は1000人程度の組織だった。それが65年4月にジョンソン大統領のヴェトナム侵攻拡大の決定に抗議して，2万人の学生をワシントンに集める大規模な抗議集会を組織した。委員長ポール・ポッターはこの時，戦争を直接に非難するよりも，むしろ内なる体制を非難し，「人間性の尊厳と寛容さ」を訴えている。しかしこれ以来SDSは多くの学生を集め，10万人規模の全米学生組織となった。UCバークリー校では1964年，新左翼グループの活動弾圧に抵抗してフリースピーチ・ムーブメントが起こる。かれらの攻撃は大学の運営に始まり，その官僚機構に及び，全米でのティーチ・イン（討論会），学内占拠などの学園紛争へと飛び火していく。最も激しかったのは68年のコロンビア大学のキャンパス占拠事件だった。その後の占拠事件も全て力によって鎮圧された。黒人の運動もブラック・モスレムの指導者マルコムXが1965年暗殺され

ると，ブラックパンサー党のように武装するグループが登場している。

　貧困・弱者救済の「偉大な社会」を標榜したジョンソン政権は，ヴェトナムの戦費が重くのしかかり福祉，教育，住宅，貧困，犯罪，黒人問題などあらゆる問題が表面化。1968年の大統領選に，それらの抗議行動はピークを迎えた。戦争反対のキング牧師が暗殺され，ヴェトナム戦争撤退を訴える大統領候補ロバート・ケネディも6月に暗殺され，各地で暴動が多発した。8月にシカゴで開かれた民主党全国大会は，学生運動組織とそれを棍棒で取り押さえる警官隊との衝突によって大混乱。その映像が全米に流された。この運動を率いた学生指導者（アビー・ホフマン，ジェリー・ルービンなど，後に「シカゴ・セブン」として知られる）は検挙され，翌年擾乱罪で有罪判決を受ける。SDSの当初の非暴力主義や反権威主義，平等主義は，過激派的なセクト主義，革命思想に近づき，警察やFBIの圧力により1969年解散に追い込まれる。学園紛争や反戦運動はヴェトナムからの撤退と共に終熄したが，これらの運動がその後の女性解放運動（ウーマン・リブ）や先住民の権利獲得運動（1969年アルカトラズ島占拠，1973年ウーンデッド・ニー占拠），またゲイ解放運動（1969年ストーンウォール暴動）などを導いたことは疑うべくもない。

▶若者文化を表象する音楽　ジョーン・バエズ（Joan Baez 1941- ），ボブ・ディラン（Bob Dylan 1941- ）などのフォークシンガーが歌うプロテストソングで幕を開けた60年代，時代の音はロックへと推移した。LSDとロックミュージックとを組み合わせたサイケデリック革命が沸き上がり，若者はこぞってヒット曲に歌われた「花のサンフランシスコ」をめざした。1967年のモンタレー・ポップフェスティバル，そして1969年にはニューヨーク州ウッドストックでロックミュージック・フェスティバルが開かれた。3日間に及んだフェスティバルを訪れた若者の数は40万人。ジミ・ヘンドリックス（Jimi Hendrix 1942-70）やジャニス・ジョップリン（Janis Joplin 1943-70）などのロックミュージックと麻薬に酔いしれた若者たちの合い言葉は「世界の平和と愛」だった。このコンサートを記録したドキュメンタリー『ウッドストック　愛と平和の三日間』(1970)はアカデミーの記録映画賞を受賞している。周辺住民とのトラブルもなく助け合い精神が機能していたウッドストック・スピリッツ

もまた無軌道なヒッピー世代のひとつの側面であった。

> ### フォーク・ミュージックの流行とフォークの神様
>
> 　1950年代は，リトル・リチャードやエルビス・プレスリーなどロックンロール全盛の時代だった。と同時に，ギンズバーグ，ケルアックなどのビートニック・ムーヴメントに影響されたボヘミアン的ライフスタイルも生み出した。50年代末になると，大学周辺のコーヒー・ハウスではフォークが流行する。ピート・シーガー，ジョーン・バエズや，ピーター・ポール・アンド・マリー，ボブ・ディランなどが，公民権運動によってかきたてられた反体制的ムードの中に登場し，若者たちの声を代弁した。1963年にはボブ・ディランの「風に吹かれて」が爆発的大ヒット。そしてワシントン大行進でキング牧師が「私には夢がある」と演説をした同じ日，その場でディランはジョーン・バエズと共に「ウィ・シャル・オーヴァーカム」を歌っている。翌年にはアルバム『時代は変わる』を発表，まさに時代のメッセンジャーとなった。
>
> 　60年代にフォークが流行したとき，「フォークソングの神様」と言われたのは，30年代の大不況時代にヒッチハイクや貨物にただ乗りをして農場を渡り歩く暮らしをしたというウディ・ガスリー（1912-67）である。貧しい労働者や農民たちと生活を共にし，のちに『ダストボール・バラッド』のように社会の矛盾や改革を訴えるプロテストソングを歌った。19才のボブ・ディランもガスリーに熱中し，会いたい一心でグリニッジビレッジへとやって来てプロの道を歩むこととなる。1967年，15年間の闘病生活の末に他界したときには，ディランの発案によって追悼コンサートが開かれた。近年，ガスリーの名曲をブルース・スプリングスティーンが歌っている。スタインベックの『怒りの葡萄』の主人公トム・ジョードを取り上げたスプリングスティーンのアルバム『トム・ジョードの亡霊』が，1997年グラミー賞を獲得した。
>
> 　　　　　　　　　　　　　　　　　　　　　　　　　　　　　　　　（山越）

キー・トピック解題

1 「封じ込め政策」——アメリカン・ライフの豊かさと閉塞感

▶50年代の繁栄と閉塞感　30年代の大恐慌，40年代の戦争時代を経験したアメリカは戦後，軍事費増大によって産軍協同体による「豊かな社会の到来」を迎える。マーシャル・プランによる戦災国への経済的援助でアメリカの物資は世界へ運ばれた。アメリカ製の家電製品，自動車，映画，テレビ，ジャズ音楽など，戦争に疲弊した西側諸国はその豊かさに圧倒された。しかし国内では大量消費文化を享受しながらも反共ヒステリーなど，ある種の息苦しさに覆われていた。ジェームズ・ディーンの『理由なき反抗』（1955）や，『ウェストサイド物語』（1962）などでは，若者たちがグループで行動し，言葉にできない閉塞感を暴力で表現している。いわゆる「組織人間」の登場である。世界戦略として共産主義陣営を封じ込める政策がとられ，国内においても労働運動などの反体制的な勢力の封じ込めがなされた。

▶郊外文化の保守性　大戦から帰った兵士たち1200万人はＧＩビル（復員兵援護法）によって失業手当が与えられた。彼らは奨学金を得て大学や高校へ入り，大学自体も大衆化する。人々は40年代から50年代に急速に形成されたレヴィットタウンのような郊外住宅地に暮らす住人（サバービア）となる。大量生産された製品同様，住まいもまた規格化した生活だった。1945年からの15年間に1900万の家族が郊外の新たな住宅を取得。50年代中期には1日に4000家族が，大規模開発の分譲住宅地へと引っ越していった。1939年には5000ドルだったかれらの年収は1万ドルとなった。ちなみにレヴィットタウンではケープコッド型一戸建てが7900ドルで手に入った。緑の芝生が家を囲み，その芝生の手入れをすることが郊外生活の象徴的行為となった。こうした持ち家志向は家族中心の価値観を育み，結果ベビーブーム世代（1946年から64年までに7600万人が誕生）を生んだ。封じ込め政策は家庭内の異分子である主婦たちにも向けられた。戦時下では工場で働いていた彼女たちも，戦争が終わると家庭に戻らざるをえなかった。メタリウスの人気小説から映画化された『ペイ

図8-4　大型郊外住宅開発，レヴィットタウン，ロングアイランドNY（部分）

トン・プレイス』(1957) や映画監督ヒッチコック（Alfred Hitchcock 1888-1980）の『サイコ』(1960) のように日常生活に潜む疑惑，サスペンスは，理想化された郊外や田舎町に潜む闇の部分を描いた。一方キンゼイ博士によるレポート（Kinsey Reports 1948, 1951）は性行動を分析，同性愛などの科学的データを発表し一大センセーションとなった。

▶大衆メディアの
　ジェンダー表象

50年代にテレビが普及し家庭に入ると，テレビは家族の一体感を高める役割を担った。『オジーとハリエットの冒険』，『パパは何でも知っている』，『ビーバーにまかせろ』そして『ルーシー・ショー』などのシットコム（ホームコメディのドラマ）シリーズは，理想化された郊外の家族イメージを送り続けた。誰も離婚せず，誰も虐待されない。父親は仕事の重圧を感じることもなければクビになることもなかった。母親は理解があって，安心を与えてくれる。すべてが白人中流家庭だった。

一方『ボナンザ』や『ライフルマン』，『ガンスモーク』，『メイヴェリック』などの西部劇シリーズも人気を集めていた。ハリウッド映画でも『真昼の決闘』(1952)，『シェーン』(1953) など，家族愛に横目をやりながら「先へ行くしかないんだ」と土地を後にする孤独なガンマンを描き続ける。こうした西部劇では，アメリカ的な個人主義や乱暴な男性像，男たちの絆を強調。それらは

一方で共産勢力に対してナショナリズムを煽っていた。大衆小説においてもミッキー・スピレーン（Mickey Spillane 1918-　）の作品ではポルノ屋，コミュニスト，薬の売人などが次から次へと退治され，50年代ベストセラーとなった。

2　マッカーシズム，20世紀の魔女狩り

▶ハリウッド映画産業への介入　第二次大戦後，組織化された大きな労働ストライキが発生した。政府と経営者たちはここでも封じ込め政策を展開した。労働運動に圧力をかけながら共産主義的なイデオロギーを取り除き，利潤を求める方向に労働組合の姿勢を転換させていった。まずは1947年に政府職員の忠誠テストを導入。続いて下院の非米活動委員会（HUAC）はハリウッドをターゲットとした。大衆の価値観を大きく左右し，戦時中も映画を作り続け多くの左翼的労働者組合を抱えていたためだった。脚本家，プロデューサー，監督，俳優など非友好的な19人を喚問。共産党員であったか，もしくはあるかという質問に対して証言拒否した10人に，1年ないし2年の禁固刑が言い渡された。いわゆるハリウッド・テンと呼ばれる事件である。委員会は共産主義者がハリウッド映画を利用して国家転覆を企てていることを立証することはできなかったが，共産主義者及び反国家的な疑いのある人物を追放する土台づくりという目的は達成した。事実，聴問会の後に20世紀フォックス社は証言拒否した者の解雇を発表した。その後ハリウッドでは危険視されないような映画づくりがなされ，業界全体としてもテレビの波に押されていくこととなる。

▶マッカーシズムの嵐　こうした反共ムードの中で1950年，ウィスコンシン選出の上院議員ジョゼフ・マッカーシーが国務省内の共産主義者リストなるものの存在を発表，マスコミが取り上げパニックとなる。国家の中枢に巣くう共産主義の影，スパイや破壊活動などが宣伝され，誰もが疑心暗鬼の状態に陥った。トルーマン政権からアイゼンハワー両政権下で，数百名にのぼる政府職員が確実な証拠もなしに罷免された。1953年6月には原子爆弾設計資料のスパイ容疑でローゼンバーグ夫妻（Ethel 1915-53, Julius Rosenberg 1918-53）を処刑。下院議会の非米活動委員会はまさに異端審問さながらだった。

この当時,およそ600万の市民が本人に知らされず忠誠心調査を受けていたという。

中でもハリウッドの脚本家,監督,俳優,さらに大学教授や労働運動家にターゲットは向けられた。ブラックリストには現在も知られる有名人の名が並んだ。作曲家レオナード・バーンスタインやアーロン・コープランド,詩人のラングストン・ヒューズ,フォークシンガーのピート・シーガー,劇作家アーサー・ミラー (Arthur Miller 1915-) など。当のアーサー・ミラーの戯曲『るつぼ』(*The Crucible* 1953) は,17世紀セーレムでの魔女狩りを扱いながら,現実のマッカーシズムを告発した戯曲である。セーレムの魔女狩りの審問は,まさしく非米活動委員会の比喩となった。ミラーは1956年に非米活動委員会に召還されたが証言拒否。起訴されたが後に無罪となっている。

▶順応主義と消費文化　非米活動の告発を目撃した若者は他人と異なることを恐れた。権威を疑うことを禁じられ,一方でモダンなプレハブ住宅に大きな車,部屋をうめ尽すテレビやステレオなどの電化製品に囲まれていた。子どもたちにはプラスチックのおもちゃが与えられ,社会は豊かさを大量消費し続けた。こうした社会的同化傾向の中で若者たちは危険を冒さず,大会社にポストを求め,安住を願った。デイビッド・リースマンはその保守性を『孤独な大衆』(1950) において他人志向の順応主義であると著している。

虚偽の証拠で他人を糾弾したマッカーシーは国民の人気はあったが,当の上院から弾劾され,1957年にアルコール中毒で失意のうちに死亡。アイゼンハワー大統領は「マッカーシズムは多くの個人とこの国に犠牲をもたらした。議会という鉄壁の内側からなされる向こう見ずな嫌疑に対しては誰一人として安全ではいられなかった。その代償はしばしば悲劇的だった」と述べている。

③ サンフランシスコ発カウンター・カルチャー

▶サイケデリック革命　『カッコーの巣の上で』(*One Flew Over the Cuckoo's Nest* 1962) で鮮烈にデビューした小説家ケン・キージー

図8-5　ケン・キージーとプランクスターズ

(Ken Kesey 1935- ）は1964年の夏，1台のバスを改造してニューヨークへ向かった。今で言うサイケデリックな塗装を施したバスで，ラウドスピーカーで音声を流しながら幻覚剤によるＬＳＤパーティ，アシッド・テストを広める旅だった。「もっと先へ」と書いたバスは『路上にて』に登場するディーン・モリアティのモデルとなったニール・キャサディがドライバーをつとめていた。このツアーはのちにビートルズの映画『マジカル・ミステリー・ツアー』（1967）のモチーフにもなった。ビート詩人のアレン・ギンズバーグも彼らに加わっていた。トリップス・フェスティバルと呼ばれたイベントでもアシッド・テストが行なわれ，グレイトフルデッドやジミ・ヘンドリックスなどのミュージシャンが自分も幻覚状態のまま楽器を演奏した。アンディ・ウォーホルなどのアンダーグラウンド映画も上映され，音楽と同時に眩覚状態を再現するライトショーがイメージを視覚化する中，若者たちは意識を解放し感覚に身を委ね踊り続けた。このマルチメディア・コンサートは，彼らが育った管理的なモラルから自らを解放し，仲間とともにハプニングを受け入れる体験であった。こうしたフェスティバルが多数開催され，サンフランシスコはＬＳＤとそれによる解放意識を受け入れるヒッピーたちのメッカとなった。

図8-6 サンフランシスコ「ヒューマン・ビー・イン」(1967. 1. 14) での
アレン・ギンズバーグ

▶ヒューマン・ビー・イン　　1967年1月14日サンフランシスコのゴールデンゲート公園で開かれた集会はヘイト・アッシュベリーのヒッピーたちやビートに関わる対抗文化の立て役者の大集合となった。UCバークリーの活動家ジェリー・ルービン，ビート詩人のゲーリー・スナイダー (Gary Snyder 1930-) やアレン・ギンズバーグ，そしてストリートの政治演劇集団ディガーズもサンドイッチ等の食料を無料配付した。加えてロックグループの演奏。ポスターには部族集会とうたっていた。これらの文化的急進者たちは先住民のコミューナリズム（共同体主義）を理想とし，何ものも排除しない，すなわちアウトではなくインである，という全肯定的な原理を抱いていたからである。それはヘイト・アッシュベリーにコミューン生活をしていたヒッピーたちが，自分たちを「アメリカインディアンの再来」と呼んでいたことにも伺える。

▶ヒッピーたちの 　1967年，バークリーの政治的急進派，幻覚剤ＬＳＤ，
「サマー・オヴ・ラヴ」サンフランシスコ・サウンドのロックミュージック，
ダンスホール，ヘイト・アッシュベリーのヒッピーたち，フリーセックスなどのライフスタイルが全米に報じられるとドロップアウトした若者たちが多数押し寄せた。スコット・マッケンジーが歌う「花のサンフランシスコ」がリリースされ英米で大流行，ビートルズの「オール・ユー・ニード・イズ・ラヴ」が英米両方のヒットチャート1位になった。この夏だけで7万5000人の若者がこのヘイト・アッシュベリーになだれ込んだ。前衛演劇集団ディガーズはゲリラ劇場と称し，路上でパフォーマンスを繰り広げ，食料を無料配付し，フリーストアを開くなど，資本主義社会に反対するオルタナティヴなシステムを求める運動を展開していた。一方で多くのヒッピーたちは人口増におされ郊外のコミューンへと出ていった。街はしだいにレイプ，強盗，薬物売買など，犯罪で溢れた。10月，ディガーズは最後のストリート・パフォーマンスとなる「ヒッピーの死」を演じた。この夏を「サマー・オヴ・ラヴ」と呼ぶ。しかし彼らの「市民としての反抗」（ソロー）の精神は絶えてしまったわけではなく，のちの反核運動やエコロジー運動へと結びついていった。

4　ヴェトナムの傷を悼むアメリカ

▶帰還　　ヴェトナムでの不条理な戦いを生き残った兵士たちは1年の徴兵期間を終えると次々と帰還した。しかし祖国で彼らを待っていたのは反戦運動に揺れる社会だった。そこでは国のために戦った兵士たちが人殺しのように呼ばれていた。トラウマティックな戦争経験と母国での不適応に苦しむ帰還兵をいかに迎えるかがアメリカの課題となった。『タクシー・ドライバー』（*Taxi Driver* 1976)や『ディアハンター』（*The Deer Hunter* 1978）など，帰還兵の苦悩を扱う映画が作られた。

▶ヴェトナム戦争記念碑　ワシントンの国会議事堂前にはワシントン・モニュメントやリンカン・メモリアルが一列に建つ記念公園が広がっている。ここに1982年，ヴェトナム戦争記念碑が建設された。Ｖ字型に

図8-7　ヴェトナムからの手紙

開いた長い壁は片翼240フィート，高さ10フィートの黒い御影石でできており，壁には今もって行方不明の兵士1300人を含む5万数千の名が死亡順に刻まれている。まわりの建造物がどれも白く，遠くからも目立つように建築されているのに対し，この記念碑は黒く，低く大地にのめり込んでいて，その場に到着するまで視覚には入らない。そのデザインが発表されると，勝利できなかった戦いを象徴し，その犠牲者を侮辱するものだという抗議の声があがった。白く天をさして雄々しく立つワシントン・モニュメントの，まさに対極的なデザインだった。さらにはV字型が女性性を象徴し，その水平構造は大地の母を連想させるといったジェンダー表象の論争へと発展した。

▶**モニュメント建設という歴史解釈の場**　公募作品から選ばれたこのモニュメントの設計はイェール大学在学当時の建築家マヤ・リン（Maya Lin 1959- ）によるものである。男性中心の戦場に登場した，中国系で女性という彼女の周縁的な位置がデザインの解釈をより政治的なものにした。いったい誰のための記念碑なのか。反戦のためか，死者を悼むためか。少なくとも兵士たちの勇敢さを讃えるものではない。デザインの適切さをめぐって議論が沸騰し，公園を管理する内務省からは許可がおりず，着工は暗礁に乗り上げた。そこで記念碑

基金側は他の彫刻家に依頼して黒人，ヒスパニック，白人を表わす3兵士の具象的な像を添えることで許可を得，一応の解決をはかった。兵士たちの多文化性を選んだわけだ。
　リンのデザインが実際に建設されると，訪れた人たちはその空間造形に感嘆した。人々は兵士の名をたどり，手でなぞり，壁の周りをまわる。それ自体が1つの弔いの行為となった。花束だけでなく，手紙や兵士の遺品などさまざまな記念品が壁の前に残され，今ではそれらも記録され，展示されている。兵士像の設置は2年後の1984年。リンの記念碑にはヴェトナムで命を落した女性看護兵の名も刻まれている。今度は女性帰還兵たちが男性ばかりの兵士像はヴェトナムで闘った女性たちを排除している，と声をあげた。1993年秋，彼女たちの訴えによって傷ついた兵士を抱える女性看護兵の像が設置された。

▶**兵士たちの生の声**　ニューヨーク市でも1985年，ヴェトナム戦争記念碑が建設された。横66フィート，高さ16フィートにガラス製ブロックを積み上げたもので，各々のブロックには兵士の手紙や戦争資料がはめ込まれている。手紙は『親愛なるアメリカ——ヴェトナムからの手紙』として同年出版。これらの手紙をもとに，1988年同名のドキュメンタリーが製作された。多くの俳優が手紙の読み手として参加し，当時のヴェトナム戦争の映像を再構成することで，ヴェトナム戦争の生の姿と声を記録した。こうしてヴェトナムの傷を癒し，死者を悼む動きが広がってきた。現在は全米に多くのヴェトナム戦争記念碑が立つ。
　アメリカ軍がヴェトナムで使用した枯れ葉剤の影響はベト君ドク君のような多くの奇形児を生んだ。同じ事態は帰還兵の子どもたちにも現われている。しかしワシントンのモニュメントには犠牲となった百数十万のヴェトナム人への言及はない。

フォンダ・ファミリーの離反と和解

　ピーター・フォンダは，ドラッグカルチャーやヒッピーなど60年代の若者文化を象徴する映画『イージー・ライダー』(1968)で一躍ヒーローとなった。またその

姉ジェーン・フォンダは，アルカトラズ島にたてこもった反体制派のインディアンを1970年に訪問したのを手始めに，ヴェトナム反戦運動，ウーマンリブやブラックパンサー党などの急進派活動に積極的に参加。1972年には戦争相手の北ヴェトナムのハノイを訪問した。保守陣営からは「ハノイ・ジェーン」とあだ名され，ＦＢＩのブラックリストにも挙げられていたという。一方，この姉弟の父である名優ヘンリー・フォンダは，ケネディ大統領誕生を応援したリベラル派であり，ヴェトナム戦争中サイゴンのアメリカ軍兵士を慰問。この父と子どもたちとの離反は当時誰の目にも明らかだった。ヴェトナムへ深入りしてゆく時代，フォンダ親子の断絶は，すなわちアメリカの家族の断絶であった。

　ヴェトナム戦争後，ジェーンは『ジュリア』(1977)，『帰郷』(1978)，そして1979年にはスリーマイル島原発事故を予告することになる『チャイナ・シンドローム』などの社会派作品を演じてスーパースターとなる。同時に活動資金稼ぎのためにエクササイズ・ビジネスを手がけ，後にはビデオが300万本も売れるほどジェーン・フォンダのエアロビクスは一時社会現象となった。

　ヴェトナムから撤退し，ウォーターゲート事件という大統領の犯罪にまみれたアメリカにとって，正義は結果的にジェーンの側にあったと言えるだろう。活動家だった娘と年老いた父親との和解は，映画『黄昏』(1981)によってスクリーン上で果たされた。映画の中で不仲に描かれる父娘は，孫の介在によって初めて和解する。フォンダ家の役者の血筋は今も続いており，ハリウッド第一線で活躍中のブリジッド・フォンダはピーターの娘である。　　　　　　　　　　　(山越)

原典紹介

From "Howl; for Carl Solomon" (1956)

Allen Ginsberg

I saw the best minds of my generation destroyed by madness, starving hysterical naked,

dragging themselves through the negro streets at dawn looking for an angry fix,

angelheaded hipsters burning for the ancient heavenly connection to the starry dynamo in the machinery of night,

who poverty and tatters and hollow-eyed and high sat up smoking in the supernatural darkness of cold-water flats floating across the tops of cities contemplating jazz,

……

who howled on their knees in the subway and were dragged off the roof waving genitals and manuscripts,
who let themselves be fucked in the ass by saintly motorcyclists, and screamed with joy,
who blew and were blown by those human seraphim, the sailors, caresses of Atlantic and Caribbean love,
……
the madman bum and angel beat in Time, unknown, yet putting down here what might be left to say in time come after death,
and rose reincarnate in the ghostly clothes of jazz in the goldhorn shadow of the band and blew the suffering of America's naked mind for love into an eli eli lamma lamma sabachtani saxophone cry that shivered the cities down to the last radio
with the absolute heart of the poem of life butchered out of their own bodies good to eat a thousand years.

「吠える――カール・ソロモンに捧ぐ」より (1956)

アレン・ギンズバーグ

俺は見た　この世代の最上の精神の数々が狂気にぶっ潰されるのを　すきっ腹でヒステリックで裸のまんま
夜明けになると怒りのヤクを探し　クロンボ通りを自分の身をひきずって行くのを
天使の頭をもつヒップスターたちが　機械仕掛けの夜に　星のように光るダイナモに至る　古くからの天の紐帯を求めて燃え上がるのを
やつら　貧しさとぼろぎぬ　虚ろな眼をしてハイになり　冷水アパートの数々の部屋　超自然の闇の中に腰をおろして煙りをくゆらし　街々の頂きを漂いながらジャズを夢想していた
（中略）
やつら　地下鉄の中　膝をついて吠え　そして屋上から引きずりおろされた　性器と原稿を振り回し
やつら　聖者のようなバイク野郎に尻の穴に突っ込ませ　そして歓喜の叫びをあげた
やつら　人間界の天使たち　船員たちの一物を吹いてやり　また吹いてもらった　大西洋とカリブ海の愛の抱擁
（中略）

時代に打ちのめされた狂人　流浪のものにして天使　名もなく　しかし死ののちに言い
　　残されるかもしれぬことをここに書き記し
そして化身して立ち上がった　バンドの黄金のホルンの影の中　亡霊のごときジャズの
　　衣装に身を包み　そして愛を求めるむき出しのアメリカの心の苦悩を吹き鳴ら
　　し　サキソホンの叫びがエリ・エリ・ラマ・ラマ・サバクタニと響き　街を震
　　わした　最後のラジオに至るまで
彼らの身体から切り取られた命の詩の完全無欠な心によって　千年の間は食べるによし

"Letters Home from Vietnam"

...I've seen some things happen lately that have moved me so much that I've changed my whole outlook on life. I'll be the same in actions I guess, but inside I'll be changed. I feel different now after seeing some horrible things, and I'll never forget them. It makes you glad you're just existing. I can't say what I mean, but some of the things you see here can really change a man or turn a boy into a man. Any combat GI that comes here doesn't leave the same. I don't mean the cooks, clerks or special service workers, but the fighting man. (. . . .) To shoot and kill somebody, turn your head and walk away isn't hard, it's watching him die that's hard, harder than you could imagine and even harder when it's one of your own men.

「戦場からの手紙」

（略）最近目撃したいくつかの出来事で，ぼくはとっても動揺しています。ぼくの人生に対する見方はすっかりそれで変わってしまった。きっと立ち居振る舞いは同じだろうけれど，心のうちは同じではないだろう。自分が違っているように感じるんだ。恐ろしいことをいくつか見た後ではね。しかもそれらのことは将来も決して忘れない。ただ存在しているだけで人は嬉しいものさ。うまく言葉にできないけれど，ここで起こっていることを目にしたら元の自分ではいられない。少年なら大人に変身することだってできる。ここにやってくるＧＩはみんな帰る時は元のままではいないんだ。コックや事務官とか特別従軍員のことを言っているんじゃないんだ。戦闘兵のことさ。(中略) 誰かを銃で撃ち殺し，振向いて歩き去るのはそんなに辛いことじゃない。そいつが死ぬのを見続けるのは辛い。想像できないくらい辛い，それも自分の仲間だったらなおさらだ。

『いちご白書』(1970) 世代

　60年代の反戦集会は「ティーチ・イン」と呼ばれ，UCバークリー校などで1万人以上の学生を結集，やがて全米の大学に広がる。当時のカリフォルニア州知事は後の大統領レーガンであった。レーガンはこうした学生の活動を「セックス，ドラッグ，反逆」のふるまいだと非難した。しかしヴェトナムで国家的な「子ども殺し」を繰り広げながら，国内では性や麻薬を禁ずる偽善は若者たちには通用しなかった。彼らにとってセックス，ドラッグはまさしく体制への反抗の証しだった。徴兵を忌避してカナダへ逃れた者もあれば，ヴェトナム帰還兵士たちに唾を吐きかけるものもいた。黒人公民権運動も差別撤廃をめざして「シット・イン」を繰り広げていた。当時，若者たちの怒りは軍事産業と結びついた資本主義経済体制そのものへ向けられ，とくにそうした体制を支える大学運営に対する不満が爆発する。
　1968年4月マンハッタンのコロンビア大学では，体育館建設をきっかけに学生たちが大学を占拠した。総長室を含む5つの建物を占拠された大学当局は，ニューヨーク警察に出動を要請，武力で奪回した。参加者の手記をもとにこの事件を映画化したのが『いちご白書』である。スクリーンにはボブ・ディランや，この年に暗殺されるロバート・ケネディ，キューバ革命の闘志チェ・ゲバラ，さらには毛沢東のポスターなど時代のアイコンが登場し，当時のヒーローが誰だったのかをうかがわせる。ラストシーンでは警官隊に無抵抗の学生たちが催涙ガスを浴びせられ，棍棒で殴られる姿が延々と写される。バックにはジョニ・ミッチェル，ニール・ヤング，さらにレノンとマッカートニーの「ギヴ・ピース・ア・チャンス」などの曲が用いられ，革命に燃えた学生たちの心情を代弁している。同年8月，シカゴでの民主党大会では，反戦デモ隊と警官隊とが激しく衝突。ニクソン大統領はこの「シカゴ暴動」煽動者の逮捕を指示した。学生の多くは，こうした公権力の弾圧に屈し，運動を離れていった。

　　　　　　　　　　　　　　　　　　　　　　　　　　　　　　（山越）

第9章

環　境

(野田研一・結城正美)

概　　説

▶未知の大陸　　1492年にクリストファー・コロンブスが南北アメリカ大陸の一部に到達した時点から，アメリカという世界の存在は始まる。地理的空間としての南北アメリカはヨーロッパ人にとっては，まったく新しく〈発見〉された「未知の大陸」であった。厳密に言えば，11世紀初めに北欧のヴァイキングによってすでに〈発見〉されていたとする「ヴィンランド伝説」が考古学的に裏づけられているため，コロンブスの〈発見〉は再発見に過ぎない。しかし，コロンブスによるこの出来事がヨーロッパ社会およびその心性に与えた意味あるいは衝撃はきわめて大きなものであった。T.トドロフによれば，この「新大陸発見」という事件を介して，ヨーロッパ世界はそれまで知られていなかった新たな地理空間を見いだし，世界の版図の拡大を強く意識しただけでなく，自らの世界とは根本的に異質な原理に支えられた世界の存在に直面することになり，そのような異質な〈他者〉の存在が結果として，ヨーロッパ世界という〈自己〉の発見の契機ともなったとされる。

▶楽園幻想　　一方，アメリカ世界の側から見るならば，そこは未知なるがゆえに，つねにヨーロッパ世界からの好奇の視線のもとに置かれ，さまざまな想像と欲望の対象として眺められることとなった。また，大航海時代の幕開けとも連動して，ヨーロッパ近代諸国家による非ヨーロッパ世界の植民地化への動きの最大の焦点の1つともなった。アメリカ大陸という自然環境はこのような歴史的状況を背景としている。たとえば，コロンブスのアメリカ大陸発見という出来事を特徴づける要素が2つある。一つはいうまでもなく，金を中心とする鉱物資源の獲得など物質的な富への大きな期待である。同時に，コロンブスは信仰深いキリスト教徒でもあって，目の前に広がる美しく豊かな自然風景はキリスト教的な意味での地上楽園エデンの再来を示唆する魅力を秘めてもいた。

　富をもたらす資源の宝庫，そして失われた楽園復活の幻想。これはけっしてコロンブスのみが抱いた印象ではなかった。同時代あるいは後世の探検家たち

図9-1 英雄化されたコロンブスの図像（1638）

が共通に抱いた認識であり，このような探検家たちの伝える情報がまたヨーロッパ世界におけるアメリカのイメージを形成していった。そして，この2つの要素が絡み合ったところに「新世界」（New World）としてのアメリカの自然を見つめるまなざしが成立し，以降複雑に交錯しながら，現代にまで至るアメリカの自然イメージと自己イメージを支配する要素となる。物質的であれ精神的であれ，「新世界」アメリカの豊穣な自然はまずもってヨーロッパ人の想像と欲望を激しくかき立てたのであった。

▶ウィルダネスとしての自然　17世紀のヴァージニア植民地を初めとしてヨーロッパからの入植が始まると，幻想と現実との矛盾が露わになる。たとえば1620年にメイフラワー号でアメリカ東北部にやってきたウィリアム・ブラッドフォード（William Bradford, 1590-1657）が記しているように，入植者たちを迎えたのは「野獣と蛮人ばかりの陰鬱で荒涼たるウィルダネス（荒野）」の現実であった。事実，のちにピルグリム・ファーザーズと呼ばれたプリマス植民地への移住者の約半数が最初の冬に病死する。それほどその自然は苛酷であっ

た。神意にしたがって開拓・植民の偉業を成し遂げ，遠いアメリカの地に理想のキリスト教社会を建設しようとやってきたピューリタンたちにとってさえも，新大陸の未開で荒蕪の地はまず何よりも圧倒的な脅威にほかならなかったのだ。

　しかし，このように苛酷な自然条件を克服し，そこに強固な信仰に基づく文明を築き上げようとする初期入植者たちの努力は徐々に実り，大西洋岸各地に次々と植民地が建設されていく。この植民地建設の過程で，アメリカの自然イメージは大きな転換を迎えることになる。かつて地上楽園として幻想された土地のイメージが一転して荒涼として凶暴なウィルダネスとしてとらえられたばかりでなく，そのような野生の自然を破壊し，征服することが神から与えられた使命であり，暗黒のアメリカ大陸にヨーロッパ文明の光をもたらすことが大きな目標となっていった。こうして，神学的に正当化された「使命」または「必然」として，ウィルダネスの破壊が急激に進められ，1653年にはエドワード・ジョンソン（Edward Johnson 1598-1672）が「世界の驚異」だと賛嘆の声を上げたように，「わずか30年」という短期間にウィルダネスが「新しいイングランド」（New England）に変貌したという事例がある。

　自然保護や自然環境への意識が大きく変容した20世紀以降の人間にとっては意外に理解しにくい点だが，この時期，アメリカの大自然やウィルダネスが美的な観賞の対象となることはきわめて稀であり，かりに美的に謳いあげる場合があるとしても，それはおおむね紋切り型の表現に過ぎなかったという事実がある。自然は基本的に破壊・征服すべき対象であって，美的な興趣や感慨をもたらすことはほとんどなかった。この時代の人々の自然に対する反応はきわめて実利的であり，かつ宗教的寓意性の強いものであった。たとえば，ナイアガラ瀑布について最初期に記述したある人物は，滝壺に落下する水の轟音をひたすら「とんでもないノイズ」だと嫌悪感を露わにしている。「不毛にして荒涼たる荒野／そこに棲むものといえば，地獄の悪魔と獣のごとき人間のみ」とは，牧師であり詩人でもあったマイケル・ウィグルズワース（Michael Wigglesworth 1631-1705）が1662年頃に書いた詩の一節である。定住地の外側に広がる自然は，つねにこのような忌むべきウィルダネスのイメージでとらえられていた。

図9-2 〈新世界〉アメリカにおける文明と自然の表象（1734）

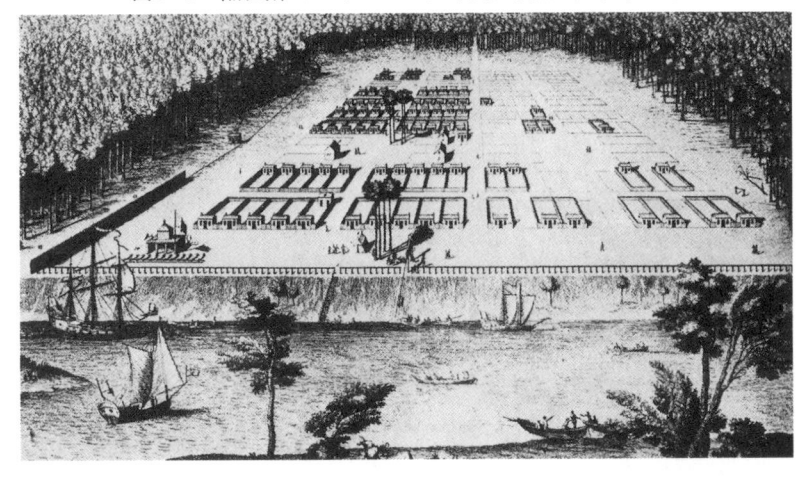

▶楽園幻想の復活　18世紀は自然に対する新しい思想と感性を形成するさまざまな動きが始まった時期である。神学者ジョナサン・エドワーズ（Jonathan Edwards 1702-1758）の自然思想，ウィリアム・バートラム（William Bartram 1739-1823）の植物学，ベンジャミン・フランクリン（Benjamin Franklin 1706-90）の「自然哲学」探求，あるいはトーマス・ジェファソンの農本主義的思想などが，ヨーロッパの啓蒙主義的な思潮，理神論，そしてイギリスの思想家エドマンド・バーク（Edmund Burke 1729-97）の「崇高美学」，同じくウィリアム・ギルピン（William Gilpin 1724-1804）の「ピクチャレスク美学」と対応しながら，アメリカの大自然＝ウィルダネスをとらえる新たなまなざしを獲得し始める。これらの動きは自然をふたたび〈楽園〉的な世界として把握し直し，自然の中に思想的，宗教的，美学的価値を見いだそうとする方向性を顕著に示すものである。同時にこの時期，アメリカの人口はすでに150万人（1754）に達しており，ウィルダネスの征服が完了しつつあったことも逆説的な事実として見逃せない。

　19世紀に入ると，自然に対する「新しい目」（ラルフ.W.エマソン Ralph W. Emerson 1803-82）は，アメリカにおける「ロマン主義」として一斉開花する。「森の中で私は理性と信仰に立ち返る」と説いたエマソン，「野生にこそ世界

第9章　環境　185

は保存される」と主張するヘンリー・D・ソロー（Henry D. Thoreau 1817-62）など自然を媒介とする思想がきわめて積極的に語られ，その美しさに耽溺する風景美学が浸透する。植民地時代にはキリスト教神学との対抗関係の中で一貫して排除されていたウィルダネスへの関心が，この時代には神学と一体化した思想として語られ，さらには同時代人の美意識の根底を形作った。しかもこうした意識のさらに根底には，自然破壊への不安と，国家としての自信に裏づけられたナショナリズムが胚胎していた。　　　　　　　　　　　　　（野田）

▶保護される自然　自然であれ何であれ，何かを〈保護〉しようという動向はそれが失われつつあるという認識とともに生じるものである。アメリカ自然保護の時代が幕をあけた19世紀後期は，国勢調査局によるフロンティア消滅宣言（1890）に象徴されるように，押し寄せる工業化や農業開拓の波のなかで森林やウィルダネスが激減した時代であった。アメリカ自然保護の原点と言われる国立公園は，そうした状況下，「人々が（自然を）楽しみ，その恩恵を受けられるようにする」という目的で1872年にイエローストーン渓谷に設置されて以来，野生環境の維持やレンジャーを中心とした環境教育をとおして自然保護に重要な役割を果たしてきた。だが一方で，そもそも国立公園構想の背景には，ウィルダネスの雄大な風景が喚起する地球の歴史を若きアメリカに欠落していた国家の歴史に読み替えようという政治的意図があったという見方もある。しかも，国家的モニュメントとして機能しうる象徴的景観が鉱山，林業，農耕の面で利用価値のない場所に限定されていたという事実をみれば，自然美の利用も自然を資源として搾取する功利主義の一面であったことは明らかだ。功利主義と生態中心主義という自然をめぐる二大言説の対立のはじまりという意味でも，国立公園はまさにアメリカ自然保護運動の原点であった。

　国立公園を現在知られているような自然保護の座標軸に位置づけたのは，シエラクラブ設立や執筆をとおして公園の生態系保護を訴えたジョン・ミューア（John Muir 1838-1914）である。エマソン流の超越主義思想を受け継ぎ，シエラ・ネヴァダ山脈の野生に神の声を聞くこの聖人が展開した運動は，友人で自然愛好家のセオドア・ローズヴェルトの政権期と重なっていたという幸運もあって，後の国立公園局設置（1916）に貢献するなどの成功を収めた。だが功

利主義的自然観は依然として根強く、それはたとえば、カリフォルニア州の恒常的水不足の解消を目的としたヨセミテ国立公園内ヘッチヘッチー渓谷のダム建設をめぐって、自然の「賢明な利用(ワイズユース)」をスローガンに人間の有効利用のための自然保全を説くギフォード・ピンショー（Gifford Pinchot 1865-1946）（彼もまたローズヴェルト大統領の信頼を得ていた）率いる建設派が、生態中心主義の見地から保存を唱えるミューアら保護派を制したヘッチヘッチー論争にうかがえる。

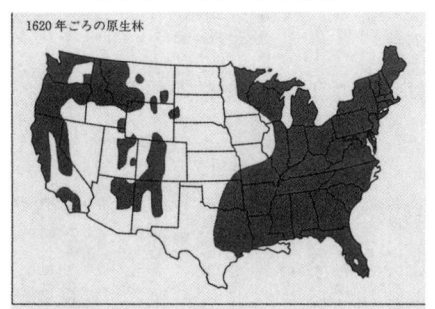

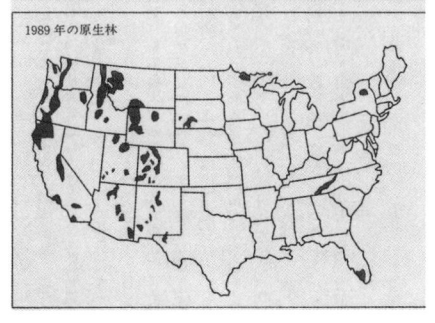

図9-3　ウィルダネスの減少
1620年ごろの原生林
1989年の原生林

この全米規模初の自然論争では「賢明な利用」に軍配があがったが、それから30年後、ダイナソア国定公園内のエコーパークにダム建設計画が浮上した時には〈保全〉と〈保存〉の力関係が逆転する。これはウィルダネス協会やシエラクラブといった環境NGOが展開した運動の戦果であり、その後原生自然法をはじめとする重要な法律を成立に導く原動力になるなど、現代アメリカ自然保護運動を形成し牽引してゆく市民運動の高まりを予感させるものであった。

▶環境というパラダイム　第二次世界大戦後の都市産業化を背景に公害問題が深刻化するにつれ、これまで人間社会とは切り離されたかたちでとらえられていた〈自然〉が、人間の生活も視野におさめた〈環境〉というより包括的なことばに置き換えられはじめる。戦時中に急速に開発された化学薬品が殺虫剤や除草剤として日常的に使用され、自然環境だけでなく人間の健康も蝕んでいる現状に警鐘を鳴らしたレイチェル・カーソン（Rachel Carson 1907-64）の『沈黙の春』（*Silent Spring* 1962）をもってはじまりを告げ、

第1回アースデイ（1970年4月22日）によって広く社会に浸透したアメリカ環境主義の特徴は，環境ということばが内包する問題の射程の広さにある。公害問題はもとより，人口の幾何級数的増加が地球環境に及ぼす影響，コミューン型生活や菜食主義を提唱するライフスタイルの問題，石油や石炭に代わるソフトエネルギー開発を目指すテクノロジーの問題，いずれもその核心に環境がある。環境はもはや物理的な森や平原であるだけではない。ビート詩人アレン・ギンズバーグが「カリフォルニアのスーパーマーケット」で戯画化してみせたように，現代アメリカ社会の病理が環境という地平から暴かれはじめたのである。保護対象としての〈自然〉から社会を照射する場（トポス）としての〈環境〉へ。この変容は，ちょうど60年代，70年代を席巻したカウンターカルチャー，公民権運動，女性運動に呼応して生じたものであり，その意味で，アメリカにおける知的革命がもたらしたパラダイムシフトの当然の帰結であったともいえよう。このときに環境が社会的弱者としてこれまで付与されていなかった権利の主体としてとらえられていなければ，後のディープ・エコロジーや動物の権利思想をはじめとする環境哲学の開花はありえなかったかも知れない。

▶エコロジーの実践　　ソローの野生の哲学がそうであるように，エコロジー思想は1866年にドイツの生物学者エルンスト・ヘッケルが「エコロジー」という造語を生みだす以前からアメリカの精神風土に存在していた。しかし，それがエコロジーという言葉とともに一般大衆に浸透したのは20世紀後半の環境啓蒙によるところが大きい。19世紀から脈々と流れていたエコロジー思想という地下水が環境主義を経た80年前後に一気に湧出した，と言えようか。しかも地上に吹き出すや，その流れはいくつもの方向に分かれはじめた。

　まず，草の根環境運動という流れ。従来の白人男性主導の市民運動とは異なり，アフリカ系アメリカ人や先住民をはじめとする人種的マイノリティおよび女性を中心とした草の根グループは，生態系保護よりは人間の健康を運動の目的とし，有害物質廃棄施設の建設や環境対策の遅れがマイノリティの居住地域に目立つことを指摘しつつ，「環境をめぐる人種差別」(environmental racism)，「環境をめぐる公正」(environmental justice) という社会の権力構造と環境問題との関係を問う新たな視点を提起した。また，エドワード・アビーの小説にち

なんで「モンキーレンチング」と呼ばれる直接行動を国内外に広め、急進的環境運動の一大旋風を巻き起こしたアース・ファースト！のような小規模反組織的運動の興隆も、主流環境団体が中心の運動に一石を投じた。思想の領域においても、自然搾取と女性差別に同じ抑圧構造がはたらいていると指摘するエコフェミニズム、環境破壊の原因として人間社会の構造そのものを問うソーシャルエコロジー、生態中心主義の立場から人間中心主義を徹底的に批判するディープエコロジーをはじめとし、大きな流れがいくつも形成された。さらに、ネイチャーライティングという文学的動向の高まりにより、これまで環境問題に関心が向けられていなかった文学の領域に環境中心的感性が注入されたという事実も無視できない。

▶幻想としての自然

しかしながら、エコロジーの思想と実践が拡大深化したのと同じ時期に、資本主義経済に絡めとられたエコビジネスが急増しはじめたという事実はどう説明できるだろうか。80年代に急成長したネイチャーカンパニーのような、自然(ナチュラル)に見えながら実はアメリカ中流階級が自然に対して抱いているイメージを商品化することによって成功を収めているビジネスには、「地球にやさしい」商品の購買を推進するグリーンコンシューマリズムとは異なり、環境破壊の進行を食い止めようとか産業資本主義社会の意識構造を変えようなどというエコロジカルな意図は見られない。消費大国アメリカを象徴する巨大モールという空間でエコロジーのイメージが売られる光景が映し出しているのは、建国以来ウィルダネスにアメリカ的なるものを幻視し、自然のイメージの内に自己イメージを創出してきた幻想のアメリカなのかもしれない。「ウィルダネスとは心の状態である」と環境歴史家ロデリック・ナッシュが言い切ったように、アメリカの環境が思想、政治、経済のアマルガムであることを、わたしたちは改めて認識しておく必要があるだろう。　　　(結城)

フラワー・チルドレン

60年代なかば、サンフランシスコのヘイト・アシュベリー地区に、髪に花をさし、愛・平和・非暴力を訴える若者たちが集まり始めた。ヒッピー文化の始まりである。

現在のファッションにも見られる花柄模様のモチーフは，彼らのような60年代対抗文化における環境意識が根底にある。サイケデリックと言われる極彩色なデザインも，もとはＬＳＤなどの幻覚剤によるヴィジョンを写したもの。麻薬も既存のモラルに縛られた精神を解放し，感覚の自由を獲得する道具と考えられていた。より自然なライフスタイルを求めた若者たちはコロニーで共同生活をし，フリーセックスを唱え，禅やヨガに傾倒しつつ，平和運動，環境運動に積極的に参加した。彼らが1969年のウッドストック・ロックコンサートや1970年のアース・デーの立役者である。ティーチ・イン，シット・インといった反体制時代，彼らの合言葉は「ラヴ・イン」，「戦争ではなく愛を」だった。　　　　　　　　　　　　　　　　　（山越）

キー・トピック解題

1　アメリカ的価値の源泉としての自然

▶観光とアイデンティティ

18世紀後半のヨーロッパとりわけイギリスでは富裕な人々の間で観光旅行が盛んになっていた。しかし，アメリカで同じような風潮が起こるには，かなり遅れて1820年代から30年代を待たねばならなかった。観光旅行には，経費と余暇，交通手段，安全と快適を保証する施設の整備などが必要だが，18世紀のアメリカは「フレンチ・インディアン戦争」(1755-63)，独立革命をめぐる激しい動き，あるいは開拓事業など，観光にエネルギーを注ぐ余裕はなかった。だが，19世紀に入ると，幹線道路の整備，ロバート・フルトン（Robert Fulton 1765-1915）によるハドソン川における蒸気船の運航開始（1807），1825年のエリー運河の開通，1830年代に始まった鉄道敷設など交通手段が飛躍的に進歩し，またその結果，商業圏としての大都市が発達し，富裕な中産階級を国内旅行へと駆り立てる条件が整った。

　しかし，このアメリカ初期の観光ブームを背後で支えていたのは，物理的な手段の発達だけではなかった。背後には「アメリカ文化」のアイデンティティを求めてやまない精神の新しい運動があった。1820年代から30年代のアメリカは，独立を勝ち取って以降，国家としてあるいは社会としての体裁を整えながら，アメリカ固有の〈文化〉，「アメリカ的なもの」を求める時代に入っていた。

図9-4　冬のウォールデンと蒸気機関車

　これを裏返して言うならば，アメリカにはまだ固有の〈文化〉が形成されていないという欠如感があり，その模索が始まっていたともいえる。「アメリカが〈新世界〉たるゆえんは，その自然にあった」とは，20世紀の研究者の卓見であるが，手つかずの荒々しい野生の自然こそ，ほかにないアメリカの特徴だという発想が生まれ，それをアメリカ文化の基盤に置くという逆説的ともいうべき方向に動き始めたのであった。

▶自然と文化　　この時代，アメリカにおける自然をめぐる思想をもっとも鮮明に打ち出した著作はラルフ・W・エマソンの『自然』(*Nature* 1836) であろう。この作品はきわめて抽象度の高い哲学的な著作で，けっして当時の観光熱を直接反映するような発言はほとんど見られないが，その「序文」の一節，「太陽は今日も輝いている。……新しい土地，新しい人間，新しい思想がある。われわれは自分たち自身の仕事と法律と信仰を求めようではないか」という呼びかけには，自然（＝太陽）とアメリカ（＝新しい土地）を結合したところにまさしく〈新世界〉としての独自性と文化的価値を見いだそうとする強い主張が示されている。エマソンの『自然』と題されたデビュー作は，

同時代のアメリカが求めてやまない文化的欲求をきわめて鋭く探り当てていたといえる。

　時代のマニフェストともいうべきエマソンの呼びかけに呼応するように現われたのがヘンリー・D・ソローである。2年2カ月にわたる森の中での独居生活に基づいた作品『ウォールデン』（*Walden* 1854）で知られるこの作家は，エマソンの直接の弟子に当たり，その徹底した自然思想によって，アメリカ文化のエートスともいうべき自然への親近をもっともよく語る思想家であるだけでなく，20世紀の世界的な自然保護思想にも多大な影響を及ぼすことになる。その仕事は動植物や地誌などの具体的な自然研究にとどまらず，またエマソン的な観念的思弁にとどまることもなく，生きるあるいは生活することと自然との実践的な関係のあり方，すなわちライフスタイルや社会のあり方を自然を軸として徹底的に再検討しようとするものであった。とくに野生の自然と農業との関係についての考察や，現代の生態地域主義につながるローカルな自然へのまなざしなど，自然のエコロジカルな関係の中に人間と社会をいかに据え直すかを考えたきわめて先見的な思想家である。エマソン，ソローといった知識人たちによる自然を基盤とする文化の探求というテーマが，アメリカにおけるその後の自然保護思想の哲学的展開を支えている。　　　　　　　　　　（野田）

2　風景画とピクチャレスクの時代

▶ハドソンリ
ヴァー派の誕生

　エマソンが『自然』を出版したのと同じ1836年，トマス・コール（Thomas Cole 1801-48）という1人の画家が「アメリカ風景論」というエッセイを発表している。画家としての視点から書かれたこのエッセイの中で，コールは，アメリカ風景のもっともきわだった特徴としてその「野生性」（wildness）を挙げ，次のように書いている。

　「もっともきわだっているのは野生性である。なぜなら，文明の進んだヨーロッパでは，原始的な景観はとうの昔に破壊されたり改変されたりしているからだ。かつてヨーロッパの大部分を覆っていた広大な森林は伐採され，峻険な山岳は穏やかになった。激流は人口の密集する人間社会の嗜好と必要に応じて

図9-5　ピクチャレスクの表象
トマス・コール「オックスボウ」(1836)

流れを変えられている。かつて深かった森も，いまは芝生が広がっている。」
　このように書いたトマス・コールの念頭にあったのは，ヨーロッパの風景とアメリカの風景との比較であり，差異であった。その差異を「野生性」として取り出したとき，このエッセイ「アメリカ風景論」は，アメリカとは何か，アメリカ的な要素とは何かという当時の問題意識に1つの明確な答を出したといえる。このエッセイがエマソンの『自然』とほとんど同時期に発表されたのも，このような問題意識への答を求める強い時代の要請があったことを示している。
　19世紀アメリカ美術の世界でもっとも重要な出来事の1つが，「ハドソンリヴァー派」(Hudson River School) と呼ばれる風景画家集団の形成である。トマス・コールはなかでも主導的存在として「アメリカ風景画のパイオニア」とされる。ハドソンリヴァー派はコールが仕事を開始する1825年前後に始まって，1880年代までのおよそ半世紀以上にわたってアメリカの風景を描き続けたが，面白いことにトマス・コールはイギリス生まれのイギリス人であり，彼に続いた多くの画家たちもヨーロッパ，とくにイタリア，オランダ，イギリスなどでの風景画家としての修業時代を経ている。これは当時のヨーロッパ美術の中心ジャンルとして風景画が隆盛を極め，後進国アメリカの青年画家たちはそこで風景画の基本を学んだことを示している。しかし，そうして帰国あるいは移住してきたこれらの画家たちの前にあったのは旧世界ヨーロッパとは異質な自然

第9章　環境 | 193

であった。ヨーロッパ風景画に基礎を置く彼らの美意識はアメリカの風景を前にして少なからず動揺し，攪乱された。その結果，新しい美意識の対象として「野生性」の魅力が彼らをとらえ始めたのだ。

▶アメリカン・ピクチャレスク　トマス・コールが画家としての活動を始めた1825年頃から，美術史上見逃してはならないもう１つの動きが起こっている。一般に「アメリカン・ピクチャレスク」と呼ばれるこの動きは，18世紀末にイギリスで始まったピクチャレスク（the picturesque）美学のアメリカ版で，時代的にはイギリスからはかなり遅れて始まったものの，ハドソンリヴァー派の風景画，文学におけるピクチャレスク・ブーム（クーパー，ブライアント，ポー，エマソン，ソロー，ホーソーン，メルヴィルなどを巻き込んだ），そして観光旅行の開始などと連動して，ほぼ19世紀いっぱいアメリカの自然に対する美意識と感受性を形づくりつつ支配することになる。俗にピクチャレスク本といわれる書物は，名所案内的な文章に挿絵として風景版画を添えたものが一般的だが，その出版点数は総計で1000を越えたといわれる。もともとピクチャレスク美学はヨーロッパ人の自然や風景に関する「目の教育」の役割を果たしたと言われるが，アメリカでも大都市のギャラリーに行かなければ観られない風景画と違って，印刷物のかたちで続々と流布された版画群は，風景に対する感受性を大衆化する上できわめて大きな役割を果した。　　　　　（野田）

３　ネイチャーライティング（nature writing）

▶自然という文化　ネイチャーライティングはたんに自然についての文学ではない。環境問題についての文学でもない。一般に「自然環境をめぐる一人称ノンフィクションエッセイ」と定義されるこの文学分野では，自然環境は経験とともに絶えず刷新される現象としてある〈関係性〉の文学というべきである。ソローのウォールデン，メアリー・オースティンの西部砂漠，ヘンリー・ベストンのコッド岬，レイチェル・カーソンの海辺，エドワード・アビーのウィルダネス，アニー・ディラードのティンカークリーク。ネイチャーライティングに提示されている自然は固定化した表象を許さない，過剰

図9-6 ネイチャーライティング研究のはじまり

であり外部である。もちろんいうまでもなく，この場合の外部とは，自然／文化の二元論的ヒエラルキー構造にもとづいて周縁化された，人間中心主義的イデオロギーの投影としてのそれではない。そうではなく，完結した人間主体に侵入し，それを脱中心化し，自然とのあらたなかかわりを拓いてゆくというプロセスを生起せしめる，人間社会との差異を顕示しつつもそれ自体〈文化〉とよびうる有機的な関係の総体としての外部である。

このような自然という文化への身体的／精神的対峙がもたらす意義は実にさまざまであり，そこにネイチャーライティングのスペクトルの広さがある。トーマス・J・ライアンの分類にしたがえば，ネイチャーライティングは「博物誌に関する情報」，「自然に対する作者の感応」，「自然についての哲学的な考察」という3つの特質のバランスによって，情報の伝達に主眼をおく「野外ガイドおよび専門的な論文」から人と自然との関係をめぐる哲学的解釈を中心とした「自然における人間の役割」についての作品にいたる7つのタイプに分けられるという。ただし，この分類は流動的であるという保留つきで。実際ネイチャーライティングには明確な秩序立てはなく，その定義さえ一本化されていないのが実情である。それもこれも，裏を返せば，自然と文化のインターフェ

第9章 環 境 | 195

イスとしてのネイチャーライティングの特徴をよく物語っているのではないだろうか。

▶体制への懐疑　そもそも新大陸アメリカの文学＝書き綴られた記録が地誌的調査や探検記に端を発しているという事実が示すように，自然環境はアメリカの文学的想像力の源泉であり，そのあたりにネイチャーライティングがアメリカで生まれた理由の一端を探ることは難しくない。しかしながら，カウンターカルチャー運動によるソローの再発見とともに開花したこの文学分野が固有の文学的潮流を形成しているとすれば，それは自然を準拠枠として形成される体制への懐疑という点に求められるだろう。ネイチャーライターの祖とみなされるソローには，彼の自然観が奴隷制批判や人頭税支払い拒否といった反体制的姿勢と深くかかわっているという面がある。

　また，20世紀後期にアビー，ディラード，バリー・ロペス，ゲーリー・スナイダー，テリー・テンペスト・ウィリアムス，リック・バスをはじめとする多くのネイチャーライターを輩出し「ニューアメリカンルネサンス」（スコット・スロヴィック）の時代を築いた背景には，環境保護，反核，反ヴェトナム戦争といった反体制運動の高まりがあった。自然という文化を準拠枠とした反体制的精神構造，これはアメリカン・パストラルの基本的構図でもあり，その意味でネイチャーライティングはパストラルの伝統に属する。しかし，白人作家中心のネイチャーライティングに近年，アメリカ先住民（リンダ・ホーガン他），メキシコ系アメリカ人（ジミー・サンチアゴ・バッカ他），アフリカ系アメリカ人（アリス・ウォーカー他）の作品が増加しているという傾向を考えれば，ネイチャーライティングは，その準拠枠に自然だけでなく人種的マイノリティという外部をあらたに導入することにより，反体制的スタンスを多角的に強化しつつあると言えるだろう。　　　　　　　　　　　　　　　（結城）

4　原生自然法（The Wilderness Act）

▶大地の倫理　アメリカ初の〈自然のための自然保護法〉，それが原生自然法である。それ以前にも環境保護関連の法律はもちろんあったが，

それらは〈開発から自然を保護するための法律〉であった。実際，自然保護運動は19世紀後期にジョン・ミューアを中心に始動して以来，ダム建設や森林伐採といった開発から自然を守ることを目的としていた。だが，20世紀半ば，反開発という「守り」の自然保護とは一線を画した，自然それ自身のための「攻め」の自然保護の時代が幕を明ける。その契機となったのが，森林学者アルド・レオポルド（Aldo Leopold 1887-1948）の「大地の倫理」（land ethic）である。

彼が『野生のうたが聞こえる』（*A Sand County Almanac* 1949）で説くところによれば，「大地の倫理」とは，人間社会にのみ適用されていた〈共同体〉概念を「土壌，水，植物，動物，つまりこれらを総称した『大地』にまで拡大」し，人間が大地の征服者から「大地という共同体の一構成員」へと変容することをうながすものである。大地の倫理にもとづくレオポルドのウィルダネス観は，ウィルダネスの存在価値をエコロジーという科学的見地から立証したことで広く受け入れられ，原生自然法制定への導火線となった。原生自然法は，ウィルダネス協会でレオポルドの後輩にあたるハワード・ザニサーが草案を手がけ，議会で大幅に修正されたのち，1964年9月3日に制定された。

▶原生自然法　第1項が「原生自然法」という略記を提示した後，第2項(a)(b)はウィルダネスを後世に残すことを目的とした「全米ウィルダネス保護制度」を定める。それによって保護される「ウィルダネス」とは，同項(c)の定義によれば，①自然の力が支配的でほとんど人の手が入っておらず，②始源的で自由なレクリエーションや清閑の境地を享受するのに最適な場を提供し，③5000エーカー以上あるいは保護や目的に見合う広さを有し，④エコロジーをはじめとする科学，教育，景観，歴史の面で価値のある土地を指す。原生自然法施行と同時に，54の地域（総面積910万エーカー。四国の面積の2倍弱）がウィルダネスに指定され，道路建設や開発を原則的に認めない保護を恒久的に約束された。1999年までに，保護の対象は628地域（総面積1億400万エーカー）に拡大，そのうちの約3分の1がアラスカ国有地保全法（1980）により編入されたものである。第4項は，ウィルダネスの「使用」が許可される場合と禁止される場合を明らかにし，第5項はこの法律によってウィルダネスに指定された地域に州や個人の所有地が含まれる場合の措置を定め，第6項は

そうした地域の譲渡を受理する権限を連邦政府に認めている。全米ウィルダネス保護制度の年間報告を義務付けた第7項で法律は締めくくられている。

▶ウィルダネスの価値　原生自然法には相矛盾するウィルダネス観が混在している。1つは「ウィルダネスの価値はその存在自体にある」とする生態中心的自然観、もう1つは「人間が利用するためにある」という功利主義的自然観。たとえば、第2項(c)は大地の倫理に呼応しつつ、ウィルダネスを「人間が主ではなく訪問者であり、大地とその生命共同体に障害をきたさない」地域であると規定している。だが、とくに第4項に顕著なように、社会的貢献がみこまれる探鉱や油田開発、それに関連した道路建設や森林伐採の容認は、ウィルダネスを開発資源とみる当時の（そして現在に至る）根強い見解を反映している。また、原生自然法に先立って制定された「多目的利用・持続的収穫法」(1960)により国有林の多目的利用（レクリエーション、木材、放牧、水源地、野生生物の保護）が保証されていることも、ウィルダネスの完全保護にとって逆風となっている。人間のためか自然のためか——ウィルダネスの価値をめぐる相克は現在もなお続いている。　　　　　　　　　　　（結城）

原典紹介

Walden (1854)

Henry D. Thoreau

Both place and time were changed, and I dwelt nearer to those parts of the universe and to those eras in history which had most attracted me. Where I lived was as far off as many a region viewed nightly by astronomers. We are wont to imagine rare and delectable places in some remote and more celestial corner of the system, behind the constellation of Cassiopeia's Chair, far from noise and disturbance. I discovered that my house actually had its site in such a withdrawn, but forever new and unprofaned, part of the universe. . . . Such was that part of creation where I had squatted;

『ウォールデン』(1854)

ヘンリー・D. ソロー

場所も時間も変わった。私が棲みついたのは，これまでずっと私を惹きつけてやまなかった宇宙のある一角，そして歴史上のある時代にこの上なく近い場所だった。私が暮らした場所は，夜な夜な天文学者たちが眺めている数多くの天体に劣らぬほど遠く離れたところだった。たぐいまれな悦ばしい場所というのは，太陽系のはるかかなたの，もっと天上的な一角，「カシオペアの椅子」の向こうにあって，騒音や無秩序とは縁のないところにあると思いがちだ。私は自分の家のある場所こそ，じつのところそんな宇宙の片隅でありながら，しかも永遠に新しく神聖な場所であることを発見した。……私が居座った場所は宇宙のなかのそんな場所だった。

The Land of Little Rain (1903)

Mary Austin

East away from the Sierras, south from Panamint and Amargosa, east and south many an uncounted mile, is the Country of Lost Borders.

Ute, Paiute, Mojave, and Shoshone inhabit its frontiers, and as far into the heart of it as a man dare go. Not the law, but the land sets the limit. Desert is the name it wears upon the maps...a loose term to indicate land that supports no man.....Void of life it never is, however dry the air and villainous the soil.

『雨の降らない土地』(1903)

メアリー・オースティン

シエラ・ネバダ山脈から東へ，パナミントとアマルゴサから南へ，どれくらいの距離になるだろうか。〈境界なき土地〉はそのような場所にある。

ユート族，パイユート族，モハーベ族，ショショニ族，かれらはこの土地のフロンティアに暮らしている。そこは人がたどりつける限りもっともこの土地の心臓部に近い場所。限界を定めるのは法律ではない，大地なのだ。砂漠ということばは地図上の名前にすぎず……人が住めない土地を指す曖昧な用語である……。ここの空気は乾燥していて土壌はやせているけれども，一度たりとも生命が涸れ果ててしまったことはない。

"Freedon and Wilderness, Wilderness and Freedom" (1977)

Edward Abbey

What has all this fantasizing to do with wilderness and freedom? We can have wilderness without freedom; but we cannot have freedom without wilderness, we cannot have freedom without leagues of open space beyond cities, where boys and girls, men and women, can live at least part of their lives under no control; but their own desires and abilities, free from any and all direct administration by their fellow men. "A world without wilderness is a cage," as Dave Brower says.

「自由と荒野，荒野と自由」(1977)

エドワード・アビー

こんな空想は荒野や自由の問題とどんなかかわりがあるだろうか。人間がまったくいなくともウィルダネスは存在しうる。だが，ウィルダネスがなければ自由は存在しない。都市のかなたに広大な空間がなければ自由はない。男女を問わず，子どもだって大人だって，管理されることなく自分の欲求と能力のままに，誰からも支配されることなく生きる部分を持っていなければ生きられるものではない。「ウィルダネスなき世界は牢獄だ」とデイヴ・ブラウァーは言っているではないか。

アポロ計画とメディア

1969年7月20日，アポロ11号が人類初の月着陸に成功。アポロ1号が飛び立てず地上で爆発し，3人の犠牲者を出してからわずかに2年半後という猛スピードの開発だった。月面の着陸船から現われる飛行士の姿と大きなブーツの足跡，そして不格好にねじれた星条旗はテレビ中継され，視聴者の網膜に焼きついている。その映像は世界の5億人が目にしていた。アームストロング船長の言葉「ひとりの人間の小さな一歩でも，人類にとって大いなる飛躍」は，その後つとに有名になるフレーズだが，これはケネディ大統領の「ニュー・フロンティアリズム」への最高の献辞とも言うべきである。1960年の大統領戦に勝利したケネディは，サンフランシスコで「ニュー・フロンティアはここにある。(中略)地図に描かれていない科学と宇宙世界に」と演説したのだった。

このアポロ計画も，実は世論調査では不人気だった。国民の過半数の賛同を得られたのは，打ち上げの同月に行われた調査の，賛成51パーセント1度だけだった。年間40億ドルの出費について，税金の無駄遣い，宇宙よりも国民の暮らしに使って欲しいという声が大半を占めていた。ただ1957年にスプートニクで先を越されたソ連との冷戦体制が，この宇宙開発競争を推進していたにすぎなかった。打ち上げ報道は，カメラの制止画像しかなかった初期に較べれば，技術的にも次第に改善され，

アポロ計画の頃にはカメラが宇宙船のなかに持ち込まれ，宇宙からの映像が地球に生中継されるようになった。打ち上げはひとつのメディア・イヴェントと化し，国民的一体感を生み出すには万全の効果をあげた。月着陸成功は，ソ連との宇宙開発競争に勝利したことで目的を達成する。しかしアポロは飛び続け，合計12人の飛行士を月へ運んだが，11号の時のように一大イヴェントとしては扱われず，テレビ中継もされなくなって，1972年に終了。計画はリサイクル可能なスペースシャトルに移行した。　　　　　　　　　　　　　　　　　　　　　　　　　　　　　（山越）

第10章
文化の変容
(堀真理子)

概　　説

▶人形ではない私　「あたしは実家で父の人形っ子だったように，この家ではあなたの人形妻でした」と言って，イプセンの『人形の家』(1879)のノラは家を出ていく。近代資本主義産業社会が形成された19世紀欧米において，多くの中産階級の女性たちが社会から切り離された家庭のなかで夫に仕え，夫の庇護下に置かれていた。そんな女性たちのなかにはノラと同じ思いを抱いていた者もあった。次に引用するのは，19世紀アメリカの奴隷解放運動家として活躍した女性アンジェリナ・グリムケ（Angelina Grimké 1805-79）のことばである。

> 女性は「黄金や真珠や高価な衣装」を身につけて座り，容姿の美しさを褒められたり，甘やかされた子どものようにかわいがられたり，機嫌をとってもらったりするか，さもなければ夫や主人の都合に合わせて単なる下僕に成り下がるようにと教えられてきました。

「人形」「子供」「下僕」といったことばが示すように，女性は男性にとって従属物でしかなく，「人間」として扱われてこなかった。こうした不満を表明したのはグリムケだけではない。家庭内での女性差別は社会での女性差別を投影している。当時のアメリカの憲法では女性の権利は保障されておらず，女性に参政権や財産権を認める法律は制定されてはいなかった。そこで本当の意味での民主主義国家の建設に向けて女性たちは立ち上がり，1776年に制定された「独立宣言」にならって「意見宣言」を行なうのである。宣言は1848年，セネカフォールズ（ニューヨーク州西部の町）で開催された女性会議においてなされた。

▶奴隷解放運動への婦人参加　さてこの会議の開催に至るまで，婦人たちはなぜ，どのように運動を展開していったのだろうか。そもそも運動が起こるきっかけは，1830年代のジャクソニアン・デモクラシーによって国民全体が民主主義に目覚めたことにある。そしてこの時代の人々が第二の大覚醒ともいうべきキリスト教信仰に基づく道徳律を北部社会の規範とみなし，奴隷をもつこ

と自体を罪であると信じ，奴隷解放運動に積極的に参加するようになったことが次にあげられる。この奴隷解放運動は北部の教会を中心に展開されるが，牧師の説教を通して教会員である婦人たちがまず反応を示す。やがて，牧師たちを支持するかたちで婦人たちが奴隷解放論を学び，仲間を増やし，組織化し，なかにはグリムケ姉妹（アンジェリナの姉サラ（Sarah Grimké 1792-1873）も奴隷解放のために尽くした）のように演説や公開討論の技法を身につけ，さらには奴隷解放から女性解放をめざして闘う女性たちも現われる。しかしその多くは家庭婦人の枠内で，あるいは結婚するまでの限られた時間内での活動を望んでいた。『アンクル・トムの小屋』(Uncle Tom's Cabin 1852) の作者として知られるハリエット・ビーチャー・ストウ（Harriet Beecher Stowe 1811-96）も妻と母としての務めを果たしながら，小説やパンフレットを通して奴隷制反対を訴えたのであるし，姉のキャサリン・ビーチャー（Catharine Beecher 1800-78）も奴隷解放論を数多く著わしてはいるものの，女性はあくまでも政治に関わることなく，家庭にとどまるべきだと主張している。

　このようなどちらかと言えば消極的な姿勢の背景には，女性が社会に向けて公の場に身をさらすことは性的行為に等しいとする男性の価値観がある。ナサニエル・ホーソーンは，当時としては革新的な社会改革運動家のマーガレット・フラー（Margaret Fuller 1810-50）をモデルにして小説『ブライズデール・ロマンス』(Blithedale Romance 1852) を発表しているが，彼女は男性にとって魅惑的な女性である反面，脅威を感じさせる存在でもあり，作者は最終的に彼女を死に至らしめる。ホーソーンは『緋文字』(The Scarlet Letter 1859) でも，姦通罪でさらし者にされる女性主人公を描いたが，両作品ともに，公の場にさらす女性の身体を性的なものと捉える当時の男性の考えかたが強く反映されている。

▶禁酒運動から参政権運動へ　さて南北戦争後，奴隷解放は実現したものの，女性たちの多くは相変わらず家庭に閉じ込められていた。そんななかで，夫が家族をかえりみなかったり，扶養義務を果たさなかったり，妻に暴力をふるったりして家庭崩壊を招くケースも多々あり，その原因は酒だとして禁酒運動を展開する婦人たちが現われた。女性キリスト教禁酒連合会長フランシス・

ウィラード（Frances Willard 1839-98）はなんと20万人もの女性を組織した。ウィラードは，酒乱の夫の暴力から身を守り，安全な家庭を維持するには投票権を得て，政治を変える力を女性がもつことだと説き，保守的な婦人たちを先導したのである。こうして，当初は「駆け込み寺」のような組織だったものが，やがて政府機関を揺り動かす圧力団体になっていった。同じ頃，小説家マーク・トウェイン（Mark Twain 1835-1910）は「禁酒運動と女性の権利」（The Temperance Crusade and Woman's Rights 1873）という小品を執筆し，女性禁酒運動家たちを支持し，女性の投票権獲得の必要性を説いている。

▶めざめた女たち　このように奴隷解放と禁酒運動によって女性が積極的に社会参加するようになったものの，多くの上層中産階級の女性たちは男性のように外で働いて賃金を得ることはなく，家庭という限られた空間のなかに閉じ込められていた。そうした不満は女性作家たちによって表明され，それは多くの婦人たちの声を代弁することになった。ケイト・ショパン（Kate Chopin 1851-1904）は短編小説『解放』（*Emancipation* 1869）の中で女性が檻の中に閉じ込められているイメージを描き，『めざめ』（*The Awakening* 1899）では，やはり夫や子どもだけの生活に不満を覚える女性の心が解放されるさまを描いている。後者の作品の主人公は，家族を置いて恋する男の元に走るが，その恋も成就せず，満たされぬ心を解き放つために服を脱ぎ捨てて海に入っていく。この最後の行為には「入水自殺」を示唆する絶望とは裏腹に，すべての拘束から自由になった解放感がある。

　シャーロット・パーキンズ・ギルマン（Charlotte Perkins Gilman 1860-1935）は短編小説『黄色い壁紙』（*Yellow Wall-paper* 1892）のなかで，うつ病の治療だとして医者の夫が借りた療養のための屋敷で，柵のついた窓のある子ども部屋を寝室にあてがわれ，閉じ込められたある家庭婦人の自由への渇望をゴシック的な手法で描いている。ギルマンはこの他にも多くの著作を残しているが，社会主義に基づく女性の社会進出の必要性を説いた評論『女性と経済』（*Women and Economics* 1898）では，アメリカ経済の発展によって工業製品をはじめとする便利な商品が家事を飛躍的に楽なものにしている時代に，女性が家庭に引きこもっている理由はない，女性が社会進出することがより社会の利益となるは

図10-1 参政権を求める女性たちのデモ行進

ずであるし，人類の進化にも寄与することになる，と述べている。そこでは社会主義とダーウィンの進化論に裏打ちされた，当時としてはきわめて説得力のある議論が展開されている。

▶参政権獲得までの長い道のり　セネカフォールズを機に参政権獲得運動に燃えた急進派のエリザベス・スタントン（Elizabeth Stanton 1815-1902）やスーザン・アンソニー（Susan Anthony 1820-1906）はニューヨークを中心に1869年，女性だけの組織である全国婦人参政権協会を作り，激しく女性の権利獲得のために闘った。同年，ボストンでは「女性が平等な権利を得るには黒人男性の参政権獲得が先決である」とする中道派ルーシー・ストーン（Lucy Stone 1818-93）とその夫ヘンリー・ブラックウェルが中心となって，男女混合のアメリカ婦人参政権協会を設立した。この2つの組織はやがて1890年，合併して全米婦人参政権協会となる。だがこれらの運動は白人の上層中産階級の人々が中心で，黒人女性や下層階級の人々の現実に目を向けることはできず，空中分解してしまう。また家庭というプライベートな空間のなかに政治という公の議論がもち込まれることを恐れる反対者や，女性の社会進出によって家庭

が崩壊するのではないかと危惧する人々の圧力に勝てず，参政権の実現は停滞する。とはいえ，女性キリスト教禁酒連合のコロラド支部による活発なロビー活動の結果，1893年，コロラド州では婦人の参政権を認める議会法案が可決されるなど，地域レベルでは着実に実現へ向けて活動が展開されていた。

20世紀に入ると，飛躍的な経済発展とともに社会で働く女性が増えてくる。少なくとも結婚して家庭に入るまで独身女性がなんらかの職業に従事することは不自然ではない世の中が到来する。当然，働く女性が男女平等の権利獲得をめざして参政権運動を繰り広げることになる。働く女性を集めて，ハリオット・スタントン・ブラッチ（Harriot Stanton Blatch 1856-1940）が1907年に創設した「自活する女性の平等連盟」はその代表的な組織といえよう。他方，コロラド州の参政権運動での貢献を買われたキャリー・チャップマン・キャット（Carrie Chapman Catt 1859-1947）が全米婦人参政権協会長に就任すると，協会は労働者階級を含む運動組織へと発展し，大規模なパレードや集会，マスメディアに訴える運動，ロビー活動などを積極的に取り入れて運動を盛り上げ，活気が戻ってきた。

こうして，1920年ようやく運動の成果が実って，めでたく婦人参政権が認められることになったのである。

▶第二波のフェミニズム運動　セネカフォールズに始まる男女平等をめざす運動を第一波のフェミニズム運動とすれば，1960年代末から始まる女性解放運動は第二波のフェミニズム運動と呼ばれる。第二次世界大戦を境として急激に女性の就労率が高くなるが，それでも大多数の中産階級以上の女性は結婚までの腰掛け程度の仕事にしか従事することなく，家庭を守るのが女性の役割という文化的な条件づけは徹底していた。ところが，公民権運動の高まりのなかでこの価値観に疑問を投げかける女性たちが出現する。その火付け役が，『新しい女性の創造』（*Feminine Mystique* 1963）を書いたベティ・フリーダン（Betty Friedan 1921- ）である。郊外のしゃれた家に住み，夫と子どもの世話をするのが女性の幸せだとする「女らしさの神話」が幻想であるとし，そんな神話は破棄しようと訴えたのである。フリーダンは1966年，ＮＯＷ（全米女性機構）の会長として，おもに子どもをもつ既婚女性を結集し，家庭のなかでの男女平等

や母親の職業教育,再就職の機会を求める運動を起こした。他方,独身の女性たちはいわゆる「ウーマンリブ」ということばを誕生させることになる,もっと急進的なWLM(女性解放運動)を組織し,団結することによって妊娠中絶の権利を含むさまざまな女性への差別撤廃を求める運動を展開した。

　女性差別の告発にもつながる著作も出版され,それらは実にさまざまな学問分野に及んでいる。たとえばケイト・ミレットの『性の政治学』(*Sexual Politics* 1969)は西欧の文学的伝統がいかに男性本位であるかについて述べ,ゲイル・ルービンの「女性の交換」("The Traffic in Women" 1975)は文化人類学者レヴィ-ストロースと精神分析医フロイトの理論がいかに男性優位の認識によるものであるかをあげ,ローラ・マルヴィやアン・カプランは映画批評の分野で男性の「視線」あるいは「まなざし」が女性を抑圧しているさまを論じている。これに対し,従来男性に隷属され,軽んじられてきた「母親」の役割や母性の捉えかたを見直そうとする女性たちも登場する。ナンシー・チョドロウの『母親業の再生産』(*The Reproduction of Mothering* 1978)やアドリエンヌ・リッチ(Adrienne Rich 1929-)の『女から生まれる』(*Of Woman Born* 1976)はその代表的な著作である。リッチはまた「強制的異性愛とレズビアン存在」("Compulsory Heterosexuality and Lesbian Existence" 1980)のなかで,すべての女性は同性である母親や他の女性に抱かれ,ささえられている,という意味で「レズビアンの連続体」であるとし,同性愛の問題にも積極的な発言をしている。

▶**同性愛者に対する差別の歴史**　さて同性愛者への差別の歴史は,女性差別や人種差別の歴史と同様に長いこと存在していたことは言うまでもない。以下,アメリカにおける同性愛者への差別の歴史を振り返ってみることにしよう。植民地時代,厳しいピューリタニズムの監視下で同性愛者の性的行為は犯罪として検挙され,死刑に処せられた。1624年,ヴァージニア植民地ではリチャード・コーニッシュという船長が船室係と性的行為をもったという理由で処刑されたのをはじめ,1642年にはプリマスで10代の少年トマス・グレンジャーが,1646年にはマンハッタンで黒人のヤン・クレオリが処刑されている。独立後も同性愛は許せぬ行為として,厳しい処罰の対象となった。トーマス・

ジェファソンは1777年のヴァージニア法改正に際し、同性愛者は去勢すべきであるとした。1778年にはG・ワシントン軍の中尉が兵士を犯そうとした罪で解雇され、1846年にはニューヨーク市警察の警官が勤務中に同僚を誘惑したとして解雇され、1866年には、少年読物作家として知られるホレイショ・アルジャー牧師が教区の少年と性的行為に及んだとして教会から破門されている。さらに19世紀末期に発達した神経医学によって、同性愛は精神病の一形態とみなされることになる。とはいえ、女性には性的欲求はないという男性の勝手な幻想から、レズビアン行為が表面化することはまれであった。だがバートランド・ラッセルの旅行記には1896年、ブリンマー大学の学長ヘレン・トマスが教師のメアリー・グウィンと性的関係をもっていたことが言及されており、この事件に興味を抱いたガートルード・スタイン (Gertrude Stein 1874-1946) は1905年、それを題材にした短編小説『シダの森』(Fernhurst 1971) を執筆している。

20世紀に入ると、厳しい警察の取り締まりに対して抵抗する団体（シカゴの人権協会など）が組織されるようになり、やがてゲイの権利拡張運動へと発展していく。しかし、50年代にはマッカーシズムによって、同性愛者の迫害も公然と行なわれ、1950年から53年のあいだ、一カ月に40〜50人の同性愛者が解雇された。ちなみに最近ではゲイであることをアピールする表現として同性愛者たちが自ら使うようになった「クイア」ということばは、このころ異性愛者が差別的に用いるようになったものである。

警察の取り締まりは公民権運動さなかの1960年代にも続く。ニューヨークでは1969年6月に同性愛者のたまり場だったゲイバーを次々に襲撃する。そして同月27, 28日、グリニッチ・ヴィレッジにあったストーンウォールと呼ばれるゲイ・バーが襲撃されると、これに反発し、憤りを覚えた学生たちや同性愛者たちが次々に立ち上がり、運動を組織した。それが全国的な規模にまで発展し、ゲイの人権を求める運動が活発になる。今日に至るまで、さまざまな差別撤廃に向けて運動が繰り広げられているが、社会の同性愛嫌悪との闘いは容易ではなかった。80年代にはカルチュラル・フェミニストたちのポルノ論争やエイズ・ウィルスの発見によってむずかしい立場に立たされるが、逆にそれらが自分たちの性のありかたを見直すチャンスにもなり、新たな運動を展開すること

図10-2 女性建設作業員，仕事を求む！ダイク（男っぽいレズビアン）を雇え！

にもなった。

▶「差異」を主張する時代　「文化多元主義」が強調されはじめた1980年代から90年代にかけて，同性愛者たちは自分たちが異性愛者と違うのだという認識に基づいて，自らを「クイア」と呼び，自分たちの存在の基盤であるセクシュアリティの特異性をアピールした。ちょうどこの時期に生まれた脱中心主義を謳い，多義性を尊重するポストモダンの風潮や，搾取されてきた側から理論を構築するポスト植民地主義によって，「差異」を主張する姿勢は社会的に搾取されてきた他のカテゴリーの人たちのあいだにも根づくことになった。女性といっても一枚岩ではなく，人種，階級，性のありかたによってそれぞれ異なるという主張が，アフリカ系，ヒスパニック系，アジア系アメリカ人などの有色人種から，あるいはレズビアンの人たちから提示され，ポスト・フェミニズムの時代の運動は複雑に分化していく。一元的なWASPの天下はいまや終

わりを告げようとしている。

> #### 活動家アリス・ウォーカーの軌跡
>
> 小説『カラー・パープル』が1985年にスピルバーグによって映画化された時，原作者アリス・ウォーカーは映画づくりを手伝っていただけに困惑した。映画は黒人女性の内面を描いたものとして注目されたが，一方で白人商業主義に加担していると非難されたからだ。原作はピューリッツァー賞と全米図書賞を獲得したにもかかわらず，多くの学校や公共図書館で有害図書追放の憂き目にあった。1996年にもカリフォルニア州教育委員会が学力テストの問題から彼女の作品を排除しようとし問題となっている。中南米への武器輸出の抗議行動や食肉反対などの彼女の活発な政治運動が，ある種の保守陣営に疎まれているのは確かだ。最近ではアフリカ地域での女性性器切除儀礼に対する反対運動に取り組み，小説『喜びの秘密』において，性器切除を受け，アフリカからアメリカに移住した女性がそのトラウマを乗り越えていく姿を描いている。　　　　　　　　　　　　　　　　　　　　　　　　（山越）

キー・トピック解題

1　セネカフォールズの女性会議

▶「独立宣言」ならぬ「意見宣言」

奴隷制反対運動の指導者ウィリアム・ロイド・ギャリソン（William Lloyd Garrison 1805-79）は真に平等な社会を形成するためには女性運動と奴隷制廃止運動は連動しうるとして婦人たちをサポートしたが，そのギャリソンの追従者でとくに運動に熱心だったのがルクリーシア・モット（Lucretia Mott 1793-1880）とエリザベス・スタントンである。2人は1840年にロンドンで開催された奴隷制反対を訴える世界大会に出席するが，そこで女性の正式参加が認められなかったことに失望する。そして女性の社会的平等を求める婦人たちを組織し，1848年，セネカフォールズで女性大会を開催したのである。

　この集会では「独立宣言」を模倣した「意見宣言」と呼ばれる宣言が読まれ

たが，それは「男性も女性も神のもとでは平等である」という基本的な概念に基づいて，女性の行動を縛っている法の矛盾を明らかにした。たとえば，「人間（＝男性）が真の幸福を追求する」権利を認めている法によって，女性の真の幸福が制限されたり侵害されたりしてはならないし，「人間」である女性も真の幸福を追求する権利があるはずであるとした。その幸福の追求には，具体的には財産の所有権や離婚の自由などが含まれる。そしてそれらの権利要求のなかで，政治への参加を求める参政権の獲得が大きな位置を占めていることは言うまでもない。

▶ **軌道に乗らない参政権運動** だが，すぐにも法や政治を変える力になろうとするこの急進的な考えかたには懐疑的な婦人たちも多く，この宣言の実現に向けての運動は暗礁に乗り上げた。この大会に参加した禁酒運動推進者アミーリア・ブルーマ（Amelia Bloomer 1818-94）は，禁酒を促進し，女性が自信をもって生きることを推進することのほうが先決であり，政治的に無力なグループである女性を守ることがやがて参政権につながるはずだとして禁酒運動と参政権運動を切り離して考えていた。禁酒運動家の多くの女性たちは，政治的・社会的な平等を要求することによって，酒がもたらす家庭内暴力や家庭崩壊による貧困を解決すること，すなわち家庭内における女性の立場を保護することがむずかしくなると考えていたのである。スタントンは1852年，ニューヨーク州で開かれた女性禁酒大会の会長を務め，女性が酒乱の夫の下でみじめな生活をせずにすむように離婚の自由を法律で認めるべきだと述べたが，離婚は「聖なる」結婚制度を崩壊するものだと考える婦人たちの強い反対に会った。20年以上ののち，禁酒運動家のフランシス・ウィラードは禁酒運動と参政権運動を連動させるが，それでもまだ多くの女性たちが政治的・社会的平等よりも結婚制度下における家庭内での女子の保護と平安を望んでいた。このため，アメリカにおいては，運動が必ずしも女性が男性のように家庭外に出て行って仕事や富を追求する権利の自由を獲得する動きには結びつかなかった。

1855年，参政権運動への抵抗に負けたスーザン・アンソニーは，財産権の獲得に焦点を置き，その法的改革の実現は妻が夫を説得して改革案に賛成票を入れさせることだと述べた。他方，スタントンも1861年，要求を和らげ，条件つ

きで離婚を認める法律を求めることにした。その条件とは，著しく健康を損ない，死に至らしめられるような脅威にさらされている女性はそれを訴え出てから1年後に離婚できることと，配偶者が姦通をしたら離婚できることである。しかしこれも多くの賛同を得られないまま，南北戦争に突入し，運動は一時停滞する。

とはいえ，すでに指導力と決断力を身につけたスタントンやアンソニーをはじめとする女性運動家たちは，着実に女性の権利を求める動きを政府に示し続け，南北戦争後にはさまざまな婦人参政権運動の組織が全国規模で作られるようになった。

2 カルチュラル・フェミニズム

▶リベラル・フェミニズムとカルチュラル・フェミニズム

参政権を獲得するまでの女性運動の中心は，父権的な価値観に基づいて作られた既成の社会システムを壊すことなく，公の場における男女平等を実現していくための闘いであり，これはしばしばリベラル・フェミニズムと呼ばれる。これに対し，家庭，結婚，宗教といったもっと私的な場における女性の優位性を示し，反戦，非暴力といった平和主義的な女性の文化的形態に基づく社会の育成を理想として闘う運動をカルチュラル・フェミニズムという。女性だけが住む社会を描いたギルマンのユートピア小説『フェミニジア』（*Herland* 1915）は，このカルチュラル・フェミニズムの理想を具体化した作品である。

啓蒙思想に裏打ちされた合理的な精神のあらわれであるリベラル・フェミニズムに対し，カルチュラル・フェミニズムはロマン主義や超越主義の思想を支えている直観や感情に重きを置いている。その伝統は古くはマーガレット・フラーの『19世紀の女性』（*Woman in the Nineteenth Century* 1845）に見ることができる。このなかでフラーは超越主義者の思想に見られる絶対的な個我に根ざした生きかたを進めており，社会から離れてひとり直観によって自然のなかに真理の光を見つけることが愛にあふれた女性の生きかたを可能にするという。

セネカ・フォールズでの会議の中心人物のひとりエリザベス・スタントンも，

『女性の聖書』(The Woman's Bible 1895, 1898) のなかで、女性が男性のあばら骨から創られたというように女性を劣等なものとみなすキリスト教の教義を漫然と受け入れてしまうことに警告を発し、政治的・社会的な面のみならず宗教的な面での革命も必要であると説いている。スタントンはさらにマチルダ・ジョスリン・ゲイジ (Matilda Joslyn Gage 1826-98) とともに、女性を奴隷化し、夫婦の平等な立場を壊し、売春をはびこらせた父権社会ではなく、平和と自愛に満ちた母権社会の必要性を説いた。

　無政府主義者エマ・ゴールドマン (Emma Goldman 1869-1940) は、結婚制度は男女の恋愛を阻むものと訴え、また産児制限を提唱したために投獄された。第二波のフェミニズムの先頭を切ったベティ・フリーダンは家庭の主婦であることを辞めるようにという主張はしたが、そのために結婚形態に異議を唱えたり、母親業を捨てる運動をしたわけではない。その意味ではゴールドマンほどラディカルではなかった。

▶ラディカル・フェミニズムとマテリアリスト・フェミニズムの誕生

　NOWに代表されるカルチュラル・フェミニズムの保守性は、女性の連帯を阻む結果にもなった。とくにフェミニズムと手を組んで女性の権利を獲得しようと願っていたレズビアンたちは、同性愛はフェミニズムの信用を脅かすものだとするフリーダンによって締め出されてしまう。さらに80年代には保守的なカルチュラル・フェミニストらが反ポルノ運動を繰り広げ、同性愛の性的関係もやり玉にあげる。ポルノは女性の市民権を侵害するものだとするアンドレア・ドウォーキンやキャサリン・マッキノンらは1986年、視覚的な性描写を禁止する議会法案の導入に成功する。またフリーダンはアリス・ロッシらとともに家庭と母親業の重視を掲げ、表現の自由に根ざした性描写、妊娠中絶、レズビアニズムの問題を無視した。

　そこでケイト・ミレットをはじめとする「ラディカレズビアン」を自称する急進的な女性たちは、女性だけの文化が望ましいとするばかりか、生物学的な相違に基づいた女性特有の「女性の美学」を打ち立てることを主眼とするラディカル・フェミニズムを形成する。しかし、男性と切り離した女性のシステムを別個に作るという排他性と本質主義に対して不満を覚える女性たちは、男

女の生物学的な違いを重視するよりもむしろ，物質的な条件や社会的な関係によって抑圧されている階級の問題に焦点を当てるマテリアリスト・フェミニストの立場を取るようになる。この立場は人種，階級，性のありかたに対しても答えようとする姿勢で，今日最も活躍が期待されるフェミニストたちだと言えよう。

③ ゲイ解放運動

▶きっかけはストーン
ウォール襲撃事件

ニューヨークのゲイバー，ストーンウォールの襲撃事件は同性愛者たちの怒りを爆発させた。この人権侵害に対する憤りはコロンビア大学などの学生紛争にも飛び火し，同年，学生同性愛擁護連盟が結成された。またニューヨークの同性愛者たちはＧＬＦ（ゲイ解放戦線）を組織し，これはヴェトナム反戦運動なども行なう全国的な組織となる。しかしＧＬＦが革命的すぎて現実の差別を解消していく運動になっていないことに不満を抱いたジム・アウルズとマーティ・ロビンソンは1969年秋にＧＡＡ（ゲイ活動家同盟）を設立し，同性愛者の権利拡張だけに専念する組織として運動を繰り広げ，精神分析医学の病名リストから「同性愛」を抹消することを実現させ（1973-74），ゲイであることを理由に解雇するのを違法とする法律制定を求めた。他方，レズビアンたちはこの時代，「女性を自覚する女性たち」というモットーを掲げ，自分たちを「ラディカレズビアン」と呼んでフェミニズム運動を盛り上げた。レズビアンたちの多くはゲイ解放運動から離れていったが，リタ・メイ・ブラウンやマーサ・シェリーは階級や人種の問題とからめて抑圧された人々の運動として男性の同性愛者と手を結ぶ組織作りに貢献した。

　フェミニズムと手を結んで自分たちの問題をジェンダーの問題だけに集約しようとするレズビアンもいれば，同様に男性であることを誇示して社会的に優越の立場を守ろうとするゲイもいた。

▶同性愛を嫌悪する
人々との闘い

1970年代も後半になると同性愛差別を禁じる規則が整ってくるが，同性愛者の性的行為は公序良徳に反するとして同性愛者を攻撃する人々もあとを絶たなかった。1978年，同性愛者であることを

図10-3　ストーンウォール暴動
ストーンウォール暴動のさなか，ストリートキッズたちがゲイ解放前線の旗の下で行進している
ストーンウォール以前と以後をめぐって開かれた展覧会のポスター

公言し，同性愛者や女性，有色人種のために尽力したサンフランシスコ市政執行委員だったハーヴェイ・ミルクが暗殺された事件もそうした同性愛嫌悪 (homophobia) を象徴する事件である。暗殺者の元消防士で前市政執行委員のダン・ホワイトは通常ならば死刑を宣告されるはずだが，この種の事件で最も軽い刑で済んだのは同性愛嫌悪が社会に根強くあるせいだと言えよう。

　反動的なレーガン政権下の80年代，反ポルノ運動を繰り広げたカルチュラル・フェミニストらは，おりしもポルノグラフィーによって自分たちの性を主張しはじめた同性愛者たちを追いつめていった。彼女たちは1986年，視覚的な性描写を禁止する議会法案の導入に成功するが，これを機に，レズビアンたちは完全にフェミニズムに愛想を尽かすことになる。彼女らは，モニク・ウィティグの「私は女性ではない，レズビアンだ」ということばが示しているように，異性愛者と縁を切り，自らの性やエロティシズムを前面に押し出した。

　80年代の同性愛嫌悪を助長したのは反ポルノ運動だけではなかった。多くの同性愛者を襲った新ウィルスによる病，エイズに対する不安と恐怖が同性愛嫌悪を引き起こした。不特定多数の相手と性行為をしていたゲイの男性はこのウィルスに冒される率が高かった。キリスト教右派の人たちは同性愛者に天罰

第10章　文化の変容 | 217

図10-4　HIV感染者として最初にカム
アウトしたボビー・キャンベル

が下ったのだと言い，ゲイの人々のあいだではＣＩＡが豚のウィルスを使って細菌兵器を作ったのだとのうわさが広まった。それでもほとんどパニックといえる状況のなかで，多くの人たちがエイズ治療のための基金を募り，より安全な性行為を呼びかけ，エイズ患者救済のための団体・組織作りを行なってきた。また，トム・ハンクス主演の映画『フィラデルフィア』(*Philadelphia* 1994)や1993年度ピューリツァー賞に輝いたトニー・クシュナー(Tony Kushuner 1957-)の戯曲『エンジェルズ・イン・アメリカ』(*Angels in America* 初演は1990年)をはじめ，エイズをめぐるゲイ・ライフを描いた数々の作品が広く一般社会の問題として提示されるに至った。スーザン・ソンタグ(Susan Sontag 1933-2004)も『エイズとその隠喩』(*AIDs and its Metaphors* 1989)のなかで，エイズという病をめぐるさまざまな隠喩を分析・解体して人類の危機への不安を解き明かしているが，これはエイズに象徴される不安や恐怖がグローバル化したこの地球においては人類普遍のものであることを示唆している。

4　ポスト・フェミニズムの時代

▶「サバルタン」の声　1980年代から90年代にかけて，男女の社会的平等だけをめざしてきたそれまでのフェミニズム（主としてリベラル／カルチュラル・フェミニズム）に対する反動として，階級や人種や性のありかたを視座に入れた運動が起こってくる。それはそれぞれのカテゴリーのあいだの「差異」を重視しようとする立場からの運動で，ポストモダン，ポスト構造主義，ポスト植民地主義と連動している。つまり，過去のアメリカにおけるフェミニズムが北半球中心の中産階級白人（アングロ・アメリカン）の女性

たちの運動であったことを認識し，それから脱し，南の，つまり周縁に置かれていた下層階級の有色人種の文化を反映させる闘いである。

　そこで抑圧され，搾取されてきた有色人種の理論家が登場することになる。インド出身で脱構築主義者のガヤトリ・チャクラヴォーティ・スピヴァック（Gayatri Chakravorty Spivak 1942- ）は，マルクスやフロイトの理論に「人種の次元」がないことを批判しつつ，マルクス主義における「労働者」にあたる存在としての「サバルタン」，すなわち文化的社会的下層階級である第三世界の女性たちの存在を可視化しようと試みている。ベトナム出身の映像作家でやはり鋭い評論で帝国植民地主義を批判しているトリン・T・ミンハ（Trinh, T. Minh-ha 1953- ）は，少数派，劣等人種の声は個人的かつ私的な声であるがゆえに理解されないできたという。彼女はさらに，毛沢東のことばや禅問答を例にパラドクスに満ちた非合理な東洋のことばの神秘を，「明晰さ」論理性を追求する西洋の思考と比較し，西洋的思考のもとではアジアの人々が自分たちの声を公にすることはむずかしいと論じている。

▶正典(カノン)の見直し　こうした理論家の闘いと平行して，多数派によって形成された歴史がそれまで無視し，沈黙させてきた少数派の有色人種の声に耳を傾けようとする気運が盛り上がってきている。現在生きている多くの有色人種の作品が出版されるようになったばかりでなく，過去に芸術作品を遺した有色人種の作家の掘り起こしや作品の再評価・再出版が行なわれるようになった。それらは「正典(カノン)の見直し」を迫ることにもなり，従来の文学史や美術史などを塗りかえつつある。ゾラ・ニール・ハーストン（Zora Neale Hurston 1891-1960）もそんな作家のひとりだ。1930年代のハーレム・ルネサンスで最も活躍した黒人女性作家であるが，人種問題をめぐってリチャード・ライトらと対立し，黒人文学界から締め出された。当時の黒人男性を怒らせたその作品には，白人だけでなく黒人男性からも二重に虐げられている黒人女性が描かれており，アリス・ウォーカー（Alice Walker, 1944- ）ら今日の黒人女性作家の世界を先取りしている。

　今日，有色人種の女性作家たちはそれぞれの文化を個性として認めさせようと試みている。日本人とアフリカ系アメリカ人との混血である劇作家ヴェリ

ナ・蓮・ヒューストン (Velina Hasu Houston 1958-) は,「アメラジアン」(アメリカ人とアジア人の血を合わせもつ人間) の視点を利点として捉えて創作活動を展開している。また, メキシコ系アメリカ人 (チカーナ) 作家のグロリア・アサルドゥーア (Gloria Anzaldúa 1942-) は, インディオ, メキシコ人, 白人といった単一の人種にくくることのできない, いわば複数の背景をもつ自らの異種混淆性を「ボーダーランド」と呼んでいる。2人の作家に共通するのは自分たちが背負っている文化を作品のなかで表現しようと努力している点だ。それぞれの作家の人種的背景と作品との関係は, もうひとりのチカーナ作家, シェリ・モラガ (Cherríe Moraga 1952-) の次のことばに集約されるだろう。

たいていの作家同様, 私たちメキシコ系の作家は自分たちの作品を「普遍的な」作品として評価してもらいたい, できる限り多くの人たちに読んでもらいたいと願っています。皮肉なことに, 最も「普遍的」な作品——たくさんの人たちの心に響く作品——は最も文化的な特殊性のあるものなのです。

ゲイ・カルチャーとアメリカ文学

1950年代のビート・ジェネレイションの中心的存在であるアレン・ギンズバーグがゲイであることを公然と詩集『吠える』のなかで歌った際, そこには体制や抑圧に対して抵抗する意図があった。たしかに, それ以前, ゲイはマイノリティとして,「罪深き者」「病的な人間」「犯罪者」「不法者」等, 社会的にあらゆる不利な形容をつけて扱われてきた。しかし, ギンズバーグの叫び声に呼応するかのように1960年代から始まった同性愛者の人権解放運動の成果もあって, 社会のゲイに対する違和感は徐々にではあるが和らいできた。勿論今でもゲイに対する偏見・差別は存在しているが, ゲイ文学が単に政治的に反体制的であることをやめ, かつての性的な異端者としての後ろめたさをかなぐりすて, 公然とゲイであることの喜びを語れるまでになった点, ギンズバーグがゲイ・カルチャーに果たした役割は極めて大きい。

しかし, 実はギンズバーグのずっと以前から, ゲイあるいはそれに近いモチーフはアメリカ文学のなかで比較的公然と取り扱われてきたのである。19世紀のジェイムズ・フェニモア・クーパーの『革脚絆物語』, ポーの『アーサー・ゴードン・ピムの物語』, メルヴィルの『白鯨』, トウェインの『ハックルベリー・フィンの冒

険』, ホイットマンの『草の葉』, 20世紀に入って, アンダソンの『ワインズバーグ・オハイオ』のなかの「手」という短編, ヘミングウェイの『日はまた昇る』などである。このなかで, ギンズバーグが特にホイットマンから強い影響を受けていることはよく知られている。

かつて, レスリー・フィードラーは『アメリカ小説における愛と死』のなかで, アメリカ文学のなかに同性愛という原型があることをいち早く指摘した。1960年当時, 彼は同性愛を家庭や社会からの逃避の場として捉えていたが, 同性愛者同志が結婚をし, 家庭を築くことが許されるようになった現代にあっては, ゲイ・カルチャーを多様な文化の当然の一部として見直す視点が必要とされている。　　(田中)

原典紹介

Women and Economics (1898)

Charlotte Perkins Gilman

It is high time that women began to understand their true position, primarily and eternally, and to see how little the long years of oppression have altered it. It was not well for the race to have the conservative processes of life so wholly confined to the female, the male being merely a temporary agent in reproduction and of no further use. His size, strength, and ferocity—admirable qualities in maintaining the life of an individual animal—were not the most desirable to develop the human race. We needed most the quality of co-ordination,—the facility in union, the power to make and to save rather than to spend and to destroy. These were female qualities. Acting from his own nature, man could not manifest traits that he did not possess.

『女性と経済』(1898)

シャーロット・パーキンズ・ギルマン

まずは女性たちが永久的に自分たちの本当の立場を理解し, その立場が長いあいだ続いた抑圧によってほとんど変わらないできたことにそろそろ気がつき始めてもよいころだ。男性は一時的に再生産に関わるだけであとはまったく役に立たず, 生命保存が完全に女性だけに限られているという状態をこれまで保持してきたことは, 人類にとって望ましいことではなかった。男性の大きな身体, 力, 獰猛さといった, 一動物が生命を維持していくうえで好ましい資質は, 人類の発展に最も望ましいものではなかった。私たちに最も必要だったものは協調という資質, すなわち協力しあう能力, 消費したり破壊したりするのではなく, むしろ物を作ったり大事に使ったりする力である。これらは女

図10-5 『エンジェルズ・イン・アメリカ』の公演用ポスター
トニー・クシュナーはこの作品でピュリツァー賞を授賞した。

性の資質だった。男性が自らもって生まれた性質によって行動するとき、もち合わせていない特質を表わすことはできなかった。

Angels in America (1993)

Tony Kushner

Roy: I don't want you to be impressed. I want you to understand. This is not sophistry. And this is not hypocrisy. This is reality. I have sex with men. But unlike nearly every other man of whom this is true, I bring the guy I'm screwing to the White House and President Reagan smiles at us and shakes his hand. Because what I am is defined entirely by who I am. Roy Cohn is not a homosexual. Roy Cohn is heterosexual man, Henry, who fucks around with guys.

Henry: OK, Roy.
Roy: And what is my diagnosis, Henry?
Henry: You have AIDS, Roy
Roy: No, Henry, no. AIDS is what homosexuals have. I have liver cancer.

『エンジェルズ・イン・アメリカ』(1993)

トニー・クシュナー

ロイ：俺はあんたに感動してもらいたいんじゃない。理解してもらいたいんだ。こいつは屁理屈なんかじゃない。偽善でもない。こいつは現実なんだ。俺は男とセックスをする。けど同じことをやってる他のやつらとちがって、俺は性交している相手の男をホワイトハウスに連れていく、するとだな、レーガン大統領は俺たちに微笑んで、そいつと握手するんだ。俺がどんなやつかは俺が誰かってことで完全に決まるんだ。
ヘンリー、いいか、ロイ・コーンは男どもとやるヘテロ（異性愛者）なんだ。
ヘンリー：わかったよ、ロイ。

ロイ：それで俺の診断結果はどうなんだ，ヘンリー。
ヘンリー：エイズだよ，ロイ。
ロイ：まさか，ヘンリー，そんな。エイズはホモの病気だろ。俺は肝臓癌なんだ。

「新しいイヴ」リサ・ライオンとメープルソープの出会い

　ヘルムート・ニュートン撮影の写真「カリフォルニアから生まれた新しいイヴ」が1981年の『パリ・ヴォーグ』誌に掲載された。女性スポーツ・チャンピオン・シリーズの1枚で，ボディビルダー，リサ・ライオンの写真だった。アメリカ白人女性としては小柄な身体に筋肉をまとった彼女の姿は，フェミニズム運動のイコンとなった。それは性革命，健康革命の必然の結果ともいえる。「女らしさ」の基準が大きく揺らいでいた時代に，筋肉美を備えた彼女の肉体は，多くの写真家のインスピレーションを刺激した。なかでも男性ヌードで一躍時代の寵児となった写真家ロバート・メイプルソープによる写真集『レイディ』（1983）が評判になる。メイプルソープがとった写真は，筋肉的なヌードと貴婦人の装い，あるいは筋肉を弛緩した肉体の柔らかさとSM的世界への言及など，男と女という二元論を超越するかのように境界線上を遊戯している。

（山越）

第11章

マルチカルチュラリズム

（辻内鏡人）

概　　説

▶同化から文化相対主義へ　　独立以来アメリカは，人民同士の契約による民主的な共和国を創るというアメリカ革命の理念が市民の間で合意され，この理想のもとに国民が統一されていると考えられていた。そのため，旧大陸からの移民たちも，やがて同じ言語を話し，同じく自由・平等・勤勉・自立という建国理念に共感し，同じ理想をもち，同じ歴史を共有して1つの国民に同化してゆくものと見なされていた。独立直後に『アメリカ農夫の手紙』のなかでクレーヴクールが記したように，移民はその出自を忘れてアメリカの理想にしたがって生きようとすることで「アメリカ人になる」と考えられてきた。今日にいたっても，政治の世界では建国理念を前提に議論が行なわれているし，一人一人の生活の場面においてもその理念は日常道徳の次元で浸透を見せている。この風景は，今後も容易に揺らぎそうには見えない。

　しかし，人々は皮膚の色，人種・民族の属性という意識を超越した無色透明の「市民」を生きることはできない。このことは，19世紀末から20世紀初頭にかけて大量の移民が流入し，かれらの同化が大きな社会問題になったとき，あらためてアメリカ人自身が認識することになった。時代がくだり，1940年代に社会学者のグンナー・ミュルダールが調査したときも，1960年代にミルトン・ゴードンが分析したときも，アメリカでは人種や民族は溶け合わず，「同化」，

図11-1　ヒスパニック

図11-2 ネイティヴ・アメリカン

「アメリカ化」あるいは「メルティング・ポット」という20世紀初頭の夢は実現していなかった。黒人やヒスパニック，先住インディアンなどのいわゆる少数民族集団(マイノリティ)は，アメリカの政治的な理想とは裏腹に，社会の偏見と差別と抑圧を受け続けていることが国民の前に明らかにされた。

周知のように欧米諸国は，近代化と文明化という啓蒙的な理念をもって世界に進出した。しかし，その帰結は人種差別主義と植民地争奪戦争であった。この落差はヨーロッパに起源をもつ文明観に対する懐疑を生み，第一次大戦後にはその反動からニヒリズム，原始崇拝主義などとならんで文化相対主義の風潮をもたらした。「同化」という考えは，「文明化」イデオロギーと同根の発想をもつものとみなされ，良心的な人々の支持を取り付けることができなくなっていった。公民権運動が興隆した1960年代以降には，「同化」はもはや理想としての説得力と魅力はもちえなかった。そればかりか，各民族集団の文化的な特色を奪う非民主的なこととみなされるようになったのである。

▶多文化主義の出現　「同化」に代わって徐々に普及し始めた考え方は，文化相対主義の要素をもつ「多様性」(diversity)で，個々の文化的な差異を承認しようというものであった。「多様性」に注目が集まると，それは合衆国の歴史が過去にさかのぼって探し求められることになり，すでに植

民地時代からアメリカが，さまざまな人種や民族からなる社会であったことがあらためて認識されるようになった。インディアンと呼ばれる先住民の社会も多数の風習としきたりをもった部族からなる社会であったし，入植者も各国からの出身者で構成されていた。アメリカ人といっても，移民とその子孫からなる人々を，単一のイメージで想像することはもともとできなかったのである。この「多様性」を定式化した議論は，1920年代に文化多元主義（cultural pluralism）として表現されたのが初発といえるが，当時は排外主義が強く一般的に受容される環境が整うのは，1960年代になってからのことであった。

アメリカが，民族的にも文化的にも多様な移民からなる社会であると見なすならば，多文化主義（multiculturalism）もそのような一般的な状態を指すものと考えられがちである。しかし，厳密にいうと多文化主義という表現が合衆国で用いられるようになったのは，1990年になってからのことであった。もちろん多文化的（multicultural）という形容詞ははるか以前から用いられていた。しかし90年代になって，これにイズムという語がつけられ，やがて文化多元主義と区別されるようになった。これは単に表現が違うだけではなく，評価が大いに異なっていた。

多文化主義という術語は，合衆国では，ブッシュ政権期の教育次官補ダイアン・ラヴィッチが「多文化主義――多数からの多数」(1990) という論文名で用いたのが，文献上もっとも早いもののひとつといえる。その時点で彼女は，「普遍的な多文化主義」と「特殊な多文化主義」というように，多文化主義に形容詞をつけて善し悪しを区別したように，多文化主義そのものは，中立的な概念として用いられていた。だがその翌年，アーサー・シュレジンガー・ジュニア（Arthur M. Schlesinger, Jr.）が著した『アメリカの分裂』の中では，多文化主義は，自民族中心の議論でアメリカを解体に導く危険な考えとして批判された。以後，多文化主義という言葉は，アフリカ中心主義（Afrocentrism）のような議論を連想させるものとなり，極端な民族主義という否定的な響きをもつものと受け止められるようになった。文化多元主義と多文化主義の決定的な違いは，前者がアメリカの独立宣言や合衆国憲法に象徴されるような自由や平等という理念を前提としたうえで文化の多様性を唱えるのに対して，後者はその

ような理念が万人に等しく適用されてこなかったという歴史的な現実を強調して，各固有の文化の重要性を唱えるところにある。いわば，共通文化と個別文化の強調点の置き方に違いがあるといってもよい。

▶西洋文明のみなおし　このように多文化主義は，アメリカの規範的な文化の定義に抗議する姿勢を指すようになった。直接的なきっかけとなったのは，その命名よりも前の1987年に求めることができる。その年，カリフォルニア州のスタンフォード大学に黒人の指導者ジェシー・ジャクソン師が訪れたとき，意気高揚した学生たちは「西洋文化を廃棄せよ！」とシュプレヒコールをあげた。このような考えは，もちろんこの年に偶然起こったのではなく，高等教育が西欧知に偏重していることを日頃から不満に思っている人々の後押しを得ていたのであろう。だが，このことをきっかけに運動は具体化し，勢いを増して大学のカリキュラム改革を求めるものとなり，89年には実際に新カリキュラムでの教育が行なわれるようになった。

改革を求める主張とは，たとえば次のようなものである。文学，歴史学，哲学などの人文学に登場してくる人物は，すべてヨーロッパやアメリカの白人男性ばかりで，かれらの事績だけが教えられているが，黒人は奴隷としてしか取りあげられず，アフリカは「暗黒の大陸」としてしか見られていないというものである。こうした改革要求を受けて，科目名は，「西洋文明」(Western Civilization) から「文化，思想，価値」(Cultures, Ideas, Values) に改められるなど，授業内容も脱西洋中心的な方向が目指されるようになった。この運動は，スタンフォード以外の大学にも及び，さらに高等教育だけでなく初等・中等教育まで影響を及ぼすようになった。さらに91年には，ニューヨーク州は，『一つの国民，多数の民族』という教育改革の指針の中で「文化の相互依存」という認識を強調して多文化的な視点の重要性を宣言した。

伝統的な知や教育のあり方の転換は，それ自体を危機とみなす風潮の中で激しい抵抗にあった。とりわけ1987年という年は，アラン・ブルームの『アメリカン・マインドの終焉』の刊行によって話題となったように，「伝統」と「改革」の間で議論が沸騰した年であった。アメリカで議論が白熱したのは，それが従来の「アメリカ」という観念やイメージとならんで，アメリカ的な価値を

大きく変えることになり，アメリカン・アイデンティティにとっての危機をもたらすからであった。アメリカは，自己を定義するとき，ヨーロッパ的な原理に代わってどこまで，アジアやアフリカの要素を受け入れるのか。人々は，歴史的にも大きな岐路に立たされることになった。

▶**国民の歴史意識と政治的統合** アメリカの国家・国民についての認識や歴史意識の動揺は，1980年代末からの世界史的な変化によって決定的になった。すなわち，1989年にはベルリンの壁が崩壊し，東西対立という世界の枠組みが変容し始めていたが，さらにアメリカ人の自己理解に影響を与えたのは次のような一連の出来事であった。移民の急増（1980年代末から1990年代初頭），国勢調査の速報で白人が半世紀後少数派に転じるとの予測（1990），ロサンゼルスの人種暴動（1992），コロンブス500周年（1992），ハワイ王朝断絶100周年（1993），国際先住民年（1993）などなど。これらの出来事は，自由主義の盟主アメリカというイデオロギーの下に，それまで封印されていた人種間の格差と対立，少数人種・民族の抑圧という歴史的事実を明るみに出し，ホワイト・アメリカを根底から揺るがした。

民族的な衝突が激化し最悪の事態を迎えた頃，幸運にもアメリカ経済は不況のどん底から回復に向かい始めていた。それ以後，アメリカは未曾有の長期にわたる好景気によって，90年代後半には国民分裂という危機感は薄れたかのように見える。だが，根本的な問題は解消されたわけではない。移民の急増にともない，「アメリカ国民」というイメージも変わり，文化的な同一性も変わらざるをえなくなっている。また，人種や民族を理由とする憎悪にもとづく犯罪（hate-crimes）も増加の一途をたどっている。多文化主義も，西洋中心主義に対する批判というラディカルな側面をなくしたわけではない。それゆえに，世界の民族文化や歴史を重視し，少数民族や女性を配慮した多文化教育は不可逆的に推進されざるをえないであろう。

だが，多文化主義が提起した政治学上の問いは，先のような理想と現実のギャップということに留まるものではなく，アメリカが経験したことのない大きい問題を含んでいる。それは，多人種・多民族社会において，文化的な多様性・多元性を，国民という政治的な統一体にどのように統合しうるかという問

題である。これまで合衆国においては，個別の人種的民族的な配慮は求められなかった。この問題は，最初は「同化」によって，次いで自由・平等という建前の原理を承認する国民的共通文化によって解消されるべきものと想定されていた。しかし，このどちらの方法も今日のアメリカにおいて国民を統合できるだけの説得力をもちえなくなっている。

▶新たな社会正義　その原因は，近年の世界史的変化のなかで人権意識がいっそう高揚し，単に「等しい権利」だけではなく「等しい敬意と尊厳」を求める文化的思想的認識が高まったことにある。すなわち，民主主義と自由を標榜する成熟社会においては，弱者や少数者に対する公正で正当な配慮を省くことはできないという認識が無視しえなくなった。たとえば，今日においては，過去の差別や過ちを償うことは当然のこととされている。また，自然と共に生きること，自ら信じる道徳観や信仰，文化的伝統にしたがって忠実に生きること，といった「善き生」（good life）を送りたいという要求は，立場の違いによらず尊重すべきことと見なされるようになってきた。こうした認識の変化は，一人一人の内面的な道徳性にまで及んでいる。これは，近年いわれるようになったＰＣ（political correctness）や，文化戦争（Culture Wars），道徳論争（moral controversies）という文化現象や思想状況と密接に関係していることはいうまでもない。

　もちろん，これらの主張の背後には，経済的な動機や政治的な思惑ということが潜んでいることは否定できないであろう。また，多人種・多民族社会のアメリカにおいては，多文化主義は自民族中心主義（エスノセントリズム）という通俗的な批判を受けやすく，そのような側面もにわかに否定できない。だが，提起されている問題はそのような打算的な点をはるかに超えて深く大きな問題であることも否定できない。ことに文化面での配慮ということになると，従来の西洋の白人男性に準拠した価値観そのものが批判的な検討の対象となる。また，近代文明の中に人種主義や植民地主義的な他者認識が含まれているとなると，そのような他者理解についても無批判ではいられなくなる。このような点において，多文化主義は既存の認識のあり方や知のあり方を見直す運動・価値をめぐる争いの一翼を担っているといえる。したがって多文化主義は，民族をめぐる問題ではあって

も，それを超えた文化の問題として向かい合う必要があると見るべきであろう。

▶アメリカ多文化主義の将来　現在，アメリカ合衆国では，誰のどのような価値がアメリカの価値となるか，成り行きが注目されている。それは，これまで自分たちを説明してきたさまざまな原理――国民的なイメージや記憶，正統的な政治的言説など――が，国内だけでなく世界的にも動揺しているからである。文字どおり人種・民族集団が経験し，記憶し，継承してきた慣習や価値観が，いま見直されようとしているのである。

　そのような状況のなかでは，自己に対する認識のあり方いかんによって，今後の立場は有利にも不利にもなる。アイデンティティ・ポリティクス（identity politics）と呼ばれる一種の自己覚醒運動は，いわゆる社会的なマイノリティに対する一定の配慮がみられる自由と民主主義が定着した多人種・多民族社会における文化現象といえる。もちろん，完全に公正な社会であればそのような現象は逆に見られないという点で，現実には「マイノリティ」としての社会的・文化的抑圧は未解決のまま残っていることを見落としてはならない。しかし，人々は自分がアメリカ社会において何者であり，今後どうなるかを理解せずに「善き生」を送ることはできなくなっている。

　カナダなどと異なり，アメリカでは伝統的に建国理念が共通文化としての地位を占めてきた。そのため，多文化主義は国家の政策的な目標とはならないばかりか，逆に国民的な統合を妨げる危険な民族主義と見なされる傾向が強い。しかし，ますます人種別の人口構成が多様になり，それぞれの文化に対する配慮が求められるようになると，アメリカ的な価値や理念についての理解も変容を受けざるをえなくなるであろう。今後のアメリカでは，建国理念という共通の理想が，変容を遂げる社会生活の実態との乖離をどのように狭めることができるのか，また多文化的な趨勢のなかからどのように新たな合意や原理が生まれるかが焦点となろう。

黒人教育環境の流れ

　ホレス・マン（1796-1859）は「教育は偉大な平等装置である」という思想のもとに，全米における公教育を推進したが，南部で黒人に対する公教育が始まったのは，南北戦争以降の再建期になってからのことであった。奴隷解放局は連邦政府・北部の宗教団体・慈善団体の援助のもと，南部に4000以上の学校を設立した。しかし当時の南部では，黒人の通う公立学校と白人の通う公立学校が区別されていて，教育上の平等は達成されていなかった。そうした中で苦労してハンプトン農業大学を終えたブッカー・T・ワシントン（1856-1915）は，黒人人口の特に多いアラバマ州タスキーギーに黒人のための高等教育機関を創設し，黒人に職能教育を施し，堅実な中産階級に育て上げ，その地位を向上させることに務めた。

　ワシントンの思想が穏健であったために，白人指導者たちから物心両面の多大な援助を受けたが，一方，W・E・B・デュ・ボイス（1868-1963）は，『黒人の魂』（1903）の中でワシントンの保守的な穏健さに不満を表明し，1909年に全国黒人地位向上協会 NAACP を設立した。19世紀末以来黒人教育の改善が議論されてきたが，黒人の基本的人権の保障のために連邦政府が州の権限に介入するようになったのは，南部における人種分離学校制度が憲法第14修正違反であることを認めた1954年のブラウン判決以降であった。1965年には初等中等教育法も可決され，連邦政府は教育財政事情の悪い南部の地域に補助金を支出して教育を支援した。

　これまで黒人教育は先住民や非西欧移民に対するのと同様，「よきアメリカ人」に変えてゆくという一元化のもとになされてきたが，近年は多文化教育も連邦や州の政策として重視されるようになり，「多様性」そのものを国民統合の新しい価値観として基礎に据える教育を模索する傾向にある。しかし，その教育方法や実践の仕方は多種多様で，いまだ論議の対象となっている。　　　　　　　　　　（田中）

キー・トピック解題

1　文化多元主義

　合衆国には，多文化主義（multiculturalism）に類似した表現として，文化多元主義（cultural pluralism）というものがある。どちらも文化が複数存在する社会状況を表現するものに違いはないが，使用され始めた時期や社会的背景は異

図11-3 多から一への教育

なっており，したがって意味合いも異なっている。文化多元主義は，ホレス・カレンというユダヤ系の評論家が1924年に著した『合衆国における文化と民主主義』という作品の中に登場するのが最初とされている。当時，主として東南欧からの移民——かれらの中にはカトリックやユダヤ教徒，あるいは社会主義者や無政府主義者が含まれていた——が大量にアメリカに流入することが社会問題になっていた。移民たちは犯罪をもたらしたり，風紀や安寧秩序を破壊したりする恐れがあると見られたために，かれらは先祖や故国の生活習慣や文化を捨てて，イギリス系白人アメリカの価値観や社会制度への同化（assimilation）を求められたのである。

▶文化相対主義　独立当時のアメリカは，プロテスタント系のイギリス人が入植者の5分の4を占めていた。そのため，19世紀末から20世紀初頭にかけての時期になっても，ヨーロッパ人の中でも「北方人種」もしくはチュートン人と呼ばれるアングロ系の子孫が優秀民族とみなされ，かれらの社会規範への同化（Anglo-conformity），もしくはアメリカ化（Americanization）を標榜する愛国団体の活動が活発になった。そこから，非アングロサクソン系移民の入国を排除しようとする排外主義（nativism）が起こった。社会全体が

図11-4 ユダヤ系アメリカ人

　不寛容な機運に圧倒されそうな中で，白人優越主義的なアメリカの支配的な風潮に対して，異議を申し立てるようになったのは，ユダヤ系の作家や人類学者などであった。人種や文化の絶対的な優位を説く従来の議論に対して，フランツ・ボアズや彼に師事したルース・ベネディクトやマーガレット・ミードなどが文化相対主義を普及させることになったのである。

　文化相対主義は，提唱された当時はあまり注目を浴びなかったが，両大戦を経て，人種主義や植民地主義が文化や民族に優劣という序列をつけようとする見方から発生することが明らかになるにつれて，重要な視点であると認識されるようになっていった。合衆国は，多人種・多民族社会であり，メルティング・ポット論などの同化論ではなく，多様な文化の併存状況，つまり個々の文化に対する正当な配慮が求められるようになった。60年代の公民権運動は，文化のこのような多元性認識を一層推進することになった。

▶国民的統合と
▶多元的統合
　しかし，文化の多様性に対するこのような認識は，アメリカの国民的な統合を否定するものではなかった。実際合衆国においては，しだいに文化的多様性が人的資源の豊富さとして読み替えられて，アメリカの強みと理解されるようになった。70年代半ばには大統領が，「わが国の歴史は，国民の間の統一だけでなく多様性という価値の重要性を教えてい

る」として,「文化多元主義の推進に完全に同意している」と述べている。

　今日では,同質的な価値観や意識に基づく国民統合に代わる多元的統合が,一部の人種主義者を除いて,ほぼナショナルなコンセンサスになっているといっていい状況である。だが,文化多元主義といっても,そのばあい,共通の価値観と文化――生命・自由・幸福を追求する権利を等しくもっているといった考え方など――を国民が共有していることが前提となっている。独立宣言と憲法に象徴されるような理想を共通の文化として尊重するのであれば,それ以外の文化や習慣などについては,自然なままにしておくというのが文化多元主義の考えであり,その共通文化についての認識の薄いものが,多文化主義であるといえる。

2　アフリカ中心主義

▶アフリカ文明の認識

　従来,アメリカの学校においては,カリキュラムは西洋の文化と価値観に重きをおいたものになっていた。アフリカ系アメリカ人の一部の人が,このような思考や慣行をヨーロッパ中心主義(Eurocentrism)であると批判して,代わりに提唱したのがアフリカ中心主義であった。具体的な主張としては,人類の文明の起源がアフリカにあり,古代ギリシャ・ローマ文明以前に,アフリカには高い文明があったというものである。ピタゴラスやアリストテレスがアレクサンドリアで学んだことや,エチオピアやガーナの帝国のことが強調されることになる。

　一般的にいって,アフリカ中心主義という主張は,多文化主義を唱道する立場の中において必ずしも有力な議論になっているわけではないが,こうした主張の代表的な論者としては,モレフィー・キート・アサンテ(Molefi Kete Asante),レナード・ジェフリーズ(Lenard Jeffries, Jr.),エイサ・ヒリアード(Asa G. Hilliard, III)などがいる。かれらは,従来の人文学がすべてヨーロッパ人による事績を中心にして構成されていることに対して,強い懸念と不満をもっている点において共通している。だが,アフリカに人類の文明の起源があるというこの種の議論は,すでに20世紀の初頭から,パン・アフリカニズムな

どの思潮とも歩調を合わせつつ，少なからぬ黒人が述べてきたものであった。差別され抑圧されてきた黒人の立場に即してみれば，アフリカ文明の高さと歴史の古さを誇ることは，自然な成り行きといえる。

▶**アフリカ中心主義の独自性** だがアフリカ中心主義という名称は，1980年代の末になってから登場した。そこには，ある程度の理論的な視点が加えられている点で，従来の議論には見られない内容が含まれている。とくに注目されるのは，アフリカ中心主義が，ヨーロッパ中心主義とは異なり，ヨーロッパに取って代わって世界的な基準になろうというのではないという点である。アサンテがいう「中心的」(centric) というのは「排他的な概念ではなく，自己を自己の文化的な準拠枠によって理解すること」であるとされる。彼によれば，ヨーロッパ中心主義は，ヨーロッパの価値や立場を人類に普遍的な価値として，すべての人の準拠枠にすべきであると考える覇権的なものであるが，アフリカ中心主義は，それをアフリカに関係をもたない人々に対しては適用しないという。アフリカには，独自の正義や規律，真理，礼節，美徳などの価値観や徳があるのであって，ヨーロッパのものだけがすべての人々に普遍的に妥当すると考える必然性はないというのがその根拠となっている。

▶**「アフリカ中心」教育** このような考え方は，高等教育の現場から起こってきたのであったが，初等教育まで影響を与えるようになり，黒人住民の多い地域のいくつかの学校において具体的に歴史教育などをとおして実践されるようになった。こうした「アフリカ中心」教育は，いわゆるマイノリティの子どもたちの学業不振を根本的に解決しようという運動とも結びついて，人生に対するかれらの考え方を積極的で肯定的なものに変えるという方向においてひとつの動きを形成するようになった。

　教育の現場での試みがどのような成果を生むかはまだ断言できないが，アフリカ中心主義は，理論的には，文化相対主義や本質主義といった問題を抱えている。人類の諸文化の起源をどこまでアフリカに求めることができるか，その実証的な根拠は別にしても，文化が相互に作用し合う側面や，不変なものではなく歴史的にさまざまな変容を受ける側面があることなどを考慮に入れた理論化が求められるといえる。

3 文化戦争とポリティカル・コレクトネス

▶文化戦争　多文化主義は，西洋の白人男性を基準とする価値観に対して政治的に異議申し立てをしたものといえるが，合衆国ではそのような価値観の対立は，文化闘争ないし道徳論争というもっと広い領域で展開されている。たとえば，積極的差別是正措置（affirmative action）は，差別是正に役立っているのか，それとも社会的少数派の人々を優遇して，多数派の人々を新たに差別する＝逆差別することになるのかという論争がある。このような場合，平等はどのようにすれば実現できるのか。また，同性愛（gays and lesbians）や人工妊娠中絶（abortion）は，神に対する背信行為として糾弾すべきなのか，それとも人間の基本的な情感として容認されるべきなのか。このほか，死刑判決（death penalty）や代理母（surrogate mother），動物の権利（animal rights）など，広く生命倫理に関わる問題もある。こうした問題は，いずれも自由・権利・尊厳などの価値をめぐる論争という点では共通しており，広く文化戦争（Culture Wars）と呼ばれている。

▶ＰＣ　このような論争にみられるように今日の合衆国は，価値や正義をめぐってきわめて難しい問題を抱えている。少数人種や少数民族に限らず，女性や，心身に障害をもつ人々など，社会的な弱者を配慮し，かれらを単に差別しないということに留まらず，その存在を理解するということが道徳的に求められるようになっているのである。人種差別や民族差別，性差別，年齢差別などは許されるものではないという気運が高まっている。一般的に，弱者に対するこのような配慮ある言動は，ポリティカル・コレクトネス（political correctness ないしＰＣ）と呼ばれている。多文化社会において，他者に対する偏見や差別を改めないと国民が分裂してしまうというアメリカの宿命的な状況への対応として，ＰＣは心情的に賛同しがたくても，表だって反対できない原則となりつつある。

　ＰＣは，認識を改めることを目指すものであるが，具体的には不適切な差別表現の変更などに見ることができる。たとえば，議長（chairman），消防士

(fireman) という男性中心的な表現を "chairperson" や "fire-fighter" としたり，インディアンを先住アメリカ人 (Native American) に，障害者 (disabled) を "differently-abled" などと言い換えようというもので，一部はすでに定着しているものもある。ＰＣとは元来，両大戦間期に社会主義者たちが物事の是非を議論した際，教条的にソ連共産党の判断に従って，「それは政治的に正しい (politically correct)」といって判断していたところから由来してものとされている。したがって，最初，ＰＣはそれに反対する現代人がＰＣを実践している人々を揶揄するために用いたものであった。道義的には正しくて

図11-5　ＰＣを非難する背後には何があるのか

も，その価値観や判断は他人からの借り物に過ぎないのではないかという冷ややかな視点から，「それはＰＣである」などと表現されるのである。社会的な弱者に対する配慮ではあるが，ＰＣは強要すると表現の自由を奪う教条的なものになる危険性を伴っていると批判されるときがある。

▶ＰＣとアメリカ社会の現実　それゆえ，このような運動や風潮が高まったからといって，それをアメリカ社会から偏見や対立が消滅に向かっている兆候と直ちに見なすことはできない。そればかりか現実は，むしろ人種的憎悪や，宗教的憎悪，同性愛者に対する憎悪など，憎悪犯罪 (hate-crimes) と呼ばれる凶悪な犯罪は増加している。ポリティカル・コレクトネスの考えが広まっているからといって，多様な民族とその文化がアメリカ社会で抵抗もなく受け入れられているということはできない。平等化が進めば進むほど，それに対する抵抗も大きくなるとみた方がよいのかもしれない。だが，移民，動物の権利，死刑判決，環境など価値や正義，倫理の絡むさまざまな問題を論じるとき，ど

のような視点から発言するかということは、ＰＣと呼ぼうと呼ぶまいと、一人一人の内面を問われることになり、文化闘争は他人との間だけではなく自己の内部でも繰り広げられるといえる。

4 アイデンティティ・ポリティクス

　民主主義と自由を旨とする現代社会においては、その構成員は形式的には平等とみなされているが、多人種多民族社会のアメリカにおいては、経済的な機会や資源の分配、政治的な発言力などの面で必ずしも平等というわけではない。合衆国の歴史をとおしてみてみると、各人種・民族集団のなかには、排除されたり抑圧されたり市民的権利を奪われた人々がいる。黒人は奴隷として売買されたし、アジア系は移民を制限されたし、東南欧からの移民は、アメリカ社会への厳しい同化が求められた。日系も第二次大戦中、強制収容所に送られた。総じて、これらの人々は人権だけではなく、文化的な尊厳を奪われ人間的な威厳を傷つけられたといえる。

▶アイデンティティの主張　だが合衆国では、1960年代以降、公民権運動の興隆を受けて、積極的差別是正措置(アファーマティヴ・アクション)の実施、記念碑の建立、国家賠償、博物館での展示、歴史教育カリキュラムの改革などさまざまな形態をとおして、過去の見直し作業が進められるようになった。社会的正義の実現を求める機運が高まり、過去の過ちを償うことが不可避の状況が生じてきたのである。それに伴って、差別や抑圧をうけてきた集団は、以前ならば苦難という不名誉な過去を隠したり、無意識のうちに忘却したりしてきた。だが、60年代以降、自分の民族的出自や特性を強く自覚し、その記憶を子孫に積極的に語り伝えるようになった。自分たちが何者かをよく知っていることが、今後の市民生活を改善する上で必要になり、自分のアイデンティティを強く自覚するようになったのである。その結果、アイデンティティを社会的な交渉の場面で提示することが、説得力を強めるうえでも重要になっていった。このような思考やそれに基づく運動や交渉をアイデンティティ・ポリティクスという。

　多文化主義を求める議論の中には、社会的な少数派集団がそれまでに受けて

表11-1　祖先の出身国（地域）による人種・エスニック集団別人口（1990）

(単位1,000人)

ヨーロッパ：		中南米：	
ブリテン系	1,119	メキシコ	11,587
チェコ系	1,296	プエルトリコ	1,955
クロアチア系	544	キューバ	890
デンマーク系	1,635	スペイン	2,024
オランダ系	6,227	ジャマイカ	435
イングランド系	32,652		
フランス系	10,321	アジア：	
ドイツ系	57,947	中国	1,505
ギリシャ系	1,110	フィリピン	1,451
ハンガリー系	1,582	日本	1,005
アイルランド系	38,736	韓国	837
イタリア系	14,665	インド	570
ノルウェー系	3,869	ベトナム	536
ポーランド系	9,366		
ポルトガル系	1,153	北アメリカ：	
ロシア系	2,953	アフロ・アメリカ	23,777
スコッチ＝アイリッシュ系	5,618	アメリカ・インディアン	8,708
スコットランド系	5,394	フランス・カナダ	2,167
スロバキア系	1,883		
スウェーデン系	4,681		
スイス系	1,045		
ウェールズ系	2,034		

(出典)　高村宏子・飯野正子・粂井輝子編『アメリカ合衆国とは何か』（雄山閣出版，1999年）91頁。

きた差別や抑圧を告発し，剥奪されてきた文化を回復したいという動機がひそんでいる。かれらは，等しい権利と尊敬を求めると同時に，自分たちが本来もっていたとする伝統や固有の文化を強調して，それに自己を同一化（アイデンティファイ）しようとする。民族衣装や，伝統芸能，古い習わしや伝統，それに合衆国での経験を，積極的に発掘・回想するのである。

▶本質主義と構成主義　　しかし，各民族集団がこのようなアイデンティティ・ポリティクスを実践すると，国民としてのまとまりが薄らぎ，民族的な対立や敵対心が煽られると心配する動きが出てくる。そのような立場からの批判のひとつに，アイデンティティという帰属意識が，本人の選択

や意志に関わらず生物学的に決定されているというのは本質主義(エッセンシャリズム)であり，それは人種主義と同根の問題を抱えているというものがある。実際，先住民のなかにも，イロコイ，モホーク，チェロキー，ナバホなど，さまざまな集団がおり，「インディアン」という共通のアイデンティティは，ある歴史的な文脈の中で創造されたものに過ぎない。同様に，アジア系といっても，ベトナム系，タイ系，中国系，韓国系，日系などがあり，同族意識は元来なく，特定の条件の中で作られたものであることが分かる。このようなことから，近年の理論では，文化やアイデンティティを本質的(エッセンシャル)なものと考えるのは，過ちであるとされ，「伝統」やアイデンティティが社会的に構築されたものと考えられるようなった。

だが，すべてが「創造」されたものであるといっても，差別をなくし正義を実現することはできないし，抑圧と排除の過去を否定することもできない。また逆に，アイデンティティを本質的(エッセンシャル)な概念として考えることもできない。そこで，アイデンティティを，人種や民族への帰属意識としてではなく，被抑圧者としての経験を共有する者という自己認識として理解する方法が模索されるようになった。アイデンティティ・ポリティクスの将来は，国民統合論からの反対を，社会的正義の原理によってどこまで修正できるかにかかっているといえる。

現代アメリカにおける虹のシンボリズム

1984年大統領選の民主党予備選挙に黒人候補として初めてたたかったジェシー・ジャクソン師は黒人，ヒスパニック，アジア系住民などのマイノリティを中心に，女性・白人までも巻き込んだ新たな連合を提唱した。その名もレインボウ・コアリッション（Rainbow Coalition）すなわち「虹の連合」である。虹は旧訳聖書に登場する「ノアの函舟」の逸話で，洪水が終わり平和が再び訪れた印として使われている。ハワイ州登録の自動車のナンバープレートにも虹がデザインされている。ハワイには虹がよくあらわれるからだが，そこに暮らすさまざまな人々のハーモニーをも表わしている。1959年にアメリカ50番目の州となったハワイ諸島にはハワイアン，日系，白人を中心に，さらに韓国系，中国系，フィリピン系などが共生する。

ハワイ王朝以来,主にアジアからの労働力を受け入れてきた結果である。しかしこれがアメリカの未来だと今ハワイはメッセージを送る。平和のメッセージはゲイ・パレードで用いられる虹のデザインにも読み取れる。　　　　　　　　(山越)

原典紹介

The Disuniting of America : Reflections on a Multicultural Society (1991)
Arthur M. Schlesinger, Jr.

　History can give a sense of national identity. We don't have to believe that our values are absolutely better than the next fellow's or the next country's, but we have no doubt that they are better for us, reared as we are——and are worth living by and worth dying for. For our values are not matters of whim and happenstance. History has given them to us. They are anchored in our national experience, in our great national documents, in our national heroes, in our folkways, traditions, and standards. People with a different history will have differing values. But we believe that our own are better for us. They work for us ; and, for that reason, we live and die by them.

　It has taken time to make the values real for all our citizens, and we still have a good distance to go, but we have made progress. If we now repudiate the quite marvelous inheritance that history bestows on us, we invite the fragmentation of the national community into a quarrelsome spatter of enclaves, ghettos, tribes. The bonds of cohesion in our society are sufficiently fragile, or so it seems to me, that it makes no sense to strain them by encouraging and exalting cultural and linguistic apartheid.

『アメリカの分裂——多文化社会に関する所見』(1991)
アーサー・シュレジンガー・ジュニア

　国民というアイデンティティの感覚は,歴史によって与えられることがある。私たちの価値観が隣人や隣国のそれよりも絶対に優れたものであると確信するまでにいたらなくとも,私たちにとっては自分たちの方が優れており,それによって生き,そのために死んでもかまわないと思えるように間違いなく育てられるのである。なぜなら,私たちのもつ価値観というものは何かのいたずらでそうなったり,偶然にできあがるといったものではないからである。それは,歴史をとおして身につくものなのである。私たち国民が経験することをとおして,また私たちの偉大な国民的な文書のなかに,私たちの国民的な英雄のなかに,そして私たちの慣習や伝統,規範のなかにそれは根づいている。異なる歴史をもった民族はまた別の価値観をもつだろう。しかし,私たちは自分たちの

価値観の方が自分たちには良いものであると思っている。その方が私たちのためになる。そして，そうであるがゆえに私たちはそれによって生き，それに従って死ぬのである。

そのような価値観が全ての国民にとって現実味あるものになるまでには，時間がかかるし，私たちはいまだにその実現の途上にあるといえる。しかし，それでも私たちは前進しているのである。もし仮に，歴史から授かった素晴らしい遺産を捨て去ってしまったら，国民的な共同体はバラバラに分解して，民族的な分子ないし閉鎖的な集団や部族集団同士が対立し合うことになるだろう。私たちの社会をつなぎとめている絆はもろいので，言語的・文化的な隔離を煽ったり褒め称えたりして，お互いに刺激し合うようなことは無意味なことといえよう。

One Nation, Many Peoples: A Declaration of Cultural Interdependence (1997)

Liza Diprima

The United States is a microcosm of humanity today. No other country in the world is peopled by a greater variety of races, nationalities, and ethnic groups. But although the United States has been a great asylum for diverse peoples, it has not always been a great refuge for diverse cultures. The country has opened its doors to a multitude of nationalities, but often their cultures have not been encouraged to survive or, at best, have been kept marginal to the mainstream.

Since the 1960s, however, a profound reorientation of the self-image of Americans has been under way. Before this time the dominant model of the typical American had been conditioned primarily by the need to shape a unified nation out of a variety of contrasting and often conflicting European immigrant communities. But following the struggles for civil rights, the unprecedented increase in non-European immigration over the last two decades and the increasing recognition of our nation's indigenous heritage, there has been a fundamental change in the image of what a resident of the United States is.

With this change, which necessarily highlights the racial and ethnic pluralism of the nation, previous ideals of assimilation to an Anglo-American model have been put in question and are now slowly and sometimes painfully being set aside. Many people in the United States today are no longer comfortable with the requirement, common in the past, that they shed their specific cultural differences in order to be considered American. Instead, while busily adapting to and shaping mainstream cultural ideals commonly identified as American, in recent decades many in the United States —— from European and non-European backgrounds —— have been encouraging a more tolerant, inclusive, and realistic vision of American identity than any that has existed in the past.

『一つの国民，多数の民族——文化的相互依存性の宣言』（前文）（1997）

リーザ・ディプリマ

　こんにちの合衆国は，人類のひとつの小宇宙といえる。人種や出身国，民族集団がこほど多様なところは世界にほかにない。だが，合衆国は多くの人々にとっては偉大な避難所ではあったものの，文化という点においては，つねに偉大な避難所であったとはいえない。この国は，数知れない国の人々に対して門戸を開いてはきたが，かれらの文化は，時としてこの地で生き残ることを求められなかったし，せいぜい主流文化に対して周辺的な位置しか与えられなかったのである。

　しかし1960年代になると，アメリカ人の自己イメージが抜本的に見直される動きがでてきた。それ以前は，典型的なアメリカ人というのは，もっぱらヨーロッパからやってきた多様な移民がそれぞれに特色をもち，時として相互に対立を含んでいたものを，単一の国民にまとめ上げる必要性からつくり出されていた。ところが，公民権闘争に続く20年の間に，ヨーロッパ以外から未曾有の移民が流入したことと並んで，わが国における先住民に対する認識が高まったことで，合衆国住民というもののイメージが根本的に変わってしまった。

　国民が人種的・民族的に多様なことを強調したこの変化に伴って，アングロ・アメリカへの同化という従来の理想は必然的に疑問視されるようになり，今では徐々にではあれ，またときには無惨ともいえるくらいに脇に追いやられるようになった。こんにちにでは，アメリカ人と見られるためには文化的な相違を捨ててしまおうといった，それまでみんなが共通してもっていた考えに，合衆国の多くの人はもはや賛同できなくなっている。そして，アメリカ的と見なされている主流文化なるものの理想に懸命に適応しようとする反面，近年では，ヨーロッパの出身者であろうとヨーロッパ以外の土地の出身者であろうと，多くの人々がこれまでになく寛容で包括的かつ現実的なアメリカンのアイデンティティという考えを賞賛するようになってきたのである。

映画に登場するゲイたち

　1996年のドキュメンタリー『セルロイド・クローゼット』は，ゲイが登場する映画を時代を追って紹介し，ハリウッドとゲイとは切っても切れない関係にあると主張している。たとえば1933年の『モロッコ』には，男装したマレーネ・デートリッヒがクラブのショーで女性客のひとりにキスするシーンがある。キスされた女性の

当惑と喜びの入り乱れた顔をみて，まわりの客が大喜びする。当時の映画では，シシーな（女ぽい）男たちも利用され，陽気な笑いをふりまいていた。このころ，ゲイの描き方はまだ寛容だった。

しかし1934年の自主規制以来，児童保護を名目に「不道徳なシーン」が禁止され，同性愛者はあからさまには描かれず，陰微な，時にはクイアな嫌われものへと変化する。その姿は『レベッカ』の亡き女主人に対してねじまがった愛情を抱く冷酷な家政婦のように，見てはいけない，知ってはいけない存在となる。『理由なき反抗』で主人公の青年にあこがれる少年，『去年の夏，突然に』で南の島でカニバリスティックな死を遂げる南部の大富豪，『噂の二人』では，同僚の女性教師への愛情に悩み命を断つ女教師など，ホモ・フォービック（同性愛嫌い）な社会では，どれも結局抹殺される運命だった。

ほとんどの性表現が解禁された60年代になっても，ゲイだけは相変わらずスクリーン上で殺され，自殺し，性的変態者を見る不快なまなざしを受け続けてきた。現実社会では1969年，ゲイの人権を求めたストーンウォール・デモ行進が行なわれ，70年代には彼らもカムアウト（自己宣言）するようになる。ただし映画ではストレイト（異性愛者）な世界からは「ファグ」「クイア」などと罵られ，バッシングされるシーンがしばらく繰り返された。が，80年代以降はゲイを誠実に描くようになる。『トーチソング・トリロジー』，『テルマ＆ルイーズ』，『フィラデルフィア』などは，ゲイたちのナイーヴな感性と現実世界での苦しみを正面から取り上げている。

(山越)

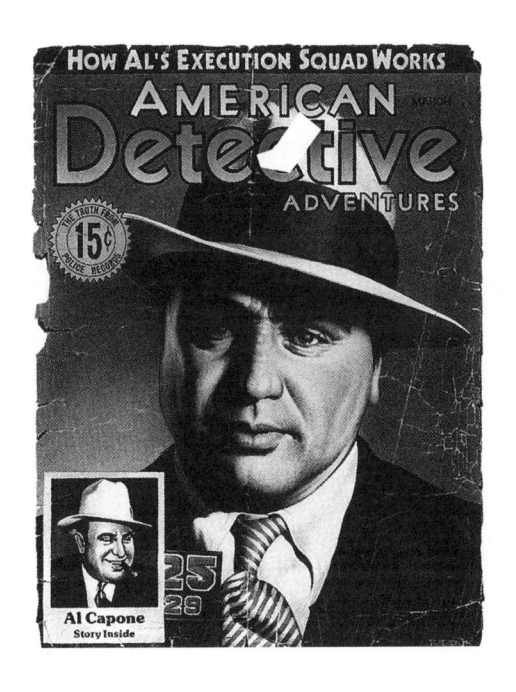

第12章
犯罪・暴力・抑圧
(外岡尚美)

概　説

▶犯罪と貧困

犯罪には，大きく分けて殺人・レイプなどを含む暴力犯罪と強盗・窃盗などを含む財産に対する犯罪とがある。1960年から犯罪は増加傾向にあり，1960年の338万4200件から1992年の1443万8191件まで，およそ300％以上という驚くべき増加率を示した。またイリノイ大学のディヴィッド・ルービンスタインによれば，失業率と犯罪率の間には密接な関係がある。1900年以降の殺人を図表にしてみると，大恐慌が深刻な1933年をひとつのピークに，1933年から1940年の間に，殺人の割合はほぼ40％に落ち，財産にかかわる犯罪も，同様なパターンを示したという。1992年以降，犯罪の発生率は少しずつ減少しているが（表12-1），そこには1990年代のアメリカ経済の安定も反映しているだろう。

とはいうものの，アメリカの繁栄に浴さない貧困家庭においては，財産や人的犯罪の被害率が最も高い。1991年の統計によれば，年収7500ドル以下の家庭

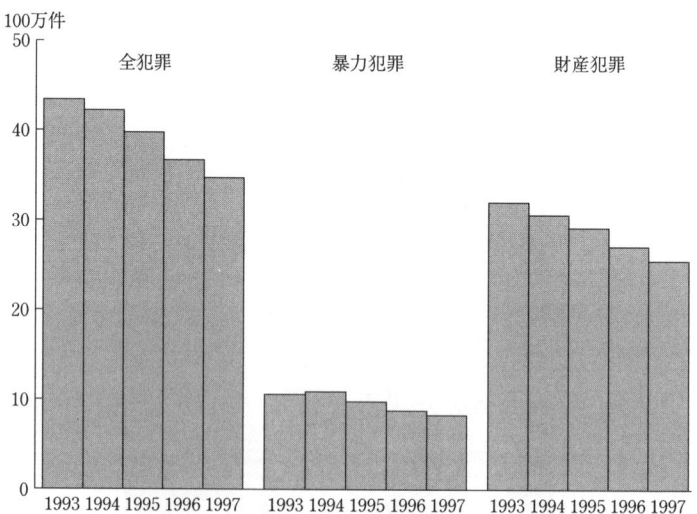

表12-1　犯罪の犠牲者（1993-1997）

（出典）合衆国商務省センサス局編（鳥居泰彦監訳）『現代アメリカデータ総覧1999』（東洋書林，2000年）。

における被害がおよそ120万人に対して，年収5万ドル以上の家庭における被害は90万人以下である。

▶暴力犯罪とジェンダー　殺人，レイプ，強盗，悪質な暴行を含む暴力犯罪に限ってみると，1960年においては28万8460件，それに対して1992年では193万2274件である。1960年以降，人口は44％増えただけだが，暴力犯罪の数は550％以上増えている。1992年には2万3760件の殺人，10万9062件のレイプ，67万2478件の強奪，110万件以上の悪質な暴行があった。また1988年の司法省資料によればアメリカにおけるレイプの割合はヨーロッパのほぼ7倍である。

1986年のジョージ・ギルダーによる『男と結婚』(Men and Marriage) が明らかにしたのは，独身男性が全人口の13％を占めるとともに，全刑事犯の40％を占め，さらに全暴力犯罪の90％を行なっている，ということだ。その状況は1994年においても変わらず，ニューバーンとスタンコは，犯罪が「ほとんど常に男性によって行なわれている」と述べている。

▶人種と犯罪　人種別に見ると1992年現在，白人は人口の約80％で，全暴力的刑事犯の約54％を占めている。しかし黒人は人口の約12％を占めるにすぎないにもかかわらず，全暴力的刑事犯の約45％を占めている。一方被害の方を見ると，アフリカ系アメリカ人の青年の都市部における殺人被害率は，1960年には10万人につき約45人だったのが，1990年には約140人にまで増加した。一方で白人青年の被害率は10万人につき約20人の割合である。つまり，黒人21人のうち1人は殺害される計算になるが，それは第二次世界大戦中の兵士の死亡率よりも高い（全国統計に関しては表12-2を参照）。さらにアフリカ系アメリカ人のティーンエージャーたちの主たる死因は，1992年現在，殺人であり，被害が若年層にまで及んでいる。このような犯罪被害状況は必ずしも人種間の対立を原因とするものではない。1990年において黒人の殺人被害者の93％は，黒人犯罪者によるものであった。また黒人の犯罪被害は貧困層に限定されるわけでもない。すでに述べたように犯罪被害率は収入が高くなるにつれて低くなる傾向があるが，1993年の司法省の報告によれば，黒人の被害率はすべての収入レベルで白人よりも高いばかりでなく，収入レベルが上昇するとともに

第12章　犯罪・暴力・抑圧　│　249

表12-2 殺人——犠牲者の人種・性別（1980-1997）

[白人・黒人・男女別人口10万人当たりの殺人発生率。合衆国非居住者の死亡を除く。1980年以降，死亡の分類は *International Classification of Diseases* 第9版，それ以前の年は，当該年に利用可能であった版による。『アメリカ歴史統計』H971-978も参照]

年	被害者数					殺人発生率[2]				
	計[1]	白人		黒人		計[1]	白人		黒人	
		男性	女性	男性	女性		男性	女性	男性	女性
1980	24,278	10,381	3,177	8,385	1,898	10.7	10.9	3.2	66.6	13.5
1981	23,646	9,941	3,125	8,312	1,825	10.3	10.4	3.1	64.8	12.7
1982	22,358	9,260	3,179	7,730	1,743	9.6	9.6	3.1	59.1	12.0
1983	20,191	8,355	2,880	6,822	1,672	8.6	8.6	2.8	51.4	11.3
1984	19,796	8,171	2,956	6,563	1,677	8.4	8.3	2.9	48.7	11.2
1985	19,893	8,122	3,041	6,616	1,666	8.3	8.2	2.9	48.4	11.0
1986	21,731	8,567	3,123	7,634	1,861	9.0	8.6	3.0	55.0	12.1
1987	21,103	7,979	3,149	7,518	1,969	8.7	7.9	3.0	53.3	12.6
1988	22,032	7,994	3,072	8,314	2,089	9.0	7.9	2.9	58.0	13.2
1989	22,909	8,337	2,971	8,888	2,074	9.2	8.2	2.8	61.1	12.9
1990	24,932	9,147	3,006	9,981	2,163	10.0	9.0	2.8	69.2	13.5
1991	26,513	9,581	3,201	10,628	2,330	10.5	9.3	3.0	72.0	14.2
1992	25,488	9,456	3,012	10,131	2,187	10.0	9.1	2.8	67.5	13.1
1993	26,009	9,054	3,232	10,640	2,297	10.1	8.6	3.0	69.7	13.6
1994	24,926	9,055	2,921	10,083	2,124	9.6	8.5	2.6	65.1	12.4
1995	22,895	8,336	3,028	8,847	1,936	8.7	7.8	2.7	56.3	11.1
1996	20,971	7,570	2,747	8,183	1,800	7.9	7.0	2.5	51.5	10.2
1997	18,774	(NA)	(NA)	(NA)	(NA)	7.0	(NA)	(NA)	(NA)	(NA)

NA データなし 1) 個別に明示しないその他の人種を含む 2) 1970，1980，1990年は，4月1日現在の確定人口に基づく発生率。その他の年は7月1日現在の推計値人口による。

（資料） U.S. National Center for Health Statistics, *Vital Statistics of the United States*（年刊），および未刊行資料。

（出典） 表12-1と同じ。

被害レベルも上昇する傾向がある。

　一方で1995年現在の人口比は，白人74％，アフリカ系13％，ヒスパニック系10％，アジア系他が3％であるが，2050年には白人53％，アフリカ系14％，ヒスパニック系23％，アジア系他10％となると推定されている。韓国系移民の経営する商店などが襲撃の対象となった1992年のロサンゼルス暴動に明らかなように，人種と犯罪の関係は，白人か黒人かの図式には収まりきらなくなっている。

▶銃と犯罪　アメリカ人が本格的に武装しはじめたのは1960年代である。学生抗議運動，冷戦の恐怖，人種暴動，暗殺が続く最中であった。最も荒れていた1967年から68年までに販売された拳銃の数は50％増加，240万丁となった。これは年間増加率としては史上最高であった。1960年にはアメリカには1600万丁の拳銃があったが，70年には総数2700万丁，89年には，6670万丁にのぼり，銃火器は全体で2億丁が出まわっていた。

　さらに1991年には銃火器の数は2億180万丁となり，同年に起こった全ての殺人事件のうち，66.3％で銃火器が使用されていた。全強盗件数のうち約40％，またすべての悪質な暴行のうち24％で，銃火器が使用されている。

　1993年になると銃器総数は2億2300万丁，単純計算してもアメリカの各家庭に4.5丁の銃があることになる。そのうち75％は1回引き金を引くごとに弾丸が連続して12発まで発射できる，軍事用に開発されたセミ・オートマティック銃である。同年に発生した犯罪のうち，強盗，悪質な暴行，レイプおよび性的暴行は440万件発生したが，そのうち130万件（29％）で銃器が使われていた。

▶銃と少年犯罪　多くの銃ディーラーが違法な活動をしているにもかかわらず，管轄局であるアルコール・タバコ・火器及び爆発物取締局（ATF）の権限が制限されているため，麻薬犯罪，銃火器を使った暴力犯罪の調査はできてもディーラーの取り締まりが十分に行なわれない。そのため射撃，狩猟用，女性用の護身向け銃ばかりか，殺傷力の高い攻撃型の銃まで驚くほどたやすく一般人に，そして犯罪者の手に渡る。

　学校での銃乱射事件，少年ギャング同士の銃を使った抗争にも明らかなように，子どもの銃入手もそれほど困難ではない。1993年の調査では，6学年から12学年の子どもたちの内59％が欲しければいつでも拳銃を手に入れられると回答しており，21％が1時間以内で入手できると答えている。

　銃犯罪と限定されてはいないが1982年から1991年の間に少年の逮捕率は殺人で93％，悪質な暴行で72％，レイプで24％，自動車窃盗で97％増加している。また1986年から1993年までの間，ワシントンの小児国立医療センターでナイフと拳銃の傷害で治療を受けた子どもやティーンエージャーの人数は1740％増加した。少年による殺人は1995年を境に減少に転じているものの，学校に銃を持

表12-3　主要犯罪における青少年逮捕者数（1980-1997）

[169,439は1億6943万9000を表す。青少年は10-17歳を示す]

犯　　罪	1980	1985	1990	1991	1992	1993	1994	1995	1996	1997
報告機関数	8,178	11,263	10,765	10,148	11,058	10,277	10,693	10,037	10,026	9,471
青少年人口（1,000人）	169,439	206,269	204,543	189,962	217,754	213,705	208,035	206,762	195,805	194,925
数										
凶悪犯罪, 計	77,220	75,077	97,103	95,677	118,358	122,434	125,141	123,131	104,455	99,342
殺人	1,475	1,384	2,661	2,626	3,025	3,473	3,114	2,812	2,184	1,873
強姦	3,668	5,073	4,971	4,766	5,451	5,490	4,873	4,556	4,228	4,102
強奪	38,529	31,833	34,944	35,632	42,639	44,598	47,046	47,240	39,788	36,059
加重暴行	33,548	36,787	54,527	52,653	67,243	68,873	70,108	68,523	58,255	57,308
銃火器法違反	21,203	27,035	33,123	37,575	49,903	54,414	52,278	46,506	40,145	39,001
薬物, 計	86,685	78,660	66,300	58,603	73,232	90,618	124,931	149,236	148,783	154,540
販売, 製造	13,004	14,846	24,575	22,929	25,331	27,635	32,746	34,077	32,558	30,642
ヘロイン, コカイン	1,318	2,851	17,511	16,915	17,881	18,716	20,327	19,187	17,465	15,778
マリファナ	8,876	8,646	4,372	3,579	4,853	6,144	8,812	10,682	11,489	11,168
合成麻酔薬	465	414	346	570	663	455	465	701	614	671
麻酔薬以外の危険薬物	2,345	2,935	2,346	1,865	1,934	2,320	3,142	3,507	2,990	3,025
所持	73,681	63,814	41,725	35,674	47,901	62,983	92,185	115,159	116,225	123,898
コカイン, ヘロイン	2,614	7,809	15,194	13,747	16,855	17,726	21,004	21,253	17,560	18,104
マリファナ	64,465	50,582	20,940	16,490	25,004	37,915	61,003	82,015	87,712	93,579
合成麻酔薬	1,524	1,085	1,155	885	897	1,008	1,227	2,047	1,713	1,987
麻酔薬以外の危険薬物	5,078	4,338	4,436	4,552	5,145	6,334	8,951	9,844	9,240	10,228

（資料）　U. S. Federal Bureau of Investigation, *Crime in the United States*（年刊）
（出典）　表12-1と同じ。

ち込む子どもたちの数は減らず，1996-97年の1年間で6000人の子どもたちが銃の学内持ち込みで退学になった（表12-3）。

▶自己防衛の実態　　一方「護身用」の武器は必ずしも犯罪に対する護身には使われない。シアトルを含むワシントン州キング郡を対象にした研究によれば，家庭内の銃が侵入者よりも自分や家族，友人を殺してしまう可能性の方が43倍も高い。同様の調査では全殺人件数の約4分の1が被害者の家庭内で発生し，そのうち約4分の3は被害者の配偶者，家族，知人が加害者になっている。殺人の動機は家庭内争議か薬物をめぐるものが多く，また女性が夫や恋人に殺害される率はほかの場合の2倍にもなる。

またピッツバーグ精神病院の報告では，銃が家庭内にある場合，未成年者が

自殺を試みる確率は2倍以上になる。カリフォルニア大学のディヴィス・メディカルセンターの研究では，1946年から82年までの間，銃火器の年間販売数と銃火器による年間殺人件数が比例していることがわかった。全米精神衛生研究所による1986年の調査では，同様に銃火器の増加と10歳から24歳までの銃による自殺率の増加とに相関関係のあることがわかった。

▶組織犯罪　　家庭内の銃が近親者への暴力や少年犯罪に使われるという身近な問題がある一方で，大規模な組織的犯罪の問題もある。組織犯罪の性質についてはさまざまな見解があるが，ある程度共通する基本仮説として，次の3つがある。第一に組織犯罪は組織化（階級的形式を持つか非形式的ネットワークであるかにかかわらず）されているため，個々のメンバーを超えた存在性と永続性を有するということ，第二に政治的・法律的分野でのある程度の腐敗と影響力に依存し守られているということ，第三に顧客に物品やサービス（売春やポルノグラフィー，非合法アルコールや薬物，ギャンブルや高利貸しなど）を提供するための広範囲にわたる非合法的活動を統括しているということ，である。政府関係機関やメディアは，非合法的活動のほかにも合法的活動の分野を支配・独占することによって巨額の利益を蓄積するために組織された，何千人もの犯罪者からなる全米規模の陰謀団を組織犯罪と呼んでいる。

▶マフィア　　もっとも有名なものはマフィアと呼ばれる全米規模の犯罪シンジケートであろう。刑事司法に関する大統領諮問委員会の報告によれば，マフィアは少なくとも24の密接に結合した「ファミリー」の全米規模の連合体によって統制され，そのメンバーはおもにイタリア本土やシシリア出身であるという。各ファミリーは階級構造を持ち，さまざまなファミリーのリーダーたちの中から選ばれた9人のメンバーからなる全米協議会に服従する。マフィアはギャンブル，高利貸し活動，麻薬の輸入を支配し，労働組合に入り込み，政治家や政府官吏を抑制・買収し，多くの合法的事業を完全に支配している。これらの活動から生まれる金銭は総額年間500億ドルと見積もられるが，そのうち少なくとも150億ドルは確実に利益となっていると見られる。

▶移民と組織犯罪　　組織犯罪はマフィアで始まったわけではない。西部開拓時代のアウトロー・ギャングたち（たとえばジェームズ兄弟やヤ

ンガー一家，ダルトン一家など）が主導権を握っていた無法者集団は，組織的犯罪活動のはしりと言えるだろう。また19世紀のニューヨークは犯罪の温床で，バワリー・ボーイズやオコネルズ・ガードと自称するようなアイルランド系のストリート・ギャングが横行し，1863年の徴兵暴動（南北戦争の義務兵役制に反対して起きた）などの社会不安につけこんで殺人や略奪，破壊をほしいままにした。20世紀初頭にはユダヤ系ギャングが台頭，窃盗から贈収賄，賭博，売春，麻薬，スト破り，盗品故売，ダイヤモンド密輸に公職者の買収まで暗躍，1917年までにはニューヨーク麻薬シンジケートもできていた。禁酒法と株式・不動産投機の時代にユダヤ系ギャングとイタリア系ギャングが支配権を求めて争い，1930年代初めにはイタリア系アメリカ人のシンジケートが支配権を握った。

　組織犯罪を外国系犯罪陰謀団と結びつけてとらえる見方がある一方で，歴史的に見て都市の少数民族グループが社会での地位を獲得する手段のひとつが組織犯罪であり，非合法活動で得た利益と地盤をもとに合法的活動に移行することも多かったという点で，アメリカの社会プロセスの一部だという見方もある。つまり貧困や人種差別と同様，アメリカの都市生活と共に育った社会病理のひとつとも見られるのである。たとえば1980年代以降のロサンゼルスでの黒人少年ギャングたちのクラック（パウダー・コカインより致死性の高い，高純度の安価なコカイン）密売やヒスパニック系少年ギャングとの抗争などにも組織犯罪と社会病理との関わりを見ることができる。

▶コカインカルテルと麻薬対策　　麻薬の所持・販売には厳しい刑罰が課されている。ニューヨーク州の刑法典によれば，1999年11月現在，ヘロイン2オンス（1オンス＝28.35ｇ）以上の販売あるいはコカイン4オンスの所持は，終身刑に値する。クラック1瓶あるいはヘロイン1袋（どちらも8分の1オンス，約3.5ｇ）の販売は5年から25年の刑である。ちなみに銃器の場合終身刑に値する罪はなく，20丁以上の銃器を不法に販売した場合に5年から25年の刑になるだけである。1998年ボルティモアでの9万件の逮捕のうち85％は麻薬所持や販売に関わるものだった。

　このような厳しい取り締まりの中で，刑罰の人種的偏りを指摘する声もある。

たとえば「ヤッピー・コカイン」と呼ばれる高級な粉末コカインよりも安価なクラックの所持や販売の方が刑は重く，また麻薬発見のための人種選別的交通取り締まりなどの結果，貧困地区のアフリカ系アメリカ人（およびヒスパニック系）の重罪人が増加する結果になる。

一方でコカインの生産，精製，メキシコ経由の密貿易，マネーロンダリングまでを支配するコロンビアのコカインカルテルは，多国籍産業の様相を呈しており，国境や麻薬密売地区での年間180億ドルを使った徹底的「麻薬戦争」は年間150万の逮捕者を出しても，グローバルな麻薬産業を転覆するには至らない。また貧困・失業・人種差別や都市ゲットー問題が解決されなければ，麻薬の需要がなくなることはない。

▶犠牲者は誰か　1984年から85年にかけてクラックが大量に出回った際，コカイン中毒による急患の数は倍増し，公立病院で生まれた新生児の15％が薬物中毒と判断され，年少者の逮捕者数が5倍になった。毎日50ドル相当を使用する中毒者は，それを賄うためには，窃盗の場合およそ300ドル分を盗む必要があり，また女性中毒者は売春や万引きをすることになる。注射針の共有によるHIVウィルス感染の危険も高い。また家庭内暴力や児童虐待といった暴力も付随しやすい。

ニューヨーク州だけで暴力的ではない麻薬関連違反者を拘置するのに年間6億8000万ドルを使用しているが，逮捕・懲罰よりは治療に資金を使うべきではないかという意見も強く出始めている。アメリカ人の麻薬使用者の数は全体的には1970年後半のピーク時より50％以上下がっており，そのうちの20％程度を占める慢性中毒者約400万人が，麻薬使用量全体の3分の2から4分の3を使用している。たとえば全米のコカイン消費量を1％減らすという目標は，このような人々が治療を受けられるように治療施設や設備を拡充することによって，時々麻薬を使用する程度の非暴力的違反者までふくめて徹底的に「掃討」するよりも，7倍も経済効率よく達成できるという研究報告が1994年には出されている。また予防策として，貧困地区の若年層のためにはレクリエーション・プログラムや課外活動，夏季の職業斡旋の充実，貧困ではない若年層にも，教師・カウンセラー・親とが連携した早期警告システムを確立する必要があげら

れている。

> ### ドラッグ・カルチャー／『裸のランチ』
>
> 「わたしはあらゆる麻薬をやった。モルヒネ，ヘロイン，ディローディッド，ユーコダル，パントポン，ディオコーディド，ディオサイン，アヘン，デメロール，ドルフィン，パルフィウムなど。」とウィリアム・バロウズは著書『裸のランチ』のなかで臆面もなく語る。バロウズこそは，麻薬で汚染された現代アメリカの暗黒の一面を象徴するに最もふさわしい作家である。
>
> アメリカには世界のあらゆる国々からの移民や密入国によって多種多様な麻薬が持ち込まれてくる。中国からのアヘン，中近東やインドからの大麻，中南米からのコカインなどである。麻薬の常用者は広い年齢層，社会層に及び，そのなかには学者や政治家までもが含まれている。また，コカインベビーの問題もなおざりにできない問題であり，コカイン中毒患者の母から生まれてくる子供が死亡したり，未熟児であったり，機能障害を持って生まれてくるケースは毎年10万件に及ぶ。最近では，クラックと呼ばれる手軽に使用できるコカインの新商品が流行し，多くの中毒患者を生産している。アメリカ国立薬害研究所の調査によると，全米で過去に一度でも麻薬を使用したことのある人は7200万人に達しているという。
>
> 麻薬購入のためにアメリカで浪費される金額は1988年の貿易赤字とほぼ同額の1100億ドルである。1990年度の麻薬対策費は106億ドルであった。麻薬は心身の荒廃・犯罪の増加のみならず，国内の経済発展の阻止をもたらしている。麻薬はアメリカにとって最大の脅威の一つであり，真剣に取り組まねばならない最大の課題の一つとなっている。アメリカ政府は目下，刑務所の増設・取り締まり体制の効率化・麻薬に関わるマネーローンダリング防止体制の強化・国際協力の推進等，様々な試みをしているが，一方には，麻薬組織に利潤を与える闇市場を壊滅させ，麻薬欲しさに中毒患者が起す凶悪犯罪を減らすために，麻薬を酒や煙草のように合法化し，規制を撤廃，完全自由競争にすることによって，その価格を低くすることを主張する人たちもいる。
>
> (田中)

キー・トピック解題

1　犯罪と人種・ジェンダー

▶スコッツボロ事件

　何を犯罪としてカウントするか。公民権裁判として有名なスコッツボロ事件は，行為の社会的意味が人種により決定され得るという事例である。1931年，アラバマ州で貨物列車に乗っていた13歳から20歳までの黒人の若者たち9人が，スコッツボロ近くで，武装した代理保安官に逮捕される。同乗していた白人の若者たちが彼らに列車から放り出されたと申し立てたからだが，逮捕後，やはり同乗していた2人の白人女性が，彼らにレイプされたと訴えた。若者たちは怒った白人暴民たちに囲まれて，民兵（ミリシア）の警護のもと白人だけの陪審員によって公判が行なわれたが，2週間以内に最年少の少年を除く全員が有罪判決を受け，死刑を宣告された。若者たちは上告するが，アラバマ州最高裁は原判決を支持した。それに対して1932年連邦最高裁は，若者たちが無学・文盲であるばかりか，敵意を持った公衆の存在，民兵による拘禁と監視，家族・友人も州外にいるという状況の中で，法廷弁護人から実質的な弁護を受けられなかったことを理由に，憲法第14修正が定めるデュー・プロセス（適正手続）の保障に反するとして原判決を破棄し，裁判のやり直しを命じた。

▶裁判の顛末と法的意義

　裁判は1937年まで続いた。医学的証拠によれば，列車内でのレイプはおそらく行なわれず，2人の白人女性は売春理由に逮捕されるのを恐れて嘘を言ったとされる。そのような証拠にもかかわらず，2度のやり直し裁判で若者たちは有罪・死刑判決を受けた。再度連邦最高裁が介入のあと，4度目の裁判でも5人が有罪判決を受け，75年と無期懲役の刑を言い渡された。残りの4人に対しては州政府は告訴を取り消した。懲役労働の最中逃亡した1人を除き，4人が仮釈放で出獄したのは1948年から1960年の間であった。

　1932年の裁判は，連邦最高裁がそれまではもっぱら連邦政府の侵害行為にたいして適用されてきた第6修正（刑事上の保護手続）を州政府による侵害行為

図12-1 「スコッツボロ少年」たち。左から3人目から右へ。

にも適用するために第14修正を用いた初めての事例だった。憲法上の保護を選択的に州における手続の中に組み込んでいく端緒を開いたという点で, その意義は大きい。

▶レイプの社会的意味

医学的証拠にもかかわらず, なぜ若者たちは有罪となったのか？奴隷制度廃止 (1865) 以降も, 黒人たちは白人を殺害した, あるいは白人女性をレイプした, という口実でリンチという暴力にさらされた。黒人が南部政界, 連邦議会に進出し始めた1870年 (憲法第15修正：黒人の選挙権付与) 以降, 1889年頃からリンチは激化, 1892年には黒人のリンチによる年間死亡者数がピークに達した。スコッツボロ事件当時も, 1929年に7人, 30年に20人, 31年に12人, 32年に6人, 恐慌の最悪の年33年には24人の黒人がリンチの犠牲となっていた。

社会構造の変化や経済状況の悪化の中, 特権が失われるという不満がリンチの多発を引き起こしたと見られる。若者たちを囲んだ白人暴民たちは現実的なリンチの脅威を体現していた。白人女性からのレイプの申し立てだけで, 彼らは十分有罪と見なされ得たのである。一方で奴隷制時代に続いた白人奴隷主による黒人女性のレイプは, 犯罪としてさえ認識されなかった。1833年, 奴隷たちによる自由黒人女性のレイプ事件で, テネシー州の最高裁は「黒人女性に対するそのような行為」は「死刑によって罰せられない」なぜなら犠牲者が白人であることが「この違反を大罪とする」からだと述べた。レイプとリンチは人種支配の強力な手段であり, 黒人女性は両方の犠牲となった。

2 銃規制と権利防衛の思想

▶銃規制と憲法第2修正

銃規制について一般のアメリカ人はそれほど積極的ではない。1993年の調査では, 「ブレイディ法」(後述)

や「攻撃型火器の規制」といった項目に関してはそれぞれ89％，77％の賛成があるものの，厳格な銃規制については約60％の市民が賛成するのみで，30％弱は反対している。これには銃を所持することが家族を守るために必要であり，合衆国憲法に定められた当然の権利であるという思想が背景にある。憲法第2修正は，「よく統制されたミリシア（民兵）は自由な国の安全保障にとって必要であるから，国民が武器を所有し，かつ携帯する権利は，これを侵害してはならない」と規定している。武器の所有と携帯の権利は，独立戦争当時の義勇軍，1792年以来の国民予備軍（18歳以上45歳までの健康な白人男性のすべて），また1916年以降の州兵など，連邦政府の常備軍とは別のミリシアと呼ばれる民兵組織の維持のために認められてきた。

▶NRAと銃規制反対運動　しかしこれを個人の武装の権利と拡大解釈する見方も強い。全米ライフル協会（NRA）は数々の銃規制法を憲法に保障された市民の権利を侵害するものと見なし，強力な反対活動を行ってきた。銃の規制はギャングによる暴力犯罪の横行する1934年に制定された全国銃砲器法を皮切りに始まっていた。しかしNRAは国内暴力の吹き荒れた1968年に制定された銃規制法（ディーラーの免許料金引き上げ，銃の出入りの詳細記録義務付け，個人への銃の通信販売の禁止を含む）をターゲットに，1986年に有力議員の助けを借りてマクルアー・フォークマー修正法（銃砲器所有者保護法：ディーラーの査察の制限，弾丸販売記録の義務廃止，ディーラーの記録を保管する中央登録所の除外，ライフルやショットガンの州間売買の認可などを含む）を可決させた。

　ブレイディ拳銃犯罪防止法案（銃購入時の5日間の待機期間，警察による拳銃購入者の背景調査，重罪を犯した者および精神上疾患のある者への販売禁止，犯罪歴ある者のコンピューター照会を構築するための費用としての2億ドルの計上を含む）は，1993年に成立するまでに，4回も廃案にされた。NRA一般会員の59％が拳銃登録制度を含むある程度の規制を支持しているにもかかわらず，比較的少数の指導部は1994年にかろうじて成立した攻撃型銃砲の規制法案に対しても徹底的な反対運動を展開した。

▶銃とフロンティア神話　個人の武装の権利がなぜこれほど重視されるのか。銃がアメリカ建設を担ったというフロンティア神話は無視できない。19世紀後半から20世紀まで，大衆小説がビリー・ザ・キッド（1882年に初出）やバッファロー・ビル（1869年に初出）をヒーローに仕立て上げた。バッファロー・ビル（ウィリアム・コディ）は自分でも「バッファロー・ビルの大西部団」を1882年に創設し，生きたバッファローや本物の駅馬車，先住民を使い，開拓地の自由と安全を銃で守るというヒーローを描いて40都市を巡演，1887年にはロンドン公演も行なった。ジョン・ウェイン的ヒーローが1940年代から50年代のハリウッド映画，50年代のテレビの西部劇シリーズ（59年に28本，570時間分）で活躍した。

1993年のNRA年次大会ではカウボーイシャツを着た俳優が「社会主義と戦う」ためと「宗教の自由を守る」ために銃が必要だという詩を朗読した。ミリシアの形態をとった極右組織も登場，自由と民主主義という美名が奇妙にも暴力や差別的思考を隠蔽している。しかし神話とは裏腹に，現実の開拓地では地道で孤独な重労働の日々が続き，殺人率は低く（年間0.6件），保安官や警察官は銃を持たずに，普通の警察業務と道路の修理や野良犬の殺害などを行なっていたという。

３　アウトローからマフィア，少年ギャングまで

▶犯罪とイマジネーション　移民や少数民族が社会的地位向上の手段として犯罪を行なうという歴史的傾向の中で，抑圧的体制に反抗する弱者の味方という犯罪者イメージが作られ，利用される。1866年頃からミズーリ州を中心に銀行・列車強盗を働いたジェームズ兄弟は，若い女性の脚を撃ったり，銀行員の喉をかき切ったりしたのだが，富裕層からだけ金品を奪い，農場を失いそうな未亡人を助けたという伝説がある。「カンザスシティ・スター」紙は，強盗を働いた弟ジェームズが「中世騎士道の後光」に包まれていたと称えた。

1920年代のシカゴを支配したアル・カポネは，1929年にはストに突入したペンシルヴェニアの鉱山労働者へ１万ドルを寄付，30年には大恐慌下のシカゴに

無料給食所を7箇所作った。個人的寄付は200万ドルにのぼる。1932年にチャールズ・リンドバーグ（1927年初めて大西洋単独無着陸横断飛行に成功した飛行家）の赤ん坊が誘拐され，殺害されたとき，彼はすでに脱税で刑務所に収監されていたが，情報提供者に1万ドルを出すと申し出た。合法的ビジネスに乗りだして犯罪を企業化したカポネは，一方で年間1億3600万ドルもの利益をシカゴ市民から吸い上げていた。

図12-2　アル・カポネ

▶︎西部劇とギャング映画

1920年代には西部劇人気が急増，西部のアウトローを英雄視する風潮が復活したが，ほぼ同じ頃ギャングを主人公にした映画も作られ始めた。1930年の『犯罪王リコ』（*Little Caesar*）を皮切りに，1931年だけでも50本のギャング映画が作られた。アル・カポネをモデルにした『スカーフェイス』（*Scarface* 1932）は，伝説化の速さを物語る。

　『シェーン』（*Shane* 1953）などの西部劇が「人民の自由」を擁護する正義のガンマンを描いてアメリカ的価値を量産した（1956年だけで46本の西部劇映画が作られた）のに対して，ギャング映画は文化的・経済的ゲットーに囲い込まれる移民や少数民族に声を与えた。『レイジ・イン・ハーレム』（*A Rage in Harlem* 1991）など最近の黒人によるギャング映画は，ゲットーの暴力に満ちた現実を反映しているだけではなく，かつてのヨーロッパからの移民と同様に，アメリカの夢から排除された人々の怒りと異議申し立ての表現である。ギャング映画は，アメリカの理想の陰画であり，理想と現実との乖離を象徴的に暴き出している。

▶︎少年ギャングと失われた夢

ギャング映画に見られる社会的意義申し立ての側面は，現実の少年ギャングたちの世界にも見られる。たとえばロサンゼルスのギャングたちは，1960年代黒人解放運動を支える基盤となって活躍した。しかしロス市警によってブラック・パンサー党（戦闘的黒人解放運動グルー

第12章　犯罪・暴力・抑圧　|　*261*

図12-3 『スカーフェイス』(1932)。死の直前,母に拒絶されるトニー・カモンテ(アル・カポネ)。

図12-4 『レイジ・イン・ハーレム』

プ)が崩壊させられると,解放の夢は消え過密な学校,物価高,劣悪化する住居が残り,70年代初頭ギャング犯罪が復活した。

1972年から82年にかけて景気後退とアジアとの競争の中でカリフォルニアでは工場の閉鎖が続き,大きな非航空機産業21のうち10までがつぶれ,7万5000人が失業した。サウスセントラル地区の失業率は82年で70年代初頭より50％近く上昇,コミュニティの購買力は3分の1まで下がった。黒人若年層の失業率は80年代後半を通じて45％である。まともな肉体労働を求めても得られない黒人やヒスパニック系の青少年が,いわば唯一の雇用先として麻薬密売に関わる。一方雇用創出の努力や,職業訓練プログラムを充実させるかわりに,ロス市警は「少年テロリスト」たちに対して徹底的な掃討作戦を行なった。結果的にロサンゼル

ス郡の少年犯罪は1990年の段階で毎年12％増加した。1974年以来カリフォルニアでは黒人青少年の3分の2が逮捕されたが，暴力犯罪者は半分以下である。

4 性暴力・ヘイトクライム・検閲

▶性暴力　　私的空間に隠蔽された暴力は見えにくい。たとえばアメリカ国民の態度に関する1965年のデータをもとに見積もられた児童虐待の年間件数は，253万件から407万件（身体的虐待20万から50万件，深刻な遺棄や性的侵害46万5000件から117万件）という，複数の仮説がある。1990年以降の公式データも，各州の児童保護サービス機関の調査による児童虐待および遺棄の申し立て件数に基づいて作成されており，水面下に潜んだ虐待の数は計り知れない（表12-4）。レイプに関しても，公式報告の件数（1992年10万9062件）（表12-5）の3倍から10倍のレイプが実際には起こっているという。女子大生対象の研究では，レイプの84％は知り合いやデート相手によるもので，家庭内の子どもや妻に対する虐待と同様，報告されにくいものだ。

　しかし，しばしば親密な空間で女性に加えられる暴力は，本当に私的なものだろうか？レイプは性的欲望の表現ではなく，むしろ女性嫌悪の表現であり，相手を辱め支配するための手段だという研究報告がある。「民族浄化」の名のもとに行なわれるレイプや奴隷制時代の黒人女性のレイプはいずれも支配の手法・表現であり，妊娠中絶が1992年の大統領選挙の争点となったことが象徴的に表すように，女性の性は政治的に使用される。

▶ポルノグラフィと　　性暴力や1980年代以降話題になっているヘイトクライム
　ヘイトスピーチ　　（憎悪犯罪：人種間憎悪や性的指向を異にする人々に対する憎悪を原因とする）（表12-6）は，ジェンダーや人種，セクシュアリティに基づいた組織的支配と従属の社会的パターンが文化に内在するからこそ起こる。ではそのような差別と支配の視覚的・言語的「表現」は，どの程度「現実」の暴力と関係があるだろうか。

　法学者キャサリン・マッキノンとアンドレア・ドウォーキンが1983年にミネソタ州ミネアポリス市の依嘱を受けて起草した反ポルノグラフィ条例案は，

表 12-4 児童虐待, 遺棄の起訴――犠牲者の特徴別 (1990-1997)

[各州の児童保護サービス機関の調査による児童虐待および遺棄の申し立て件数に基づく。暦年あるいは会計年度。大多数の州では重複カウントをしている。また, 下記の各項目について報告している州も項目により異なる。虐待が行なわれたかあるいはその危険があることを, 州法の下で立証するのに充分な証拠が存在することを決定するための捜査の訴因を示す]

項　　目	1990		1995		1996		1997	
	人　数	%	人　数	%	人　数	%	人　数	%
訴　　因								
犠牲者, 計[1,2]	690,658	(×)	970,285	(×)	969,018	(×)	798,358	(×)
遺棄	338,770	49.1	507,015	52.3	500,032	51.6	436,630	54.7
物理的虐待	186,801	27.0	237,840	24.5	229,332	23.7	195,517	24.5
性的虐待	119,506	17.3	122,964	12.7	119,397	12.3	97,425	12.2
精神的虐待	45,621	6.6	42,051	4.3	55,473	5.7	49,146	6.2
医療的怠慢	(NA)	(NA)	28,541	2.9	25,758	2.7	18,866	2.4
犠牲者の性別								
犠牲者, 計[2]	794,101	100.0	809,634	100.0	808,370	100.0	669,057	100.0
男性	357,367	45.0	381,075	47.1	384,280	47.5	316,842	47.4
女性	405,409	51.1	425,193	52.5	419,656	51.9	349,606	52.3
犠牲者の年齢								
犠牲者, 計[2]	807,965	100.0	808,575	100.0	807,854	100.0	668,059	100.0
1歳未満	106,507	13.2	103,335	12.8	101,055	12.5	83,921	12.6
2-5歳	192,018	23.8	215,303	26.6	208,754	25.8	167,658	25.1
6-9歳	175,609	21.7	195,400	24.2	200,888	24.9	166,718	25.0
10-13歳	150,507	18.6	154,682	19.1	158,247	19.6	130,840	19.6
14-17歳	116,015	14.4	121,548	15.0	123,872	15.3	97,348	14.6
18歳以上	5,464	0.7	7,506	0.9	6,466	0.8	3,063	0.5

NA　データなし。×　該当なし。1) 2種類以上の虐待は子供の数でカウントする。従ってこの項の合計は100%を超える。犠牲者数の計と虐待の種類は, 虐待された児童数と虐待事件数を毎年タイプ別に報告する各州別のデータによる。2) 個別に示さないが, データ不詳のものを含む。
(出典)　表12-1と同じ。

　「表現」と「現実」との直接的関係を主張した。80億ドル産業であるポルノグラフィは「映像と言葉とで女性を従属させる（客体化する）あからさまな性描写」であり, 不平等や暴力をセクシーなものに転化してみせることによって, 不平等を「社会的現実」として作り上げる。

　このような主張をもとにしたポルノ規制条例は, 憲法第1修正（言論の自由）に対する違反だという反対を（フェミニストからさえも）招き, 1986年に連邦最高裁も下級審の違憲判決を支持した。しかし「表現」がある種の「行

表 12 - 5　強姦発生件数と発生率 (1980-1997)

項　　目	1980	1985	1990	1991	1992	1993	1994	1995	1996	1997
発生件数										
計	82,990	88,670	102,560	106,590	109,060	106,010	102,220	97,460	96,250	96,122
実行	63,599	71,060	86,541	91,522	93,825	92,360	89,297	85,249	84,053	84,790
未遂	19,391	17,610	16,019	15,068	15,235	13,650	12,923	12,211	12,197	11,332
発生率										
人口10万人あたり発生率	36.8	37.1	41.2	42.3	42.8	41.1	39.3	37.1	36.3	35.9
女性10万人あたり発生率	71.6	72.3	80.5	82.5	83.5	80.3	76.7	72.5	71.0	70.4
12歳以上の女性10万人あたり発生率	86.3	86.6	96.6	100.9	100.5	96.4	92.0	87.1	85.3	84.4
発生率の変化率[1] (%)										
人口10万人あたり	6.1	3.9	8.1	2.7	1.2	-4.0	-4.4	-5.6	-2.2	-1.1
12歳以上の女性10万人あたり	6.0	4.3	8.2	4.5	-0.4	-4.1	-4.6	-5.3	-2.1	-1.1

1) 表示年の前年からの年間平均を表す。1980年は1979年からの，1985年は1984年からの，1990年は1989年からの変化を表す。
(資料)　U. S. Federal Bureau of Investigation, Population—at—Risk Rates and Selected Crime Indicators (年刊)。
(出典)　表 12 - 1 と同じ。

為」であるという見方は根強く，マッキノンらの影響下で1980年代後半から大学やリベラルな自治体でヘイトスピーチ（人種・性的指向などをあげつらうような軽蔑と憎悪の表現）を規制する動きが出てきた。言論の自由という名目で人種等の偏見に満ちた（たとえば KKK の）表現を許すことは，不平等な社会システムを容認することになるからだ。

▶検閲　　マッキノンらの条例は女性たち（ポルノグラフィ産業で働く女性も含めて）が，ポルノグラフィの結果として身体的・精神的暴力を受けた場合，公民権に基づく訴訟を起こす可能性を開くものだった。しかし表現の法的規制は思わぬ効果を呼びこむ。「猥褻」の定義を従来のモラルの問題から，女性の客体化の問題に読み替えたマッキノンらの定義は，1992年カナダの最高裁によって採用されたが，皮肉にも最初に「手入れ」を受けたのはポルノグラフィ産業ではなく，トロントのゲイ・レズビアン書店だった。またアメリカでは「猥褻」を理由にゲイの写真家ロバート・メープルソープの写真展に対する NEA（全米芸術基金）の助成に反対するキャンペーンが展開されたが，表現

表12-6 憎悪犯罪――偶発事件,軽犯罪,犠牲者,加害者,動機となる偏見(1997)

[FBIは,1997年の,2億2,300万人の人口をカバーする11,211の法執行機関から憎悪犯罪の統計を収集している。憎悪犯罪事件は,人種,宗教,性的嗜好,民族,国籍,障害による偏見を動機とする]

動機となる偏見	偶発事件	軽犯罪	犠牲者[1]	判明した加害者[2]
計	8,049	9,861	10,255	8,474
人種的偏見,計	4,710	5,898	6,084	5,444
対白人	993	1,267	1,293	1,520
対黒人	3,120	3,838	3,951	3,301
対アメリカ・インディアン,アラスカ原住民	36	44	46	45
対アジア・太平洋諸島民	347	437	466	351
対複数人種	214	312	328	227
民族/国籍に対する偏見,計	836	1,083	1,132	906
対ヒスパニック	491	636	649	614
その他	345	447	483	292
宗教的偏見,計	1,385	1,483	1,586	792
対ユダヤ	1,087	1,159	1,247	598
対カトリック	31	32	32	16
対プロテスタント	53	59	61	19
対イスラム教	28	31	32	22
その他の宗教に対する偏見	159	173	184	120
複数の宗教に対する偏見	24	26	27	11
対無神論,不可知論等	3	3	3	6
性的嗜好に対する偏見,計	1,102	1,375	1,401	1,315
対男性同性愛者	760	912	927	1,032
対女性同性愛者	188	229	236	158
対同性愛者	133	210	214	103
対異性愛者	12	14	14	14
対両性愛者	9	10	10	8
障害者に対する偏見,計	12	12	12	14
対肉体的障害	9	9	9	11
対精神的障害	3	3	3	3
複数の偏見が絡み合ったもの	4	10	40	3

1) 犠牲者には,人間,企業,組織,社会全体を含む。2) 加害者については,容疑者が特定された場合ではなく,容疑者の特徴が判明している場合を意味する。

(資料) U. S. Federal Bureau of Investigation, *Hate Crime Statistics* (年刊)〈http://www.fbi.gov/ucr/hc97all.pdf〉(1999年3月30日現在)。

(出典) 表12-1と同じ。

の規制を求める右派は、フェミニストによる反ポルノグラフィの議論を巧みに取り込んだ。ヘイトスピーチ規制に関しても、同様の思わぬ効果が指摘されている。何を「猥褻」あるいは「ヘイトスピーチ」としてカウントするかについて完全な合意が得られるものではない以上、表現の自由と自由な議論の場を守ることが必要とされる。

アサシネイション（暗殺）

　1999年クリントン政権は故J・F・ケネディ大統領の銃撃シーンのフィルムを国家的財産として買い上げることを決定した。オープンカーに乗ったケネディがジャクリーンの隣で銃撃されるシーンである。1992年以来政府はJFK暗殺資料収集を法制化して進めている。

　銃規制がゆるやかなアメリカには暗殺が多い。1963年11月にダラスでケネディ大統領が暗殺され、1968年にはヴェトナム戦介入を非難していたJFKの弟、ロバート・ケネディ上院議員が暗殺された。その他にも1965年黒人運動家マルコムX、1968年キング牧師など、60年代には暗殺が相次いだ。これらはこの時代が政治的に混乱していたことを物語っている。およそ百年前、南北戦争終結後の1865年にリンカン大統領も暗殺されている。最近でも1979年、ゲイ活動家でサンフランシスコ市の行政委員ハーヴェイ・ミルクがゲイに反対する同僚委員によって射殺されている。

（山越）

原典紹介

"Strange Fruit"（1939）

Billie Holiday

Southern trees bear strange fruit
Blood on the leaves and blood at the root
Black bodies swinging in the Southern breeze
Strange fruits hanging from the poplar trees
Pastoral scene of the gallows
The bulging eyes and a twisted mouth
Fellow magnolia sweet and fresh
Then the sudden smell of burning flesh

Here is a fruit for the crows to pluck
For the rain to gather for the wind to suck
For the sun to wrap for the tree to drop
Here is a strange and bitter crop

「奇妙な果実」(1939)

歌:ビリー・ホリディ

南部の木々には奇妙な果実が実る
血のついた葉,血のついた根元
南部のそよ風に黒い身体がゆれる
ポプラの木に下がる奇妙な果実
絞首台の田園風景
膨れ上がった眼,歪んだ口
そばのマグノリアは甘く新鮮な香りを漂わせる
すると突然焼ける肉の臭い
これはカラスがむしる果実
雨のしずくが滴り風が吸い
太陽が包み木が落とす
これは奇妙な苦い果実

Twilight : Los Angeles, 1992 (1993)

Anna Deavere Smith

ロサンゼルス暴動の後,住民180人以上をインタビューし,その生の声を構成して作った演劇作品。引用は少年ギャング間の抗争を一時和解に導いた少年リーダー,トワイライト・ベイの言葉。

Twilight Bay : So twilight/ is / that time / between day and night. / Limbo, / I call it limbo. / So a lot of times when I've brought up ideas to my / homeboys, / they say, / "Twilight, / that's before your time, / that's something you can't do now." / When I talked about the truce back in 1988, / that was something they considered before its time, / yet / in 1992 / we made it / realistic. / So to me it's like I'm stuck in limbo, / like the sun is stuck between night and day / in the twilight hours. / You know, / I'm in an area not many people exist. / Nighttime to me / is like a lack of sun, / and I don't affiliate / darkness with anything negative. / I affiliate / darkness with what was first, / because it was first, / and then relative to my complexion. / I am a dark individual, / and with me stuck in limbo, / I see darkness as myself. / I see the light as knowledge and the wisdom of the world / and / understanding others, / and in order for me to be a, to be a true human being, / I can't forever dwell in darkness, / I can't forever dwell in the idea, / of just identifying with people like me and understanding me / and mine.

『薄暮：ロサンゼルス，1992』(1993)

アンナ・ダビア・スミス

トワイライト・ベイ：つまりトワイライト（薄暮）は／昼と夜との間の／あの時間／なんだ。／煉獄／そう，僕は煉獄だと呼ぶね。／僕が仲間たちにアイディアをもち出すとそのたびに／みんな言うのさ，／「トワイライト，／そりゃまだ早いよ／今お前にできることじゃないよ。」／1988年に僕が休戦について話したとき／それは仲間が時期尚早と考えるようなことだった，／でも／1992年に／僕らはそれを現実にした。／そう，思うに僕は煉獄にとっつかまってるみたいなものさ／昼と夜の間に太陽がとっつかまっているみたいにね／薄暮の時間にさ。／わかるでしょ／僕はそんなにたくさん人がいるわけじゃないところにいる／夜の時間は僕にとって／太陽がないみたいなものさ／で僕は／暗がりを否定的なものと結びつけているわけじゃない／僕は／暗がりを最初のものと結びつけている，／なぜってそれは最初のものだから／そして僕の肌の色と結びついているから。／僕は肌の黒い個人で／煉獄にとっつかまっている，／僕は暗がりを僕自身だと見る。／僕は光を知識だと，そして世界の知恵だと見る／そして／他の人々を理解することだと，／そして僕が真に人間であるためには，／僕は永遠に暗がりの中にとどまるわけにはいかない／僕は／ただ僕と同じような人々と同一化し僕と僕自身のものを理解するというだけの／思考の中に永遠にとどまるわけにはいかないんだ。（／は原典中の改行を示す）

"Against the Male Flood: Censorship, Pornography, and Equality"

Andrea Dworkin

In the amendment to the Human Rights Ordinance of the City of Minneapolis written by Catherine A. MacKinnon and myself, pornography is defined as the graphic, sexually explicit subordination of women whether in pictures or in words that also includes one or more of the following: women are presented dehumanized as sexual objects, things, or commodities; or women are presented as sexual objects who enjoy pain or humiliation; or women are presented as sexual objects who experience sexual pleasure in being raped, or women are presented as sexual objects tied up or cut up or mutilated or bruised or physically hurt ; or women are presented in postures of sexual submission ; or women's body parts are exhibited such that women are reduced to those parts ; or women are presented being penetrated by objects or animals ; or women are presented in scenarios of degradation, injury, abasement, torture, shown as filthy or inferior, bleeding, bruised, or hurt in a context that makes these conditions sexual.

「男がつくるエロスの氾濫に対して：検閲，ポルノグラフィ，平等」
アンドレア・ドウォーキン

ミネアポリス市の人権条例修正案において，キャサリン・マッキノンと私はポルノグラフィを次のように定義した。ポルノグラフィとは，映像や言葉で性的にあからさまに女性を従属化する描写であり，次に挙げる項目の一つ以上を含む。すなわち女性が性的客体，モノ，商品として非人間化されていること，女性が苦痛や屈辱に喜びを感じる性的客体として描かれていること，女性がレイプされることで性的快楽を体験する性的客体として描かれていること，女性が縛られたり，切り刻まれたり，手足を切断されたり，打撲傷を受けたり，身体的に傷つけられたりする性的客体として描かれていること，女性が性的服従の姿勢で描かれていること，女性の身体の部位が，女性がその部位そのものに限定されるように提示されること，女性が物体や動物に挿入されているところを提示すること，または女性が辱められ，傷つけられ，品格を落とされ，苦しめられるというシナリオの中で描かれ，汚れたものまたは劣等なものとして，血を流し打撲傷を受け，また傷つくさまをそれがあたかもエロチックな状況であるかのように描くこと。

神話化されたイタリア系

70年代には『狼たちの午後』，『ロッキー』，『サタディ・ナイト・フィーバー』など都市部に暮らすイタリア系住民を描く映画が登場した。なかでもマフィアの抗争を描いた『ゴッドファーザー』は，イタリア系アメリカ人の反社会的なイメージを神話化して余りある。実際のイタリア系住民にしてみれば，次から次へと作られるイタリア人とギャングを結び合わせた映画にはうんざりというところであろう。それでも禁酒法時代のシカゴギャング，アル・カポネの時代から組織犯罪とイタリア人という連想はなかなか拭いきれない。現にイタリア系で1984年初の女性副大統領候補に指名された民主党ジェラルディン・フェッラーロも夫の組織犯罪との関係を叩かれた。

新移民の代表的存在であったイタリア移民は，1880年代からの40年間におよそ400万人が大西洋を渡った。その多くは単身男子の出稼ぎで，言葉も通じないアメリカで親戚や知人のもとに身を寄せるしかなかった。やがてリトル・イタリーと呼ばれるイタリア人街が東部を中心に生まれた。そこではパドローネと呼ばれる親方が仕事や生活全般の面倒をみるイタリア人互助組織が発達する。

　こうした移民の半数は，アメリカで資金を蓄えると故郷の南イタリアやシシリー島へと帰っていった。そして定住したイタリア人も戦後にはしだいに中流化し，黒人や他の移民が都市部へ流入するに従って郊外へと移り住んだ。結果，リトル・イタリーの多くは消滅。しかし今でも黒人コミュニティに同居するイタリア系住民が映画では描かれる。イタリア人の店でピザを買い続ける黒人と，最前線で「白人性」を保守するマッチョなイタリア人イメージがスパイク・リー映画などでは使われている。しかしワスプ中心の社会では，イタリア移民もかつては偏見にさらされ，白人の仲間入りをするのに必死な時代があった。受け継いだイタリア性を消すために結婚時に相手の名字をあえて名乗ることもあったのである。

(山越)

第13章
身体文化
(堀真理子)

概　　説

▶男らしさの神話
男性と女性の役割分担が明確になってきたのは，近代産業社会が形成されつつあった19世紀，ビジネスの世界を握るようになった中産階級の男性たちが，洗練されたりっぱな資質を理想として掲げ，意識し始めてからだ。彼らは社会の中で自分たちの紳士ぶりを定着させると同時に，女性には貞節，美徳，慈愛と信仰心に満ちた家庭婦人であることを強要した。この価値感は定着したかに見えたが，南北戦争後，アメリカが急激な経済発展を遂げる1870年代頃から労働者不足を補うために移民が大量に入ってくると，生産競争に負けた中産階級の人々が低所得層になだれ込むことによって，揺らぎ始めた。同時に，中産階級の人々に徳を求めた「お上品な伝統」が性を抑圧した結果，男女ともに「神経症」がまん延し，それが健康に対する不安をあおった。そこで健康な身体を作るために女性のあいだでは体操やダンスが，男性のあいだではチーム・スポーツが盛んになったのである。大学のアメリカン・フットボール熱が始まったのも，野球が国民的なスポーツとして定着したのもこの時代である。また，それまでは労働者階級のあいだで盛んだったボクシング観戦に，中産階級の人々が加わるようになったのもこのころである。

　フットボールやボクシングのような，ときに死ぬ危険と隣り合わせの「野蛮」なスポーツにアメリカじゅうの男たちが熱中する背景には，自慰行為などを病的としてきた性的抑圧からの解放，弱々しい身体からの脱却，経済競争に勝って支配権を握る欲求の高まり，「適者生存」を説いたダーウィンの進化論などが連動している。攻撃性，肉体的な力，強さ，雄々しさなどが「男らしさ」の基準となり，力で弱い者を支配するという帝国主義的発想とも結びつく。インディアンを制覇する西部開拓者気取りで中南米諸国をも支配したセオドア・ローズヴェルト（Theodore Roosevelt 1858-1919）は，そうした「男らしさ」を強調して大統領になった人物である。

▶ホワイト・ウェイ
ダーウィンの進化論でいう「適者」は白人種であるという発想から，黒人種や女性は文明形成には向かないとし，排

除する傾向があった。それが最も顕著に示されたのが1893年のシカゴにおける世界博覧会で，白人種の進んだ産業技術が生んだ諸作品を展示する「ホワイト・ウェイ」と未開の文化を紹介する「ミッドウェー遊園地」が完全に区別されたうえ，「ホワイト・ウェイ」では女性や有色人種の貢献は完全に無視されていた。

あからさまな白人優越主義は20世紀になると，南部では黒人男性は白人女性の強姦者だとする風説を信じ込んだ白人による黒人への相次ぐリンチ，国家レベルでは勤勉実直な日本，中国などアジアからの移民が白人種を脅かすとして移民制限をする黄禍政策などによって顕著になる。白人が有色人種に対して抱いた脅威は，初の黒人ボクサー，ジャック・ジョンソン（Jack Johnson 1878-1946）への白人による激しい抵抗からも窺える。1910年7月4日，ジョンソンは，白人ボクサーのジム・ジェファーズからヘビー級チャンピオンの座を奪った。白人女性ファンに囲まれて気を良くしたジョンソンは白人女性と付き合うようになるが，それは「力は白人の優越性の証し」としてきた人々にとって屈辱以外のなにものでもなかった。ジョンソンは越えてはいけない一線を越えたとして訴えられ，国を追われ，みじめな晩年を過ごすことになる。

▶**スポーツ界における黒人の活躍** いまやアメリカのスポーツ界は黒人の活躍なしには存在しえなくなっているが，白人の抵抗を乗り越えて選手になることは容易ではなかった。いや，今でも抵抗がないわけではない。最近では1998年，白人の野球選手マーク・マグワイア（Mark McGwire 1963- ）とドミニカ出身の選手サミー・ソーサー（Summy Sosa 1968- ）のホームラン争いで，白人ファンのマグワイアへの支持が明瞭だった。また1994年，白人の妻を殺害したとの嫌疑をかけられた元黒人アメ・フト選手 O. J. シンプスン（O. J. Simpson 1946- ）は決定的な証拠が不十分だったせいで無罪になったものの，人種の一線を越えた男の転落を面白がる報道の格好の餌食となった。バスケットボールの「神様」マイケル・ジョーダン（Michael Jordan 1963- ）についての『ニューズ・ウィーク』の評を見てみよう。

　　国境を超えてアピールするという点では，「ジョーダンは人種を完全に超越している。人種問題よりはるかに大きい存在だ」と，スポーツエージェ

第13章　身体文化 | 275

図13-1 『ターザン』

ントのリー・スタインバーグは言う。その意味では、人々はジョーダンを黒人としてではなく、名声と成功を手にした人物とみなしている。

はたしてジョーダンが白人だったらこのようなコメントを書かれただろうか。白人との壁が厚いからこそ、ジョーダンのような非白人選手は一人間として認められるために人種を「超越」しなければならないのである。

▶白人の「男らしい」肉体とは

「男らしさ」を強調する肉体の鍛練はスポーツによって成就するが、そうして鍛練された身体は理想的な身体として公衆の目にさらされるに値するものとなる。そんな理想的な身体を代表するのが、シリーズ小説はもちろんのこと、アニメにも映画にもテレビドラマにもなった『ターザン』（Tarzan）である。裸体をさらすことはみっともないこととする倫理観をよそに、腰布を付けただけの裸体のターザンは茶の間にも入ってくるほど人気者になった。彼は原始的で野蛮なジャングルで磨いたたくましい身体を携えながらもジャングルを支配し、獣や現地人である黒人は殺すが、外からいわば「侵入」してくる文明人の白人には親切である。知恵もあって、いつでも計画したことは成功し、失敗することがない。「ターザン」は猿語で「白い皮膚」を意味することになっているとおり、その身体は毛で覆われておらず、皮膚は白く、たくましい。いわば、精神的にも肉体的にも理想的な英雄として「ターザン」は「男らしさの神話」の神様となったのである。

さて映画の世界では、第二波フェミニズム運動に対する男たちの脅威がもたらした反動なのだろうか、1970年なかばごろからボディビルで身体を磨いた筋骨たくましい、まさに「ターザン」の世界から抜け出てきたようなスターが登場する。アーノルド・シュワルツェネッガー（Arnold Schwarzenegger 1947- ）

やシルヴェスター・スタローン（Sylvester Stallone 1946- ）といった俳優たちである。彼らに共通するのは，白人であること，野獣のような毛がないこと，鍛えた筋肉のもち主であること，そして日焼けしていることだ。この最後の条件をリチャード・ダイアーは「典型的な白人の特権」であると述べ，それは，日焼けサロンや海水浴に行く時間的・経済的ゆとりがあり，カリフォルニアやオーストラリアに住むような健康的な生活スタイルをもっている証しなのだという。そして彼らが活躍する銀幕の世界はしばしばヴェトナムなどの第三世界やジャングルであるという点でも「ターザン」を想起させる。

▶モダンダンスの誕生

さて男性が「男らしい」スポーツに興じているあいだ，女性は女性に適した身体文化の形成者になりつつあった。19世紀の女性運動家アミーリア・ブルーマはコルセットなどの窮屈な衣服からの解放を呼びかけ，トルコ服のズボンのような動きやすい服を広めたが，このころ女性も身体を動かして健康を維持しようとする動きが起こってくる。柔軟性やバランスや跳躍力を養う「新体操」の始まりである。そんな体操に子どものころから親しんでいたイザドラ・ダンカン（Isadora Duncan 1877-1927）は，ゆったりとした衣装を身につけ，飛んだり，走ったりといった動きや，手をねじったり身体をひねったりする動作を取り入れながら，そのときどきの直観をたよりに音楽に合わせて即興的に踊るという独特のダンスを編み出した。サンフランシスコ生まれのダンカンはヨーロッパ各地で絶賛されるが，明確な方法論がなかったために自分の流派を確立できなかった。しかし「ダンカニズム」と呼ばれるその身体表現はクラシック・バレエの世界や，1930年代にマーサ・グレアム（Martha Graham 1894-1991）やドリス・ハンフリー（Doris Humphrey 1895-1958）らによって確立されるモダンダンスに多大な影響を与えた。

　健康増進のために始まったさまざまなスポーツも観客に見せるためのスポーツへと発展していくが，モダンダンスもやはり見せるための芸術として発展していく。舞台でダンスのみを見せることもあれば，ミュージカルのなかに取り込まれることもあった。モダンダンスの踊り手がミュージカルの舞台にも立つということは当然のなりゆきであったし，今ではダンスができなければミュージカル俳優にはなれない。ミュージカルの歴史を振り返ってみると，だんだん

とダンスの割合が増えている傾向があり，ダンスの振付師は欠かせなくなっている。物語の筋で楽しませるよりも，視覚的な楽しさが重視されてきているからである。『コーラスライン』（Chorus Line 1975）や『コンタクト』（Contact 1999）などはまさにダンスのためのミュージカルである。

▶マドンナと「見られる身体」　ミュージカルの舞台は純粋に見る者を楽しませるエンターテイメントであるが，単なるエンターテイメントではない，見る者に脅威や不快感を意図的に与える挑戦的な芸術のクリエーターもいる。とくにその創造者が女性の場合には，男性観客の窃視的な視線の餌食になって自らを客体とすることへの反発を視覚的に表現することもある。

　たとえば，歌手のマドンナ（Madonna 1958- ）はそのときどきで髪の色やヘア・スタイル，化粧，衣装を替え，マリリン・モンローのようなエロティックな格好で登場するかと思えば，男装してマッチョなセックス・マシーンにもなる。歌によってイメージを自由自在に作り変えながら，その独特のエロティシズムで見るものを魅了するが，その身体は同時に困惑の対象ともなる。音楽ビデオ「ラッキースター」でサングラスをかけ，カメラ，すなわち視聴者をにらみつけるマドンナは，ひとしきり歌とダンスを披露したあと，エロティックなポーズをとるが，次の瞬間には彼女の顔が画面を覆い，フリーズしたかと思うとその目がウィンクする。エロティックな身体に酔いしれる時間を見る者に与えることなく，マドンナは逆に見る者の欲望をもてあそぶ。「ボーダーライン」や「マテリアル・ガール」，「ライク・ア・ヴァージン」などでもマドンナはビデオのなかの少年，ビデオの外の視聴者の若者をそのエロティックな身体で誘惑する。「見られる身体」であるはずのマドンナによって，見る者が逆に見られるという逆転の装置がそこにはしかけられているのだ。

▶シンディ・シャーマンとロバート・メープルソープ　見るものを困惑させるという意味では写真家のシンディ・シャーマン（Cindy Sherman 1954- ）の作品も同様だ。自分の身体を被写体にしながら，さまざまな他者を模倣し，他者になりきっているポートレートはどれもマドンナの絶えず変化する身体のようにアイデンティティがあいまいで，被写体すべてがオブジェになってしまっている。ところがシャーマンには，すでにあるモデルを模倣して被写体に納まる

図13-2　シンディ・シャーマン

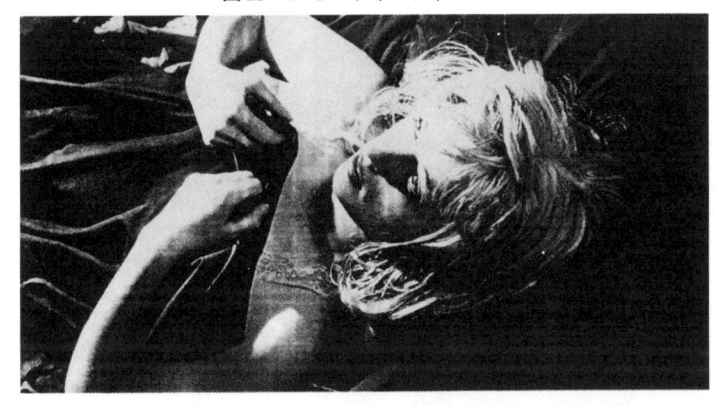

のではなく，自らの身体を投げ出した作品もある。それらは見るものをぎょっとさせる。シャーマンの美しさではなく，怒りや恐怖といったものをイメージしているからだ。

　マドンナの身体やシャーマンの写真同様，見る者を困惑させる写真を提示しているのはやはり写真家のロバート・メープルソープ（Robert Mapplethorpe 1946-89）だ。とくにゲイの黒人の裸体を被写体にした写真には，古代ギリシア彫刻のように均斉がとれて美しく，エロティックな身体がまるでオブジェのように写し出されている。見る者はその身体に触ってみたくなるような誘惑にかられるだろう。代表作「ポリエステルのスーツを着た男」をはじめ，その多くの写真は，被写体の顔をカットしてあったり，マスクで覆ってあったりしており，オブジェであることをきわだたせている。白人アーティストであるメープルソープが黒人の身体を撮るという行為は人種的搾取であるとする向きもあるが，オブジェ化された黒人のポートレートの美しさはギリシア彫刻の「白い」身体に匹敵するものであり，見る者を圧倒する。そのエロティックな被写体はマドンナの身体同様，「見られる身体」でありながら，その強烈な誘惑でもって見る者をもてあそんでいるのだ。メープルソープは1988年，エイズに冒されながら，黒衣に身を包んでいるために黒い背景に沈むセルフ・ポートレートを撮った。宙に浮かんでいるような写真家の正面を向いた表情は固く，手にはこれまた正面を向いた骸骨がついた杖をもっている。怒りをこめたこの迫力ある

図13-3 メープルソープ『セルフ・ポートレート』

写真によって見つめられると,鑑賞者は,自分がメープルソープによって「見られる身体」になっていることを意識させられ,いやでもエイズと向き合うことになる。

▶ダイエットと
▶エアロビ・ブーム

舞台や映画,ビデオや写真で「見られる」側のスターが自分の身体をコントロールし,芸術として操作するのは当然だが,一般の庶民もまた他者に「見られる身体」として自分の身体を意識的にコントロールしたいとする願望の虜になっている。やせたいという願望やエアロビ・ブームは,女性の主たる役割がプライベートな領域である出産のための身体から,公の領域で過ごす時間が増えた分,公の目に耐えうる身体の構築へと移って来た証しであると,ヒラリー・ラドナーは言う。しかし,見た目に美しい身体が「やせた身体」を意味し,それが若い女性の強迫観念にもなっている昨今の傾向は,大衆メディアが操作した結果である。ミニスカートを流行させた60年代のモデルのツイギーに始まり,今日のスーパーモデル,ケイト・モスに至るまで,やせていなければ美しくないという観念を助長している。その結果,無理なダイエットや拒食症患者がまん延し,それらは現代の病として深刻な問題になっている。

　そんなやせたい女たちの乙女心をくすぐって大衆に受けたのがジェーン・フォンダ(Jane Fonda 1937-)である。マドンナの変幻自在の身体があらゆるかたちの美を追求しているのに対し,フォンダの身体は固定した身体のみを追求する。マドンナが時代の流行を先取りして,対抗文化のファッション・リーダーになるのに対し,フォンダはその時代時代の大衆が抱いている固定観念に

基づいて自己を形成してきた。俳優として欲求不満の主婦から60年代の性解放を唱える女性，70年代のキャリア・ウーマンを演じたフォンダは，80年代になると健康ブームに乗ってフィットネスによって作る身体の美しさを強調する『ジェーン・フォンダのトレーニング本』(1981) などの著作で大衆の心をくすぐった。それはエアロビを主体とした運動で身体の各部をひきしめ，見た目に美しい「女らしい」身体を構築するというものである。しかし「女らしい」身体作りが，男性の目を意識した，良き伴侶を求める願望にささえられている限り，男性優位社会から脱しえない。フィットネスや整形手術によって自分の身体を作り変えることのできる時代に，われわれはもう一度，なんのためにそうするのかを考えてみる必要があるだろう。「やせている方が美しい」とする社会の基準に合わせることが幸福なのかどうかも考えてみよう。この飽食の時代，醜く太った身体が不健康なのはわかるが，太っていても健康な身体は，無理にやせた身体よりも美しい。昨今，大衆のやせ志向，強迫観念にも近い健康ブームに警告を鳴らすべく，太った女性の美を追求する「ファット・フェミニズム」の運動が起こっている。

かけがえのないチャンピオン，モハメド・アリ

　世界ボクシング史上最も有名であり，かつ最も政治的なプロボクサーが，モハメド・アリである。1997年にアカデミー・ドキュメンタリー賞を受賞した『モハメド・アリ　かけがえのない日々』では，彼を語る上での象徴的な事件であるアリ（当時32歳）対ジョージ・フォアマン（当時25歳）のタイトルマッチの背景が描かれる。"キンシャサの奇跡"として語り継がれ，悪名高きプロデューサー，ドン・キングが仕掛けた1974年10月30日の試合。この試合でアリは，フォアマン有利の世論を覆すことになる。「蝶のように舞い，蜂のように刺す」と言われたリングでの軽いフットワーク，試合前の派手な発言，ブラック・モスレムへの改宗（67年，姓名をカシアス・クレイからモハメド・アリに改名した），信仰上の理由に基づく兵役拒否，後年パーキンソン氏病に冒されながらの慈善活動など，その言動は一スポーツ選手の枠を超え，政治的・社会的な注目をも集め続けている。　　　　（塚田）

キー・トピック解題

1　大リーグ

▶アメリカの大リーグ　　今日，野球はアメリカ国民に強く根づいており，シーズン（4月～9月）ともなると，野球チームのある都市の住民はスタジアムや家庭のテレビの前で野球観戦に熱中する。大リーグは日本の野球のセ・リーグとパ・リーグのように2リーグ制で，ナショナル・リーグ16チームとアメリカン・リーグ14チームから成る。それらは全米とカナダ（トロントのブルージェイズとモントリオールのエクスポズ）の主要都市をベースにしている。なかでも有名なのはニューヨーク・ヤンキースで，12回ホームラン王に輝き，22シーズンで生涯本塁打714本を記録したベーブ・ルース（本名ジョージ・ハーマン・ルース，Babe Ruth 1895-48）や，4回のホームラン王，3冠王（1956），190メートル級本塁打（1963）など輝かしい成績を残した外野手ミッキー・マントル（Mickey Mantle 1931-95）などが同チームで活躍した。

▶野球の起源　　ボストンのレッドストッキングズの投手からシカゴ・ホワイトストッキングズの球団長になって最強のチームにし，ナショナル・リーグ創設にも関わった球界の大立者アルバート・グッドウィル・スポルディング（Albert Goodwill Spalding 1850-1915）は，南北戦争で活躍した軍人アブナー・ダブルデイ（Abner Doubleday 1819-93）がニューヨーク州クーパーズタウンで考案し，軍事訓練の合間に兵士たちの志気を上げるために行なったとの説を主張し，野球がアメリカ発祥のスポーツであるとの神話を作り上げた。この説に基づいて，1907年，クーパーズタウンに野球殿堂が建てられ，野球のメッカになった。しかし，今日ではイギリスのクリケットから派生した「ラウンダーズ」が進化した「タウンボール」が野球の起源だとするヘンリー・チャドウィック（1824-1908）の説のほうが正しく，野球を国技として普及したかったスポルディングがそれを隠蔽したのだろうと言われている。

　今日の野球の原型となるルールを作ったのはアレグザンダー・ジョイ・カートライト（Alexander Joy Cartwright 1820-90）で，ボランティア消防団を組織し

図 13-4　ベーブ・ルース

生涯に714本のホームランを記録したベーブ・ルースは，まさに当時のヒーローであった。彼は孤児であったため，恵まれない子供達を救おうと，後年「ベーブ・ルース財団」を設立した。

て始めたタウンボールに，塁間を42ペース（90フィート），1チーム9人，ポジションを固定する，3アウトで攻守交替するなどのルールを定めた。この消防団チームがアメリカ初の野球チームとして知られるニッカーボッカーズで，ニュージャージー州ホーボーケンのイリージャン・フィールズという広場で，1846年6月19日にアメリカ初の試合が行なわれた。相手はニューヨーク・ナインという新興チームだが，なんとニッカーボッカーズは23-1の大差で敗北している。

▶野球の普及　　やがてニッカーボッカーズのルールに他のチームも倣うようになり，ルールは南北戦争で野球を覚えた兵士たちによって各地に伝えられ，全国的に広まった。プロ野球チームの誕生は1869年，シンシナティのレッドストッキングズで，監督兼外野手だった創設者のハリー・ライト（Harry Wright 1835-95）は，1953年に野球殿堂入りしている。しかしこのチームはすぐ解散してしまい，ライトはボストンに移り，レッドソックスを結成する。以降，ボストン，シカゴ，フィラデルフィアなどにプロ・チームができ，1876年にはナショナル・リーグが，1901年にはアメリカン・リーグが結成された。以降，国民的スポーツになった野球は，1920年代に活躍したベーブ・ルー

ス以降，ルー・ゲーリッグ（Lou Gehrig 1903-41），ジョー・ディマジオ（Joe DiMaggio 1914-99），ミッキー・マントルなどのスター選手を生み，アメリカ国民の身近な娯楽となる。そしてファンはスターたちが作る記録に一喜一憂する。

　ちなみにルースの生涯本塁打記録は1974年，ハンク・アーロン（Hank Aaron 1934-　）が破り，シーズン本塁打記録60本は，1961年にロジャー・マリス（Roger Maris 1934-85）が破ったのち，1998年にはマーク・マグワイアが70本で，2001年にはバリー・ボンズ（Barry Bonds 1964-　）が73本で記録を塗りかえた。さらに日本から大リーグ入りしたイチローは2001年，シューレス・ジョー・ジャクソン（Shoeless Joe Jackson 1888-1951）の新人最多安打233本を超える242本を記録した。

スーパーマンの系譜

　超人としての英雄像をアメリカ人に定着させ，アメリカンヒーローの代表として，その地位を揺るぎないものにしたのがスーパーマンである。1938年，『アクション・コミックス』誌に掲載され，すぐにラジオ，映画，テレビとさまざまなメディアに取り上げられていく中で爆発的な人気を得た。その理由としては，ＳＦ冒険活劇的な要素がふんだんに盛り込まれているということもさることながら，アメリカ人が持つ力への羨望と，正義感を重んじる傾向があるからだと思われる。主人公クラーク・ケントが，普段は凡人でありながらも，危機の際にはスーパーマンへと変身して，人々を救う救世主となる姿は，まさに「世界の警察」を自負するアメリカの目指すべき姿そのものであると言える。1974年に『スーパーマン』として再映画化された時，世間はヴェトナム戦争の痛手を引きずり，ウォーターゲート事件に悲観し，失業率の上昇に心を悩ませていた。そのような状況下で，この映画は短い期間の内に1億ドルを超える興業収入を上げるほどの大ヒットとなった。当時のアメリカ国民は強いアメリカ像を求めていたのだろう。　　　　　　　　　　（小林）

❷ バスケのスーパースター，マイケル・ジョーダン

▶引退劇から復帰劇へ　　1999年1月13日，バスケットボールのスーパースター，マイケル・ジョーダンは，多くのファンに惜しまれながら引退を宣言した。超人的なジャンプ力をもつシカゴ・ブルズの選手として活躍したジョーダンは，エイズで引退したマジック・ジョンソン（Magic Johnson 1959- ）の優勝回数5度をしのぐ6度のリーグ制覇を果たしてコート生活にピリオドを打った。ところが2001年10月30日に復帰して話題を呼んだ。復帰試合が行なわれたニューヨークのマディソン・スクエア・ガーデンには，高額な代金を払ってチケットを手に入れたファンらが集まった。

▶オリンピック代表選手になるまで　　1963年，ニューヨークのブルックリンで生まれたマイケルは，少年期をノースカロライナで過ごし，バスケットの選手をめざす。だが，高校時代は選手に抜擢されず，落胆の日々を送っていた。しかしノースカロライナ大学に進学し，そこのチームで全米大学選手権に出場し，その決勝戦で要となるシュートを決め，チームに優勝をもたらす。これを機に自信を得たマイケルは，オリンピック出場を果たす。1984年，ロサンゼルス五輪でアメリカ・チームに金メダルをもたらし，マイケルは一躍，ヒーローとなる。その後，シカゴ・ブルズに指名され，1985年には新人王に選ばれ，1991年にはリーグ優勝をも実現し，押しも押されぬアメリカ一の大選手となる。1992年にはバルセロナ五輪で，「ドリームチーム」と呼ばれる最強の選手を揃えたアメリカ・チームの中心選手として出場し，またまた金メダルを獲得する。

▶大リーグへの転身劇からバスケ復帰へ　　しかし順風とみえたマイケルにも危機が訪れる。1993年，父ジェームズが殺害され，選手生活を続けられなくなる。マイケルは突然，引退を表明し，世界中のファンに衝撃を与える。だが，悲しみも癒えたのだろうか，それともそれを打ち消そうとするためだったのだろうか。その数カ月後，大リーグのホワイトソックスと契約し，野球選手として新たな道を歩み出す。アメリカのスポーツ界では「二足のわらじ」も不思議ではなく，シーズンの重ならないフットボールやバスケットボールと野球の選手を

図13-5 マイケル・ジョーダン

両立させることが可能だ。マイケルの場合は，バスケを引退してからの野球人生なので，「両立」していたわけではないが，その可能性もなかったわけではなかった，それだけの実力が見込まれたからこそ大リーグに入団できたにちがいない。

だが，シーズン中の成績は打率2割2厘と決して良いとはいえない。結局，1年後の1995年3月2日，ストライキ中だった大リーグを退き，バスケットに復帰する。さいわい，シカゴ・ブルズに再入団することができ，再び，スターの座に輝いた。翌年にはブルズを3年ぶりに優勝に導き，1998年には通算10回目の得点王に輝き，レギュラー・シーズン，ファイナル，オールスターのMVPすべてを受賞。まさに「バスケの王」となった。その絶頂期になぜ，と思うファンを尻目に，マイケル・ジョーダンは引退を表明したのである。ちょうど信頼していたブルズのフィル・ジャクソン監督が辞任したことも引退のきっかけになったかもしれないが，絶頂期に辞めることこそがマイケルの美学だったと言ったほうがおそらく正しいだろう。それは決して裕福とはいえない南部の田舎町に育った黒人の意地なのかもしれない。

▶アメリカン・ドリーム　マイケル・ジョーダンは国境を越え，人種を越え，すべてのバスケのファンにとってかけがえのない存在だ。彼は多くの人々に夢を与えてきた。それは「アメリカン・ドリーム」でもある。マイケルはコートの外でも，ナイキのスポーツ用品やスポーツ飲料，食料品から下着まで，スポンサー契約をしており，その収入は年俸をはるかに上回っている。1998年には年間8000万ドルを稼いだという。選手生活とビジネスの二足のわらじをはいたマイケルは，永遠のヒーローとして歴史に残ることはまちがいない。

復帰した2001年，マイケルは年俸を同年9月11日に起きたワールド・トレードセンターと国防省のテロ事件の犠牲者に寄付すると宣言した。

③ モダンダンスの旗手マーサ・グレアム

▶**クラシック・バレエからの離脱**　「モダンダンス」ということばが使われるようになったのは1927年頃のことだという。ちょうどマーサ・グレアムをはじめ，多くのダンサーたちがクラシック・バレエから独立して新たな形態を求めて模索していたころである。西欧で前衛芸術が花開いていた時期でもあり，伝統的なクラシック・バレエとは違ったダンスをめざしたグレアムは，当時の前衛芸術が関心を示した「原初的」（プリミティヴ）な形態を取り入れることにした。それはギリシャ神話や東洋の演劇といった伝統に目を向けることであると同時に，フロイトやユングら精神分析の影響による人間の意識下をさぐることでもあった。一方で，当時の大衆をひきつけていた映画やサーカス，人形劇などの技法をも取り入れ，独特のスタイルと技法を編み出した。

▶**アメリカン・モダンダンスの形成**　1916年から1923年にかけてデニショーン・カンパニーに所属していたグレアムは，いわゆる「異国趣味」の洗礼を受けるが，30年代後半に独立すると，エリック・ホーキンズ（Erick Hawkins 1909- ）やマース・カニンガム（Marce Cunningham 1919- ）といった優れたダンサーとともに活動をはじめ，もっとアメリカ的な儀式（結婚や葬式）や大衆芸術（サーカス，パペット・ショー，ミンストレル・ショーなど）に目を向け，それらを用いてギリシア神話のような原初的主題を表わそうと駆使する。『原初の神秘』（*Primitive Mysteries* 1931）では，アメリカ南西部で見たスペイン系の教会儀式とネイティヴ・アメリカンの文化を混合した儀式を取り入れている。マリア役のダンサーが床に横になるなど，全体に腰を曲げたり，ひざをついたりする動きは，重力に逆らって跳躍や軽やかさを求めるクラシック・バレエとは両極にある。『心の洞窟』（*Cave of the Heart* 1946）はギリシャ神話の嫉妬に狂うメディアが蛇のように腹を床につけて身悶えするさまが中心だ。だが，こうした重心を低くして踊るのは，歌舞伎や能における技法でもあり，おそらく

図13-6 マーサ・グレアム『原初の神秘』

　グレアムは日本の伝統芸術からヒントを得たのではないだろうか。ちなみにグレアムは1930年，ニューヨークで歌舞伎に接しているうえ，日本の舞踊家伊藤道郎とともに歌舞伎『武士道』の翻訳を上演した事実もある。

▶「収縮」と「解放」
コントラクション　リリース

　グレアムの編み出した主たる技法は「収縮」と「解放」で，前者は胸を引っ込め，背を丸くして，恐怖や悲しみや内向性や引込み思案といった気持ちを表現するもので，後者は胸一杯に空気を吸い込み，自己の肯定や他者への思いやり，恍惚状態を示すものだ。身体をぴんとはりつめた状態からゆるんだ状態までを縦横に駆使して，人間の心理状態を表現することがダンスの基本と考えたグレアムは，他の装飾はいっさい要らないとした。ただ衣装だけにはこだわった。衣装のライン1つで，微妙なニュアンスも表現できると思ったからである。ところが，やがて衣装だけではなく，シンプルなセットや照明も加え，さらに様式美を探るようになり，日系アメリカ人美術家イサム・ノグチとともに作品を作るようになる。

　ブロンテやジョイスといった作家から刺激を受けて作った作品もあるが，『フロンティア』（*Frontier* 1935)『アパラチア山脈の春』（*Appalachian Spring*

1944）など，アメリカ的なテーマを取り入れた作品や，アメリカの代表的な女性詩人エミリー・ディッキンソンをモデルにその人生への熱き渇望と詩に描かれたさまざまなテーマを凝縮した『世界への手紙』（*Letter to the World* 1940）などの作品にこだわるグレアムは，アメリカン・モダンダンスの代表といえるだろう。

▶世界のマーサ・グレアム　1969年，グレアムはダンサーとして自ら舞台に立つのはやめたが，後進の育成につとめ，そのダンス・テクニックは世界中で教授されるようになった。テルアヴィヴのバッシェヴァ・ダンス・カンパニーやロンドン・コンテンポラリー・ダンス・シアターはグレアムの弟子たちの協力によって作られ，彼女の技法を継承し，また彼女の作品を数多く上演している。

4　ポストモダンな時代の身体

▶ポストモダンな時代の身体への恐怖　昨今のポストモダン現象としてよく批判されることは，私的な場と公的な場の境界があいまいになってきて，身体というプライベートな領域をヒステリックなメディアが侵入，抑圧し始めているという点である。拒食症，エイズ，癌，ダイオキシン問題など，健康な身体を蝕む病魔がいつ侵入してくるかわからないという不安の中で今日わたしたちは生きている。そうした身体からの脱皮願望は，新たな身体構築という幻想を生み，フィットネス・ブームや整形手術による身体の改造から，免疫医学，クローン技術，サイバネティックスなどの研究による新たな身体形成に駆り立てている。芸術家や批評家もそうした新たな身体の可能性を追求し，たとえばドゥルーズとガタリはその著書『アンチオイディプス』において「器官なき身体」理論を展開している。今の自分の身体とは異なる身体は，「人造人間」の可能性にもつながり，ＳＦ世界では早くから「サイボーグ」なるものの存在が表明されている。

▶テクノロジーとの共存　「いまＳＦを書く必要はない。なぜなら，われわれはその中にいるのだから」と言ったボードリヤールのこ

第13章　身体文化 | 289

とばはもはや皮肉でもなんでもない。映画，テレビ，ファミコン，パソコンの仮想世界に生きているわれわれは，もはや，その中の世界のほうが日常化してしまい，その世界に距離を置くどころか，共存している，というのが正しい感覚だろう。このように人間とテクノロジーが混合して現われる「主体」を「サイボーグ」と呼んだのはダナ・ハラウェイだ。いつの時代もテクノロジー嫌いはそうした機械の進入に抵抗してきたが，テレビはいつの間にかお茶の間の存在と化し，世界で起こっているさまざまな出来事をわれわれは身近に感じるようになってきた。コンピューターも日に日に日常化し，企業の通信のみならず，家庭のなかにも浸透しつつある。買い物も計算も情報もコンピューター1台あれば，家を一歩も出なくて済むような時代の到来も間近である。だが世界とも一瞬のうちに交信できるこの便利さに人々は酔ってはいないだろうか。こうしてつながる人々の輪を「仮想集団（ヴァーチャル・コミュニティ）」「非現実的ユートピア」と批判する人々もある。またマイクロソフトを中心にネットの枠を広げてゆくアメリカ的商法を，新たなる世界制覇と危惧する向きもある。この電子ネットワークをコントロールするのはわれわれ自身であることを忘れてはならない。

▶柔軟なサイボーグ世界　ハラウェイはむしろこの「サイボーグ世界」を積極的に受け止める。この技術が介在とする社会にどっぷり漬かることによって，これまでの世界観を転覆できると考えている。技術に対して恐れることなく，その流動性に身を委ね，サイボーグの多面性を知ることを勧めている。インターネットの世界では顔も姿もない，つまり身体のないことば（記号）がコミュニケーションをつかさどる。そこでは男も女になれれば，女が男にもなれる。というわけで，ハラウェイはとくに固定化されたジェンダーに対する批判として，このサイボーグ論を展開したのだが，これは機械や技術に対する一面的な見方への批判として受け止めることもできる。

　つまり，機械の多声性に耳を傾けよ，というメッセージとして。これはまさに，アイデンティティはひとつであり，ジェンダーは横断できるものではないとする旧来の考えかたの否定であり，権威や権力に対する抵抗，「周縁性」を重視するポストモダニズムに呼応する。また，人種や階級，性やジェンダーにおけるそれぞれの差異を認めようとするポスト植民地主義の運動とも連動する

だろう。人間のみならず，機械をも単なるモノではなく，人間と共存していくものとして捉えることが21世紀に生きる人間には求められるかもしれない。ただし共存するためには，それぞれの人間の柔軟な情報選択能力が必要なことはいうまでもない。そうすれば，メディアやテクノロジーの侵入の恐怖も防げるはずだ。

アメリカンフットボール

　アメリカンフットボールの起源は大学同士の対抗試合にある。1869年にプリンストン大学とラトガーズ大学の間で，サッカーのような形態で試合が行なわれたのが最初だ。のちにイェール大学の学生の提唱によって，アメリカンフットボールとしての基本的なルールが初めて作られた。その後もさらなるルールの修正が行なわれたが，多数の死傷者が出るほど，プレーが荒っぽくなることもあった。見かねたフランクリン・ローズヴェルト大統領は，「もし暴力的な状態が改善されないならば，アメリカンフットボールを禁止する」という勧告さえ行なったほどだ。

　1922年，プロの組織として，ナショナル・フットボール・リーグ（ＮＦＬ）が誕生した。当時はまだ大学同士の試合が人気の中心だったが，ドラフト制度により有能な選手がプロ選手となってきた頃からは，プロ・フットボールへの関心が高まっていった。テレビ放送が行なわれ，1950年代にその人気は頂点に達した。

　4回の攻撃の間に10ヤード前方に進めなければ，攻撃の権利が相手側に移るというのが基本のルールである。最終的に相手側のエンドゾーンと呼ばれる地域にボールを運んでいくことをタッチダウンと呼び，それによって得点が加算されていく。ＮＦＬの31チームの中には，サンフランシスコ・フォーティナイナーズ（San Francisco 49ers）のように，その名の由来にアメリカの歴史を感じさせるチームがある。このチーム名は1849年にアメリカ西海岸で起こったゴールドラッシュに押し寄せた人々を指す forty-niners に由来する。　　　　　　　　　　　　（小林）

原典紹介

"The Strenuous Life" (1970)

Theodore Roosevelt

　The timid man, the lazy man, the man who distrust his country, the over-civilized man, who has lost the great fighting, masterful virtues, the ignorant man, and the man of dull mind, whose soul is incapable of feeling the mighty lift that thrills stern men with empires in their brains—all these, of course shrink from seeing the nation undertake its new duties; shrink from seeing us build a navy and an army adequate to our needs; shrink from seeing us do our share of the world's work. These are the men who fear the strenuous life. ... They believe in that cloistered life which saps the hardy virtues in a nation, as it saps them in the individual.

「奮闘すべき人生」(1970)

セオドア・ローズヴェルト

大いなる戦いや支配者としての品格のある美徳を失ってしまった臆病な男, 怠惰な男, 国を信頼しない男, 過剰に文明化されている男や, 頭の中に絶対的な支配権をもつ男たちを興奮させるような強い高ぶりを感じることができない心のもち主である無知な男, 頭の鈍い男——このような男たちは当然のことながら, 国家が新しい任務に着手するのをしり込みして見ないようにし, われわれが必要なだけ海軍や陸軍をもうけるのをしり込みして見ないようにし, われわれが世界の仕事を共有するのをしり込みして見ないようにする。……このような男たちは世間と断絶した生活を信じているが, そのような生活は個人としての自分たちを徐々に蝕むように, 国家の堅固な美徳をも徐々に破壊することになる。

Shoeless Joe (1982)

W.P. Kinsella

"The word is what?"
"Baseball."
"Is what?"
"Baseball"
"Praise the name of baseball. The word will set captives free. The word will open the eyes of the blind. The word will raise the dead. Have you the word of baseball living inside you? Has the word of baseball become part of you? Do you live it, play it, digest it, forever? Let an old man tell you to make the word of baseball your life. Walk into the world and speak of baseball. Let the word flow through you like water, so that it may quicken the thirst of your fellow man."

『シューレス・ジョー』(1982)

W. P. キンセラ

「そのことばは何？」
「野球」
「何だって？」
「野球」
「野球の名を称えたまえ。そのことばで囚人は自由になるだろう。盲人の目は開かれるだろう。死者は生き返るだろう。野球ということばはおまえたちの中に生きているだろうか？　野球ということばはおまえたちの身体の一部になっただろうか？　永久にそれを生き，プレーし，消化するだろうか？　野球ということばをおまえたちの人生とすることを一老人から学びたまえ。世間に出て，野球を語りたまえ。そのことばがおまえたちの体内を水のように流れるようにするんだ，そうすればおまえたちの仲間の渇きが速まるだろうから。」

グロッサリー

アースデイ（Earth Day）
　環境破壊から地球を守るために行動しようと，環境保護をテーマに集会した日。毎年4月22日頃に世界各地でイベントがおこなわれている。1970年同日，アメリカの大学生で市民運動家のデニス・ヘイズらの呼びかけで始まった。70年の連邦政府環境保護局設立に向けてアメリカの環境保護運動を前進させたきっかけとされる。

（平塚博子）

アイビー・リーグ（Ivy League）
　アメリカ東部にある8校の私立学校群。ブラウン，コロンビア，コーネル，ダートマス，ハーバード，ペンシルヴェニア，プリンストン，イェールの諸大学。もともとは1900年に結成したフットボールのリーグから始まった。

（小林　徹）

アシッド・テスト（Acid Test）
　1960年代のドラッグによる意識改革の試み。映写機や照明装置，スピーカーを設置した密閉空間でLSDなどを使い，参加者全員が一体感の極致へ到達することをめざす。作家ケン・キージーはこの試みを「新しいスタイル，あるいは新しい世界観を創造する攪乱行為」と呼んだ。

（塚田幸光）

アングリカン・チャーチ（Anglican Church）
　英国国教会およびその流れを組む教会。ヘンリー8世による宗教改革後に，ローマ・カトリック教会から分離して組織された。そのためカトリックに対しては批判的な立場ではあるが，教義や礼拝や運営などに関しては，カトリック的要素が根強く残っている。

（小林　徹）

アンクル・サム（Uncle Sam）
　アメリカ合衆国政府を体現する人物につけられたニックネーム。星条旗の柄のシルクハットを被り，顎鬚を生やし，縞目のズボンとモーニングを着用している。志願兵募集のポスターなどにも使われ，国民の愛国心を促す時によく引き合いに出される。

（小林　徹）

ウォーターゲート事件(Watergate Affair)

大統領ニクソンの再選を画策した人々が,民主党全国委員会の置かれていたウォーターゲート・ビルに侵入し,盗聴装置を仕掛けようとしたが,未遂に終わった事件。ニクソン自身が事件の隠蔽工作に関わっていたことを認め,大統領を辞任。国民の大統領への強い信頼の念を裏切った。　　　　　　　　　　　　　　　(小林　徹)

エコフェミニズム(Ecofeminism)

利益と進歩の名のもとに自然を破壊する家父長制的な科学・知識・技術,そして資本主義に対して,地球存続の未来に向けてのパラダイム転換を求める潮流。エコフェミニストの C. Merchant は,地球規模のエコロジー革命は,人間と自然の関係とともにジェンダーの関係を再構築すると語る。　　　　　　　　　　　(平塚博子)

LSD

d-リゼルグ酸ジエチルアミド。1938年に発見。その際,発見者がいわゆるサイケデリック体験(散瞳,心拍数・血圧・体温の上昇,色を聞き,音を見る等の二次的感覚の発生,感情の誇張等)のごく軽い症状を覚えたことから,初期には向精神薬として,60年代にはアメリカの若者たちの間で意識変容の手段として用いられたが,のちに非合法とされた。　　　　　　　　　　　　　　　　　　　(塚田幸光)

エレミアの嘆き(Lamentations of Jeremiah)

17世紀後半のアメリカにおける信仰の堕落した状態を指す言い方。当時の牧師たちが説教の中で用いていた。その名の由来は,旧約聖書の中で預言者エレミアが以前のエルサレムの繁栄と比べて,現在の堕落した状態を嘆いた,ということにある。
　　　　　　　　　　　　　　　　　　　　　　　　　　　　　(小林　徹)

会衆派教会(Congregational Church)

教会ごとの自治,独立を基本とし,教会同士の主従関係のないプロテスタントの一派。組合教会と呼ばれたこともあった。ニューイングランドにおいて支配的な教会となり,ピューリタン神権政治の中核を担った。個々の会衆こそが教会の基本単位であるという教えを説く。　　　　　　　　　　　　　　　　　　　　(小林　徹)

枯葉剤(Defoliant)

アメリカ軍がベトナム戦争で用いた対植物用科学剤。2・4 ジクロロフェノキシ酢

酸とダイオキシンを含む2・4・5トリクロロフェノキシ酢酸の混合剤であるオレンジ剤を中心に，枯葉作戦「オペレーション・ランチハンド」において1961年からベトナム南部に散布された。畸形児が生まれる危険のほか，人体に及ぼす影響は多大。

(塚田幸光)

クラッカー（Cracker）

　redneck, white trash などとともに，南部の貧乏白人を指す蔑称の1つ。もともとは南ジョージアと北フロリダの農夫に用いられたこの呼称は，南北戦争後の生活環境悪化のため，彼らが土地を失い，製材所での作業人や sharecropper（物納小作人）に転落すると，黒人の側からも揶揄される蔑称となっていった。

(塚田幸光)

クレオール（Creole）

　ルイジアナに植民したフランス人やスペイン人，そして彼らの血を純粋に受け継いだ子孫達の呼称。奴隷である黒人の文化にヨーロッパ的要素が取り入れられてできあがったクレオール文化の産物は，様々な分野に現存している。音楽においてはニューオーリンズを中心としたジャズや，食文化においては，トマト，トウガラシ，タマネギなどをふんだんに使った料理（ジャンバラヤなど）が代表的である。

(小林　徹)

ケークウォーク（Cake-Walk）

　南部の大農園において奴隷たちが興じた踊りの一種。最も面白い歩き方をした者に与えられる賞品がケーキであったことに由来。1890年代まではステージダンスであった。主人を楽しませる紋切り型の黒人としての踊りと，アフリカ的な美を追求する自己表現としての踊りというように，奴隷達は奴隷制度への反抗として踊りに二重の意味を込めた。

(塚田幸光)

コミューン型生活（Commune）

　コミューンはもともとは11～12世紀に成立した中世自治都市を指すが，パリ・コミューンをふまえて，反権力・自治・友愛・平等に基づく組織という意味でも用いられる。アメリカでは特に60年代ヒッピーたちが試みた伝統的な制度・価値・思想に対するオルタナティブとしてのコミューン型生活が有名。

(平塚博子)

コロンブス500周年記念（500th anniversary of the discovery of Americas, the）

1492年の新大陸発見から500年にあたる1992年。スペインでは復元船を建造するなど各地でさまざまな記念行事が催された。一方で「500周年」に反対するデモ行進など反省を求める動きも北米や中南米の先住民を中心に目立った。まさに，新大陸を発見した英雄としてのコロンブスの評価を改めて問い直す年となった。　　（平塚博子）

サイバネティックス（Cybernetics）

1947年にアメリカの数学者 N・ウィーナーによって提唱されたひとつの学問分野。厳密な定義はないが，一般的には，生物と機械における通信，制御，情報処理の問題を統一的に取り扱う総合科学。　　（平塚博子）

サンベルト地帯（Sunbelt）

フロリダからテキサス，アリゾナ，カリフォルニアに及ぶ，ほぼ北緯37度以南にある諸州の総称。第二次大戦後，北部の都市圏人口が減少したのに対し，都市圏の人口増加と工業化が進んだこの地域は，1977年にジョージア出身，民主党ジミー・カーターの大統領当選を節目に，その優れた企業環境が注目されるようになった。　　（塚田幸光）

シエラクラブ（Sierra club）

アメリカの自然保護運動の父で作家のジョン・ミュアによって創設された自然保護団体。1892年6月に発足以来会長のミュアを中心に活発な活動を続け，現在に至るまでアメリカ自然保護運動の中心としての地位を保っている。名前は，創立当初ミュアと会員がシエラネバダのハイキングを楽しむクラブであったことに由来する。

（平塚博子）

ジャクソニアン・デモクラシー（Jacksonian Democracy）

対英戦争の英雄，人民の代表とされた A. ジャクソン大統領時代（1829-37）の「民主的な」改革運動を総括する概念。この時代は西部開拓や産業革命の結果，労働組合や奴隷解放運動，白人男子普通選挙権の普及など，民衆運動が高揚するが，実際には奴隷制南部に支持基盤をもっていたジャクソンの民主党はこうした運動を弾圧する側にあった。公職の交代制を導入し結果的には党派的な金権政治を蔓延させ，多くの問題を引き起こしていることなど，歴史学的には用語に疑問ありとされる。

（山越邦夫）

修正条項（Amendments）

　権利章典，大陪審制度，奴隷制廃止に伴う市民権の拡大など，合衆国憲法制定後に付け加えられた条項。現在までに27項目まで存在している。ERA（男女平等修正条項）は必要な数の州の承認が得られず，修正条項に加えられることはなかった。

（小林　徹）

新左翼（ニュー・レフト）（New Left）

　1960年代に発展した社会変革と人間改革の結合を志向する左翼運動。コミューンなどを形成し，カウンターカルチャー（対抗文化）を生み出した。既成左翼とは一線を画し，人間性の回復や自己実現，性の解放，自然との調和をめざした。この運動は，女性解放運動やベトナム反戦運動にも連帯した。

（塚田幸光）

1992年のロサンゼルスの人種暴動（1992 Los Angels Riots）

　1992年4月29日に発生した人種暴動。速度違反の容疑で捕まった黒人青年がロス市警20人に暴行を受けたロドニー・キング事件の裁判で，白人警官が無罪になったことが原因。暴動が多発すると，黒人に加えてヒスパニック系が加わって韓国系の商店までもが襲われたことから，黒人と白人の対立のほか複雑な人種問題を含むとされる事件。

（平塚博子）

1812年戦争（第2次米英戦争）（The War of 1812）

　インディアンの追い出しと，カナダへの領土拡大を目的として，1812年にアメリカがイギリスに対して仕掛けた戦争。アメリカは首都ワシントンが襲撃され，劣勢の中，カナダ獲得を断念し，14年にどうにか講和成立にこぎつけた。その直後，講和成立の報告を受けずに行われたニューオーリンズでの戦いにアメリカ軍が勝利し，イギリス側についたインディアンは土地を追われることになった。

（小林　徹）

デタント（緊張緩和）（Detente）

　1970年代，対ソの軍事的優位に不安をもったアメリカが，冷戦構造緩和のために採った政策。ベトナム戦争からの早期撤退と大統領再選を念頭に，キッシンジャー補佐官の助言によりニクソン大統領は，中国，ソ連を訪問。ブレジネフ書記長とはSALT（戦略兵器制限交渉）を行ない，平和的共存を誓い合った。

（塚田幸光）

鉄のカーテン（Iron Curtain）

1946年に当時の英首相チャーチルが述べた，第二次大戦後の東欧をめぐって起こった英米対ソ連の緊張関係の比喩。「ヨーロッパには鉄のカーテンが降ろされた」という発言は，1948年のチェコスロバキア政変と東西二つのドイツ国家成立により，資本主義陣営と共産主義陣営の東西対立構造を意味している。　　　　　　（塚田幸光）

トラスト（trust）

競い合っていた幾つかの会社がトラスト（信託）によって結合した上で，価格を操作し，市場を独占すること。スタンダード石油が有名だが，さらに続々と出現するトラストに対し，1890年にシャーマン反トラスト法が制定されると，トラストは持株会社という形態に変化していった。　　　　　　　　　　　　　　　　　　（小林　徹）

日米紳士協約（Gentlemen's Agreement）

1907年に林董外相と T. J. オブライエン駐日アメリカ大使との間で成立した日本人のアメリカ移民制限協約。この協約により，日本人移民に対する襲撃事件などに顕著な当時のアメリカの排日運動は，一時的に沈静化した。だが1910年代から20年代にかけてアメリカは保守化し，24年，排日移民法が成立した。　　　　　　　　　（塚田幸光）

農本主義（Agrarianism）

農業をもって立国の基本とし，社会組織の基礎としようとする立場のことであり，産業主義の対義語。小作農に対して自作農を重んじ，独立不羈の精神や徳を高めることをめざし，共和制の1つの礎とされた。道徳的な農民共和社会をアメリカに築こうとしたトマス・ジェファソンは，広大な西部の土地を背景に農本主義と民主主義を結びつけた。　　　　　　　　　　　　　　　　　　　　　　　　　　　　　　（塚田幸光）

ノーブレス・オブリージ（Noblesse Oblige）

高い身分に伴う道徳上の義務のことをさす。サザンベル（南部貴婦人）を慈しみ，黒人奴隷にたいしては父のように振舞うという，パターナリズム（父親的温情主義）とともに，南部神話を形成している。　　　　　　　　　　　　　　　　　（塚田幸光）

ファウンディング・ファーザーズ（Founding Fathers）

アメリカ独立宣言起草に携わったベンジャミン・フランクリン，トマス・ジェファソン，ジョン・アダムズなど，および合衆国憲法の起草・制定に携わったアレクサン

ダー・ハミルトン，ジョージ・ワシントン，ジェームズ・マディソンなどの呼称。

(小林　徹)

ハワイ王朝略奪100周年（100th anniversary of the US annexation of Hawaii, the）

90年代になって急速にもりあがったハワイ先住民による主権回復運動の一環。1998年8月12日，ハワイ人の血を誇る人々がホノルルにあるイオラニ宮殿に集まり，かつてのハワイ国の国旗を掲揚した。イオラニ宮殿は，その日からちょうど100年前アメリカによるハワイ併合記念式典が催された場所でもある。

(平塚博子)

パン・アフリカニズム（Pan-Africanism）

アフリカ人，アフリカ系の人々の主体性の回復およびアフリカの歴史的復権，独立と統一を目指す運動。19世紀末にアメリカ合衆国やカリブ海地域のアフリカ系知識人によって生み出され，第二次世界大戦以前は主として欧米各地を舞台に，戦後はアフリカ・ナショナリズムと結合して，おもにアフリカを舞台として発展した。

(平塚博子)

ブラック・モスレム（Black Muslim）

アメリカの秘密結社的黒人イスラム教団。のちにネーション・オブ・イスラムとも呼ばれる。いわゆる公民権団体とは一線を画し，白人と黒人の分離，黒人の優越性を説き，黒人だけの社会建設を唱えるブラック・ナショナリズム組織である。現在，カリッド・ムハンマドが代弁者的存在で，多くの若者を惹きつけている。　(塚田幸光)

プレップ・スクール（prep school）

名門大学進学を希望する裕福な子女が入る私立のハイスクール。アメリカ東部に多い。全寮制共学のチョート・ローズマリー・ホールやグロトン・スクールをはじめ，アンドーヴァー，サンマルコ，セントポールなどが特に有名。その卒業生たちはpreppyと呼ばれる。

(小林　徹)

フレンチ・インディアン戦争（French and Indian War）

1755年，北アメリカ大陸の領土をめぐってイギリスおよび植民軍とフランスが争った戦争。オハイオ川流域での攻防により，付近のインディアンが戦いに巻き込まれ，フランス側に味方した。最後はイギリス側の勝利に終わり，63年パリ講和条約が締結

される。しかしインディアンとの争いは65年まで続いた。　　　　　　（小林　徹）

ポスト植民地主義（Postcolonialism）
　現在特に英米圏で活発になっている文学・文化研究の潮流。E・サイードの『オリエンタリズム』を期に，80年代に1つの流れを形成。植民地体験を持つ国々の人々が，抑圧されてきた体験，文化を表現することによって，ハイブリッド（混交的）な文化のあり方を問題化することを促し，文化的，文学的なカノンの問い直しを迫った。
（平塚博子）

マーシャル・プラン（Marshall Plan）
　アメリカの対西ヨーロッパ援助計画。1947年から開始され，その内容を表明した国務長官G・C・マーシャルのハーバード大学での演説は有名。同年のトルーマン教書における反ソ・反共主義を前提としていた。この計画は戦争で疲弊した西欧諸国の経済復興と経済統合を目的としたが，その結果アメリカの影響力は強化された。
（塚田幸光）

ミュージカル（Musical）
　音楽・芝居・ダンスなど多様な要素を含む総合芸術。ヨーロッパからの輸入物であるオペレッタとアメリカの大衆芸能であるミンストレル・ショーを融合させて新ジャンルを確立した意味で最もアメリカ的な舞台芸術。ガーシュインが作品を提供し始めた1920年代から，『ウエストサイド物語』に代表される50，60年代はミュージカルの黄金時代。
（平塚博子）

ミリシア（国民軍）（Militia）
　1791年に発効した憲法第2修正に記されている民兵組織の名称。国の安全に必要不可欠であるという理由から，この民兵が武器を所有，携帯することを許可し，何人もその権利を侵害してはならない，とその修正条項では唱われている。　（小林　徹）

ムラート（Mulatto）
　白人と黒人の第一代混血人の呼称。ポルトガル語で若いラバという意味。16世紀から20世紀までアメリカや西インド諸島で用いられた。ほかに4分の1混血人をクアッドルーン，8分の1混血人をオクトルーンなどと呼んで区別したが，しだいに混血の度合いにかかわらず，混血人にたいして用いられるようになった。　（塚田幸光）

モンキーレンチング（Monkey-Wrenching）

アース・ファーストなどの急進的環境団体による直接行動をさすが，もともとこの言葉は生態系防衛のために，開発妨害する人々を扱ったエドワード・アビーの小説 *The Monkey Wrench Gang* (1975) にちなんでいる。　　　　　　　　　　（平塚博子）

ユニテリアン（Unitarians）

キリスト教の三位一体論を受け入れず，神一人だけの神性を唱えることによって，イエスの神性を否定する教派。ハーバード大学神学部を中心として発展していった。牧師としてエマソンもこの派に属していたことがあった。　　　　　　　（小林　徹）

ロビー活動（Lobbying）

各種団体，企業，個人などが，私的または公共的利益の擁護・増進を目的とし議員や政府当局に接触し，政治的決定形成に影響力を及ぼそうとする活動。アメリカではロビー活動規制のため，1946年にロビイストの連邦議会に対する氏名登録，収支報告などを義務づけた連邦ロビイング規制法が成立。　　　　　　　　　　（平塚博子）

ワールドシリーズ（World Series, the）

プロ野球のメジャー・リーグのチャンピオンを決める試合。7回戦制。アメリカンリーグとナショナルリーグの優勝チームがここで雌雄を決する。両リーグとも東部，中部，西部の3地区に分かれてリーグ戦を戦う。各地区の優勝チームに，その他から最高勝率のチームひとつ加え，4チームでプレーオフを行ってリーグ優勝チームを決める。　　　　　　　　　　　　　　　　　　　　　　　　　　　　　　　（平塚博子）

コラムで読むアメリカ事情

言語のアメリカニズム

アメリカでは，独立宣言後，新たな国家建設の意気が高揚すると，言葉の面でも独自性が求められるようになった。アメリカはイギリスの言葉とは異なるアメリカ語を確立すべきだとして，ノア・ウェブスター（1768-1843）は，スペリングを発音に忠実で学びやすい合理的なものに改正する提案をもりこんだスペリング・ブックと辞書を刊行した。ウェブスターの提示したスペリングは，彼の2冊の著書が広く社会に行き渡った結果，アメリカの標準的なスペリングの手本として定着した。ウェブスターによって定着したアメリカ式スペリングには例えば次のようなものがある。

　　our を or に改めたもの：colour→color
　　re を er に改めたもの：theatre→theater
　　ce を se に改めたもの：defence→defense
発音しない字を取り除いたもの: aesthetic→esthetic　　　　　　　　　（田中）

複合家族

アメリカ社会における家族形態は，晩婚化，離婚の増加，同性愛者の人権運動などの波にさらわれて，急速に変化している。その結果，「家族」の定義も見直されている。ゲイのカップル，レズビアンのカップルも結婚式を挙げて同じ家庭に入れば1つの家族と見なされ，未婚のまま同棲している男女のカップルも家族と見なされる。従来の，血によって，結婚によって，あるいは養子縁組によって結び合う人の集まりという「家族」の定義は，もはや時代遅れになりつつある。

そうした現代アメリカの特徴的な家族形態の一つに「複合家族」がある。「複合家族」は「義理家族」「混成家族」とも呼ばれ，英語では stepfamily という（「義理の母」のことを stepmother いうときに使う step- と同じ意味である）。「複合家族」とは，親の再婚あるいは同棲によって血縁のない家族がふくまれる家庭の形態である。「複合家族」は離婚率・再婚率の上昇に伴って年々増加している。1985年の統計によれば，義理の親と暮らしている子供の数はおよそ700万人であり，過去5年間で11.6パーセントも増加しているという。しかし，その数は，離婚後，新しい伴侶と同棲しているだけで婚姻届けを出していない親と一緒に暮らす子供を入れると更に増えると考えられている。アメリカには「アメリカ複合家族協会」なるも

のまでが存在しているが,「複合家族」に関する法整備の方はまだ遅れていて,配偶者の子供と何年間も生活を共にしていても,法律上の親権は依然として認められないために,病院での緊急手術など,親権者の同意が必要とされる場合などにおいて問題をきたしている。また,心理的にも,離婚や再婚に際して特に子供は深い心の傷を負うことが多く,新しい家族形態の増加は解決すべき新たな社会問題となっている。

(田中)

帝国主義のバックボーン

ジャーナリストのジョン・オサリバンは1845年の論文「併合」の中で,アメリカには「自由の発展のために,神によって与えられたこの大陸にわれわれが拡大するというマニフェスト・デスティニー(明白なる天命)」があると記している。いわゆるアメリカ拡張主義である。こうした考えは無垢なる大地を求め,大陸へと渡って来たイギリス植民地時代から引き継がれたものであり,フランクリンやジェファーソンの農本主義などにも見られる。フロンティア開拓の時代,この明白なる天命理論はヨーロッパ勢力の西半球への不干渉を唱えるモンロー主義とともに,自由の名のもとアメリカの領土拡大を支えるイデオロギーとなっていた。

実際この時代に合衆国はメキシコとの間で,カリフォルニアやテキサスをめぐって争い,結果的にはそれらを併合。オレゴンもイギリスとの間で境界を決定し領土にしている。さらには内陸部でも,インディアンを次々と西部の未開地域へ追いやり,自国の領土を拡大していた。こうしたアメリカ大陸内部での開拓がほぼ終了する19世紀末には,合衆国はカリブ海や太平洋における覇権を手にし始める。キューバの独立を機に起こった米西戦争では,合衆国はキューバを保護国にする。同時にフィリピン諸島をスペイン統治から解放し,領有。当時,日本人入植者が圧倒的だったハワイ諸島も,海軍力の要衝地だったことから侵略,併合している。1900年のマッキンリー大統領(1897-1901)再選の折りにはこうした地域を植民地にするか否かをめぐって帝国主義論争が展開された。結果的には合衆国は政治的,軍事的介入によって覇権を有し,経済的地位を確保する対外政策をとり続けた。当時,太平洋やカリブ海地域における勢力拡大は「文明社会」を守るための合衆国の責任として正当化された。

共産主義化が進んだ第二次大戦後,世界の警察として介入した朝鮮戦争やベトナム戦争では,アメリカ合衆国の軍事介入は時にアメリカ帝国主義と非難された。

(山越)

帰化法・公用語問題・提案227・反移民団体

　1868年に批准された憲法修正14条によれば，合衆国市民とはその領土内で生まれたすべての者及び帰化した者である。外国人でも，現在は5年間適法に合衆国に居住した成年男女は帰化を申請できる。それまではどうであったか。1802年帰化法は，市民権有資格者を自由な白人に限定し，黒人や先住民を排除した。帰化権が黒人にも認められるのは，南北戦争後の1868年，すべての先住民に市民権が与えられるのは1924年。「合衆国市民となる権利が人種のゆえに否定されたり，奪われたりしてはならない」と法律で定めるのは，1952年である。**公用語問題**　憲法を修正して，英語を公用語にしようとする案（英語修正案）は，1981年以来，連邦議会に提出されてきたが，いまだ成立していない。しかし州レベルでは英語公用語法案は成立している。カリフォルニア州では，1986年に住民投票によって，提案63号を可決し，英語を州の公用語と定めた。それに対し，ニューメキシコ州では，1989年に，多言語能力は国益につながるとして，その動きに反対した。**提案227**　英語公用語運動を推進する団体に U. S. イングリッシュがある。この団体は，公立学校における二言語教育（公立学校において，英語を母語としないマイノリティの子供たちに，その子の母語で教えるもの）は英語を覚えようとしない子供たちを育てることになるとして，批判を繰り広げる。その結果，カリフォルニア州では1998年，二言語教育を廃止して，英語のみの教育を実施することを狙った提案227が成立した。この運動は他の州にも広がっている。**反移民団体**　移民もすみやかに英語を学ぶアメリカにおいて，英語を公用語にする必要があるだろうか。U. S. イングリッシュは，反移民団体の別名ではないか。反移民団体の代表的なものに，アメリカ移民制限財団（AICF），アメリカ移民改革連合（FAIR）などがあり，その主張はネットのホームページで知ることができる。
　　　　　　　　　　　　　　　　　　　　　　　　　　　　　　　　　（伊藤）

クレオール文化圏への入り口，ニューオーリンズ

　ミシシッピ川の河口デルタ地帯に発達した街，ニューオーリンズの名は，フランス領事，オルレアン侯にちなむ。フランス人が建設した旧市街は，今もフレンチ・クォーターと呼ばれ，多くの観光客を集めている。異国情緒あふれる建物はスペイン統治時代のものであり，プロテスタント主流のアメリカにあっては珍しいカトリック文化の風景である。クレオールと呼ばれる旧植民地時代のフランス，スペイ

ンの血筋をひく人々や，湿地地帯に住みついたケイジャンと呼ばれるカナダ系フランス人などが特異な文化を伝える。また，この港で陸揚げされた多くの黒人奴隷や先住民と白人，さらにはカリブ海住民との混淆文化が生まれた。

たとえば黒人たちの伝統音楽は，しだいに白人の吹奏楽と混交しジャズを生んだ。ミシシッピ川の蒸気船で演奏されていたデキシーランドジャズが，やがてフレンチ・クォーターの歓楽街で演奏されるようになり，1920年代にジャズはミシシッピをさかのぼりシカゴへ。ちょうど黒人労働者の北部への移動とともに広がって行く。

文学作品では，テネシー・ウィリアムズの『欲望という名の電車』が，この街の雰囲気をよく伝えている。没落した南部農園を守り切れず，妹を頼ってこの地にやってきた主人公ブランチの姿はせつなく，美しい。まさに南部の失われた栄光とその退廃美を思わせる。ウォルト・ホイットマンやマーク・トウェインが文学活動を始める前に滞在したこともあり，小泉八雲ことラフカディオ・ハーンはこの地で10年あまり民話収集をし，さらにカリブ海マルティニック島を経て日本にいたる。また映画『イージー・ライダー』で，マリファナの密輸で大金を得た2人の若者たちが向かう先も，仮装パレードでにぎわうニューオーリンズの謝肉祭「マルディ・グラ」。マルディ・グラの陶酔感はドラッグのそれにぴったりだった。　　(山越)

フォード・システムが生んだスピードへの欲望

大衆向け自動車を初めて手がけたのは，フォード社の創始者ジョン・フォードである。その方法はアメリカン・システムという流れ作業の大規模経営だった。猛スピードで組み立て，大量生産することによって値段を下げる。一方労働者の賃金をひきあげて，労働者の自動車購買を可能にした。結果，スピードへの欲望を大量生産することとなった。1908年に850ドルで販売したT型モデルを20年間で290ドルまでコストダウンできた理由は，その間ただひとつのモデルを生産し続けたことと，コンベヤーなどの新技術を採用した組立ラインの導入であった。車の回りで人間が動くのではなく，車のほうが回ってくるのであった。そして労働者は1日中同じ部品をつけ続けるのである。生産速度は年々加速し，1920年には1分間に1台，1952年には10秒間に1台となる。チャップリンの『モダン・タイムス』は，このような技術革新の人間疎外を痛烈に描いている。　　(山越)

ディズニーランドのリアリティ

　すべての人間のなかに住む「子供」のための「地上で一番幸せな場所」,「すべてのアメリカ少年の故郷」, 一切の自然を排除してできた「人口の楽園」, ウォルト・ディズニーによる「天地創造」,「ディズニー帝国」——ディズニーランドは実に様々な視点から捉えることができる。いずれにしても, ディズニーランドが今やアメリカ文化の象徴の一つとなっているということは明白である。「フロンティアランド」では西部開拓時代へ,「アドヴェンチャーランド」ではエキゾチックな未開世界へ,「ファンタジーランド」では子供時代へとそれぞれ人々を回帰させ,「トモローランド」では未来への夢と希望を人々に提供する。「メインストリートUSA」「マーク・トウェイン号」「サンタフェ・ディズニーランド鉄道」は人々をアメリカの過去の栄光の時代へとスリップさせるタイムマシーンである。

　ディズニーランドでは, ヨーロッパ文化の模倣・追随を嫌い, 神話的な過去のイメージをうまく利用することによって, 純粋にアメリカの風土に根ざした素朴な民衆文化が築き上げられている。そこでは共通の伝統や歴史感覚を持たない移民たちも, アメリカの神話的雰囲気のなかで, 栄光の時代にタイムスリップし, 共に過去の幻想を具体的な形で味わうことによって, 人種や階級の差を越えた束の間の連帯感を味わう。ディズニーランドはアメリカ人にとっての理想郷であり, 聖地である。人々はそこで無意識のうちに自国を賛美するのである。

　このような精神性を共有できない人々にとっては, ディズニーランドは単にアメリカの物質的文明が誇示された巨大な娯楽・消費空間にすぎないはずである。にもかかわらず, 今日これ程まで世界に拡大してきたのは, ディズニーランドが, 永遠の童心への回帰, 人類共通の未来への夢, 人類の連帯などを基軸テーマとしながらも, 映画『ポカホンタス』や『ムーラン』に見られるような多文化主義の流れをいち早く取り入れてきたことが大きな理由として挙げられるだろう。　　　　（田中）

中絶ピルをめぐって

　2000年9月, FDA（アメリカ食品医薬品局）がミフェプリストンという中絶ピルを認可し, 話題を呼んだ。このピルには, 妊娠継続に不可欠なホルモンを阻害する効果があり, これを子宮の収縮を促す薬と組み合わせて使うと, 妊娠初期に流産を起こさせる。中絶の権利を支持するグループにとっては長年の努力が実を結んだ

形となったわけだが,この認可はさまざまな波紋をひきおこした。

まず中絶手術のミスや麻酔の副作用を避けたいという人にとって中絶ピルは良いが,人工的に流産を起こすわけだからある程度の危険や痛みを伴う可能性はある。加えて,胎児の生命の権利を主張し,中絶に反対するプロライフ派と,中絶を女性の権利として擁護するプロチョイス派の対立に代表される生命倫理と女性の権利をめぐる問題がある。たとえばコバーン下議(共和党,プロライフ派)は,「FDAが,人を殺す薬を認可したのは米国史上初めてのこと」と非難。これに対し,ウーズリー下議(民主党,プロチョイス派)は「女性問題がようやく日の目を見るようになった」と応戦するなど,このピルを巡る医学的,社会的論争は当分続きそうだ。
(平塚)

FBI 捜査官とは

アメリカでは,植民地時代以来,治安維持は,それぞれの地方の自治にまかされてきた。しかし,地方分権化された警察力が20世紀特有の組織的・機械的犯罪に対処できなくなってきたため,1980年7月,その欠点を補う目的で,連邦捜査局,いわゆるFBIがアメリカ司法省の直属捜査部門に設立された。FBIの約1万8400人の局員のうち約1万人が特別捜査官であり,本部並びに全米59の支局,約500の出張所に配置されている。捜査は,(1)連邦法定で個人または集団の告発に必要な証拠,(2)国家にとって潜在的に危険な人物や団体の行動調査,及びそれに対する予防措置もしくは可能な対抗手段の基礎となる情報の収集,の二つにわけられる。FBI特別捜査官はGメンと呼ばれる一方で,アンタッチャブルとも呼ばれ,絶対に第三者からの誘惑に負けない高い倫理性が資質として求められている。FBIは,海外における情報収集・諜報活動・政治工作に従事するCIA(中央情報局,別名「見えざる政府」)と共に,アメリカの必須不可欠の車の両輪である。
(田中)

陪審制

法律の専門家ではない市民が陪審員となって,法廷に提出された証拠をもとに評決する裁判制度を言う。この制度はイギリスで始まったが,現在アメリカ以外では一般的ではない。陪審員は候補者名簿の中から抽選で選出され,通常12人の陪審団を構成する。刑事事件では陪審が無罪評決をすると,検察はそれ以上控訴して争う

ことはできない。陪審員に指名された者は不適格とされない限りは基本的に自ら拒否することはできず，2週間程度，毎日法廷に通い，裁判に立ちあわなければならない。公判中は裁判経過を人に話すことはできず，外部との接触を禁止されホテルに泊まることを要求されることもある。雇用者は陪審員に指名された者を欠勤扱いにすることはできず，市民の側も陪審員となることを名誉と考える傾向が強い。さまざまな文化的背景を持つ12人の陪審員が議論を尽くし，評決にいたる過程を描いた『12人の怒れる男たち』などの映画で，こうしたアメリカの陪審制をうかがい知ることができる。 (山越)

制服に身を包む高校生たち

 制服を着た学生など，有名私立高校に通う学生だけかと思いがちだが，事情はここ数年変化しつつある。コンピューターを学校教育に取り入れ，インターネットを整備するなど，教育の充実を内政の重大課題にあげる前クリントン政権のもと，学校現場は目に見える形で変貌した感がある。とくに黒人やヒスパニック系住民が多く暮らす都市部の公立学校で行なわれているのが制服採用による意識改革である。学力向上と校内犯罪の減少を期待してのこと。1995年にカリフォルニア州での成功例が報じられると，全米にまたたくまに広がった。1998年の調査によると全米では8パーセント，とくに都市部ではすでに2割近くの学生が制服を着て登校している。採用はPTAや地域コミュニティとの協議の上で決定するが，なかには制服の義務づけに反対する学生との間で裁判になった例もある。アリゾナ州の裁判所は「制服は生徒の権利の実質的な侵害には当たらない」と判決を下している。 (山越)

アメリカの食卓

 平均的なアメリカ人は朝食にトースト，シリアル，パンケーキ，スイートロールのいずれかに卵，ベーコン，ハム，ソーセージ，果物などを組み合わせ，飲み物にコーヒー，紅茶，オレンジジュースなどを飲む。昼食は手軽に済ませる傾向があり，カフェテリアでハンバーガー，ホットドッグを食べたり，弁当として持参したサンドウィッチなどを食べる。夕食は一日のうちでも一番豪華であり，肉や魚に野菜サラダ，ポテト，果物などを組み合わせ，飲み物，デザートで締めくくる。
 1990年代前半の政府調査によると，全米成人の22%が「肥満」とされているが，

そのようにアメリカに肥満の人が多いのは，体質的な要因の他にも，カロリー，糖分の過度の摂取によるところも多いのではないかと思われる。ちなみに太った人は，「全米最後の被差別者」とか「公然とからかっても許される最後の少数派」と呼ばれ，雇用や昇進の際，部屋を借りる際に差別されることがある。そのような差別と闘い，太り過ぎの人の人権を擁護するために1969年にはNAAFA（全米肥満受容協会）が設立された。　　　　　　　　　　　　　　　　　　　　　　　　　　（田中）

アメリカの祝祭日

　全米的な祝祭日には次のようなものがある。
　1月1日　元旦，1月第3月曜日　キング牧師誕生日，2月第3月曜日　ワシントン誕生日，7月4日　独立記念日，9月第1月曜日　労働休日，10月第2月曜日　コロンブスの日，10月第4月曜日または11月11日　復員軍人の日，11月第4木曜日　感謝祭，12月25日　クリスマス
　アメリカの祝祭日には，全米に共通するものと，州によって異なるものとの2種類があると一般に言われているが，北部と南部で異なるものもある。例えば，南部諸州を除いた34州では2月12日の「リンカン誕生日」を祝日としているが，南部12州ではその代わりに1月19日の「リー将軍誕生日」を祝日としている。また，北部では5月30日を「戦没者追悼記念日」として，南北戦争で亡くなった軍人・兵士たちに敬意を表わしているが，南部では「南部連合戦没者追悼記念日」として，各州でそれぞれ4月から6月の間に祝日を設けている。更に1月1日の「奴隷解放記念日」は南部独自のものである。　　　　　　　　　　　　　　　　　　　　（田中）

地方紙のアメリカ

　オフィス街の雑貨屋，地下鉄の入り口などで新聞を買い，出勤前のひとときに，モーニング・コーヒー片手に経済面を読みふけるビジネスマンの姿は，映画やテレビでお馴染みだ。彼らの読んでいる新聞，『ニューヨーク・タイムズ』紙や『ワシントン・ポスト』紙を知らない人はいないだろう。日本でもよく知られた新聞だけに，読売や朝日と同種の全国紙と思いがちだ。ところが地方紙なのである。アメリカは，植民地時代の1704年に最初の新聞『ニュース・レター』紙がボストンで発行されて以来，トマス・ジェファソンにゆかりの深い『ペンシルヴェニア・ガゼッ

ト』紙、トマス・ペインの『常識』を掲載した『ペンシルヴェニア・パケット』など、現在にいたるまで、ほとんどの新聞が地方紙。全国紙は『USAトゥデイ』紙と『ウォール・ストリート・ジャーナル』紙だけである。広大な国土、地方分権色の強い政治的な風土は全国紙よりも地方紙の発展を促したようだ。　　　（塚田）

メディアの現代と未来

　アメリカはこれまでメディアによって、さまざまなイメージを作り、国を動かしてきた。テレビというメディアを使って大統領選を勝ち抜いたケネディなどはそのよい例であろう。そのアメリカで現在最も注目をあびているのが DVD/CD-ROM, 光ファイバーを使ったマルチメディアである。ゴア前副大統領が情報スーパー・ハイウェイ構想を打ち出した1994年はマルチメディア元年といわれた。2015年までに全米の政府、研究教育機関、企業間などを光ファイバー・ケーブルでネットワーク化し、情報スーパー・ハイウエイを作るというこの構想が実現されれば、全米の政府、研究機関のみならず、各家庭もネットワークで結ばれ、全米のみならず全世界との瞬時のコンタクトを可能にし、時間と距離の壁をなくす壮大な構想である。しかし同時にこの高度に発達したメディアは知らず知らずのうちに人々を管理、支配する高度管理社会を生み出す可能性があることも忘れてはならない。　　（平塚）

乗り物の歴史

　西部の大地を幌馬車が走る。ミシシッピ川を蒸気船が行く。アメリカ発展の歴史は、乗り物の発展の歴史でもある。西部開拓で大きな役割を果たした蒸気船は、塩、コーヒーを始めとする生活必需品、東部の工業製品、そして開拓者などを運び、1820年代から70年代に活躍した。その後、輸送手段の主軸は鉄道に移る。だが、鉄道が重宝されたのも束の間。フロンティアの消滅した1890年代、鉄道資本の独占化に反発した農民や都市在住の消費者は、鉄道にとってかわる高速輸送手段の出現を期待していた。1908年、軽量で安価なT型フォードが発売。車は瞬く間に大衆に広まり、30年代にはフォード、クライスラー、ゼネラル・モータースの「ビッグ3」が市場を独占。車はアメリカの代名詞になる。一方、飛行機の発展も見逃せない。1927年、チャールズ・リンドバーグによるニューヨーク・パリ間の単独無着陸飛行は、乗り物の飛躍を当時の人々に印象づけた。　　　　　　　　　　　（塚田）

参考文献

第1章 アメリカン・ドリーム

『英米判例百選』別冊ジュリスト139号,1996年。
Campbell, Neil & Kean, Alasdair, eds. *American Cultural Studies : An Introduction to American Culture.* Routledge, 1997.
Commager, Henry Steele, ed. *Documents of American History.* 6th ed. Appleton-Century-Crofts, 1958.
フィッツジェラルド,F. スコット,橋本福夫訳『華麗なるギャッツビー』早川書房,1974年。
飛田茂雄『アメリカ合衆国憲法を英文で読む』中公新書,1998年。
本田創造『アメリカ黒人の歴史』岩波新書,1991年。
Looby, Christopher. *Voicing America : Language, Literary Form, and the Origins of the United States.* The University of Chicago Press, 1996.
松本重治責任編集『世界の名著』(フランクリン・ジェファソン他)中央公論社,1980年。
モリソン,サムエル,西川正身翻訳監修『アメリカの歴史3 1901年—1963年』集英社,1971年。
ノートン,メアリー・ベス他,本田創造監修,白井洋子他訳『新世界への挑戦』『合衆国の発展』『南北戦争から20世紀へ』アメリカの歴史1,2,3,三省堂,1996年。
大西直樹『ピルグリム・ファーザーズという神話』講談社,1998年。

第2章 信仰とアメリカ国民の生活

Brackney, W. H. *The Baptists, in Denominations in America*, No. 2. Greenwood Press, 1988.
Kirby, J. E. Richey, R. E. & K. E. Rowe. *The Methodists, in Denominations in America*, No. 8, Greenwood Press, 1996.
小牧治・泉谷周三郎『ルター』清水書院,1991年。
Miller, P. & T. H. Johnson eds. *The Puritans*, Volume One. Harper & Row, 1938.
大木英夫『ピューリタン』中央公論社,1968年。
大下尚一編『ピューリタニズムとアメリカ』南雲堂,1969年。

上山安敏・牟田和男嘱『魔女狩りと珈魔学』人文書院, 1997年。

第3章　西部開拓の夢

天野元・藤谷聖和・藤本雅樹『オレゴン・トレイル物語』英宝社, 1997年。
Bergon, Frank. ed. *The Journals of Lewis and Clark.* Penguins Books, 1989.
Cross II, Coy F. *Go West Young Man: Horace Greeley's Vision for America.* Albu-Querque University of New Mexico Press, 1995.
Smith, H. N. *Virgin Land: The American West as Symbol and Myth.* Harvard University Press, 1950.（永原誠訳『ヴァージンランド——象徴と神話の西部』研究社出版, 1961年）
Turner, Frederick Jackson, *The Frontier in American History.* Dover Publications, 1996.

第4章　移民の国アメリカ

明石紀男・飯野正子『エスニック・アメリカ——多民族国家における統合の現実』有斐閣選書（新版），1997年。
有賀　貞編『エスニック状況の現在』日本国際問題研究所, 1995年。
綾部恒雄編『アメリカの民族——ルツボからサラダボウルへ』弘文堂, 1992年。
石　朋次編『多民族社会アメリカ』明石書店, 1991年。
松尾弌之『民族から読みとく「アメリカ」』講談社選書, 2000年。
宮本倫好『アメリカ——民族という試練』ちくまライブラリー, 1993年。
野村達朗『「民族」で読むアメリカ』講談社現代新書, 1992年。
パリーロ, V. N., 富田虎男訳『多様性の国アメリカ——変化するモザイク』明石書店, 1997年。
タカキ，ロナルド，富田虎男監訳『多文化社会アメリカの歴史』明石書店, 1995年。

第5章　奴隷制とアメリカ南部

Douglass, Frederick. *Autobiographies: Narrative of the Life of Frederick Douglass, an American Slave/My Bondage and My Freedom/Life and Times of Frederick Douglass.* Library of America, 1994.
Cash, W. J. *The Mind of the South.* Vintage Books, 1991.
Hartman, Sadiya V. *Scenes of Subjection: Terror, Slavery and Self-Making in Nineteenth-Century America.* Oxford University Press, 1997.
McPherson, James M. *The Negro Civil War: How American Blacks Felt and Acted*

During the War for the Union. Ballantine Books, 1991

Miller, William Lee. *Arguing about Slavery : J.Q. Adams and the Great Battle in the United States Congress.* Vintage Books, 1995.

Webber, Thomas L. *Deep Like the Rivers : Education in the Slave Quarter Community, 1831-1865.*（西川進監訳『奴隷文化の誕生』新評論, 1988年）

第6章　都市と経済

Baldwin, James. "The Language of the Streets." Eds. M. C. Jaye & A. C. Watt. *Literature and the Urban American Experience.* Manchester University Press, 1982.

Berman, Marshall. *All That Is Solid Melts into Air : The Experience of Modernity.* Simon and Schuster, 1982.

Dreiser, Theodor. *Sister Carrie.* Modern Library, 1900.

Du Bois, W. E. B. *The Philadelphia Negro : A Social Study.* Reprint. University of Pennsylvania Press, 1899.

Ellison, Ralph. "Harlem is Nowhere." *Shadow and Act.* Random House, 1964.

Jacobs, Jane. *The Death and Life of Great American Cities.* Vintage, 1961.

LeGates, Richard T. & Frederic Stout, eds. *The City Reader.* Routledge, 1996.

Rotella, Carlo. *October Cities : The Redevelopment of Urban Literature.* University of California Press, 1998.

スクラッグズ，チャールズ，松本昇・行方均訳『黒人文学と見えない都市』彩流社, 1997年。

Zukin, Sharon. *The Cultures of Cities.* Blackwell, 1995.

第7章　ハイブラウとロウブラウ

Chilvers, Ian. *Oxford Dictionary of 20th Century Art.* Oxford University Press, 1998.

エマソン，ラルフ・ウォルド著，斎藤光訳「アメリカの学者」『超絶主義』アメリカ古典文庫17, 研究社, 1991年。

エマソン，ラルフ・ウォルド著，酒本雅之訳『エマソン論文集　上』岩波文庫, 1972年。

ヒューズ，ラングストン著，木島始訳『ラングストン・ヒューズ評論集　黒人芸術家の立場』創樹社, 1977年。

亀井俊介『サーカスが来た！　アメリカ大衆文化覚書』同時代ライブラリー94, 岩波書店, 1992年。

ロック，アラン編，小山起功訳『新しい黒人』（『黒人論集』アメリカ古典文庫19), 研究社, 1988年。

オリヴァー, ポール, 米口胡訳『ブルースの歴史』晶文社, 1993年。
トクヴィル, アレクシス・ド, 井伊玄太郎訳『アメリカの民主政治 下』講談社学術文庫, 1987年。
Varnedoe, Kirk & Adam Gopnik, eds. *High and Low——Modern Art and Popular Culture*. The Museum of Modern Art, 1990.
ホイットマン, ウオルト, 酒本雅之訳『草の葉 上』岩波文庫, 1998年。

第8章 冷戦とヴェトナム戦争期の対抗文化

別府恵子・渡辺和子編『新版アメリカ文学史——コロニアルからポストコロニアルまで』ミネルヴァ書房, 2000年。
Cavallo, Dominick. *A Fiction of the Past: The Sixties in American History*. St. Martin's Press, 1998.
Edelman, Bernard, ed. *Dear America: Letters Home from Vietnam*. Simon & Schuster Inc., 1985.
Epstein, Dan. *20th Pop Culture*. Carlton, 1999.
Ginsberg, Allen. *Howl and Other Poems*. City Lights Books, 1956.
Henke, James & Parke Puterbaugh, eds. *I Want to Take You Higher: The Psychedelic Era 1965-1969*. Chronicle, 1997.
Kasher, Steven. *The Civil Rights Movement: A Photographic History, 1954-68*. Abbeville Press, 1996.
紀平英作編『新版世界各国史24 アメリカ史』山川出版, 1999年。
大下尚一・有賀貞・志邨晃佑・平野孝編『資料が語るアメリカ1584-1988——メイフラワーから包括通商法まで』有斐閣, 1989年。
Perry, Paul. *On the Bus*. Thunder's Mouth Press, 1990, 1996.
Reader's Digest Association. *America A to Z: People, Places, Customs, and Culture*. Reader's Digest, 1997.
佐々木毅『現代アメリカの保守主義』岩波書店, 1984年。
Unger, Irwin & Debi Unger, eds. *The Times Were A Changin': The Sixties Reader*. Three Rivers Press, 1998.
由井大三郎・古田元夫『世界の歴史28 第二次世界大戦から米ソ対立へ』中央公論社, 1998年。

第9章 環 境

文学・環境学会編『たのしく読めるネイチャーライティング——文学ガイド120』ミネ

ルヴァ書房，2000年。
ドブソン A. 編著，松尾眞他訳『原典で読み解く環境思想入門』ミネルヴァ書房，1999年。
畠山武道『アメリカの環境保護法』北海道大学図書刊行会，1992年。
ライアン，T・J. 村上清敏訳『この比類なき土地——アメリカン・ネイチャーライティング小史』英宝社，2000年。
マークス，L, 榊原胖夫・明石紀雄訳『楽園と機械文明——テクノロジーと田園の理想』研究社，1972年。
ナッシュ，R, 岡崎洋監修，松野弘訳『自然の権利——環境倫理の文明史』TBSブリタニカ，1993年。
岡島成行『アメリカの環境保護運動』岩波新書，1990年。
スロヴィック，S, ／野田研一編著『アメリカ文学の〈自然〉を読む——ネイチャーライティングの世界へ』ミネルヴァ書房，1996年。
多木浩二『ヨーロッパ人の描いた世界——コロンブスからクックまで』岩波書店，1991年。
トドロフ，ツヴェタン，及川馥他訳『他者の記号学』法政大学出版局，1986年。

第10章　文化の変容

Austin, Gayle. *Feminist Theories for Dramatic Criticism.* University of Michigan Press, 1990.（堀真理子・原恵理子訳『フェミニズムと演劇：その理論と実践』明石書店，1996年）

Chopin, Kate. *The Awakening and Selected Stories.* Penguin, 1984.（宮北惠子・吉岡惠子訳『目覚め』南雲堂，1999年）

Friedan, Betty. *Feminine Mystique.* Norton, 1963.（三浦富美子訳『新しい女性の創造』大和書房，1970年）

イプセン，ヘンリック，矢崎源九郎訳『人形の家』新潮社，1953年。

Kushner, Tony. *Angels in America.* Theatre Communications Group, 1992, 1993.（吉田美枝訳『エンジェルス・イン・アメリカ』文芸春秋社，1994年）

Millet, Kate. *Sexual Politics.* Doubleday, 1970.（藤枝澪子他訳『性の政治学』自由国民社，1973年）

Spivak, Gayatri Chakravorty. *In Other Worlds : Essays in Cultural Politics.* Methuen, 1988.（鈴木聡他訳『文化としての他者』紀伊国屋書店，1990年）

Trinh, T. Minh-ha. *When the Moon Waxes Red.* Routledge, 1991.（小林富久子訳『月が赤く満ちるとき』みすず書房，1996年）

第11章 マルチカルチュラリズム

Appiah, Kwame Anthony & Gutmann, Amy. *Color Conscious : The Political of Race.* Princeton University Press, 1996.

Bhabha, Homi K. "Interrogating Identity : The Postcolonial Prerogative," Goldberg, David Theo, ed. *Anatomy of Racism.* University of Minnesota Press, 1990.

Fanon, Franz *Peau noire, masques blancs.* Éditions de Seuil, 1952.（海老坂武他訳『黒い皮膚・白い仮面』みすず書房, 1970年）

Glazer, Nathan & Moynihan, Daniel P. eds. *Ethnicity : Theory and Experience.* Havard University Press, 1975.（内山秀夫訳『民族とアイデンティティ』三嶺書房, 1984年）

Glazer, Nathan. *We Are All Multiculturalists Now.* Harvard University Press, 1997.

Omi, Michael & Winant, Howard. *Racial Formation in the United States : From the 1960s to the 1990s.* 2nd ed., 1987, Routledge, 1994.

Pferdehirt, Julia, Schreiner, Dave & Diprima, Lisa. *One Nation, Many Peoples : Immigration in the United States.* Knowledge Unlimited, 1997.

Schlesinger, Jr., Arthur M. *The Disuniting of America : Reflections on a Multicultural Society,* 1992.

Takaki, Ronald, ed. *From Different Shores : Perspectives on Race and Ethnicity in America.* Oxford University Press, 1987.

辻内鏡人「多文化主義の思想的文脈――現代アメリカの政治文化」『思想』842, 1994年。

辻内鏡人「差異とアイデンティティをめぐるポストコロニアルの隘路」『相対主義と現代世界』唯物論研究年誌2, 青木書店, 1997年。

油井大三郎・遠藤泰生編『多文化主義のアメリカ――揺らぐナショナル・アイデンティティ』東京大学出版会, 1999年。

第12章 犯罪・暴力・抑圧

ベネット, ウィリアム・J, 加藤十八・小倉美津夫訳『グラフで見るアメリカ社会の現実――犯罪・家庭・子ども・教育・文化の指標』学文社, 1996年。

デイヴィス, マイク, 村山敏勝・日比野啓訳『要塞都市 LA』青土社, 2001年。

Dworkin, Andrea. "Against the Male Flood : Censorship, Pornography, and Equality." Ed. Drucilla Cornell, *Feminism & Pornography.* Oxford University Press, 1997.

合衆国商務省センサス局編, 鳥居泰彦監訳『現代アメリカデータ総覧1999』東洋書林, 2000年。

Gates, Jr. Henry Louis. "War of Words : Critical Race Theory and the First Amendment." Ed. Ira Glasser, *Speaking of Race, Speaking of Sex: Hate Speech, Civil Rights and Civil Liberties*. New York University Press, 1994.

Geis, Gilbert & Leigh B. Bienen. *Crimes of the Century: From Leopold and Loeb to O. J. Simpson*. Boston: Northeastern University Press, 1998.

市川恵理「フェミニズム,検閲,ポルノグラフィ」『インパクション』84,インパクト出版会,1994年。

Kennedy, Randall. *Race, Crime, and the Law*. Vintage, 1997.

ラーソン,エリック,浜谷喜美子訳『アメリカ銃社会の恐怖』三一書房,1995年。

丸田隆『銃社会アメリカのディレンマ』日本評論社,1996年。

ノートン,メアリー・ベス他著,本田創造監修,上杉忍・中條献・中村雅子訳『大恐慌から超大国へ』アメリカの歴史 5,三省堂,1996年。

岡本美紀「組織犯罪」「子供虐待」藤本哲也編『現代アメリカ犯罪学事典』勁草書房,1991年。

ショート,マーチン,小関哲哉訳『アメリカ犯罪株式会社』時事通信社,1986年。

Smith, Anna Deavere. *Twilight: Los Angeles, 1992*. Anchor Book, 1994.

矢部武『少年犯罪と闘うアメリカ』共同通信社,2000年。

山川洋一郎「Powell v. Alabama——弁護人の弁護を受ける権利(1)」『英米判例百選』『別冊ジュリスト』139(1996年11月)。

第13章 身体文化

Bederman, Gail. *Manliness & Civilization: A Cultural History of Gender and Race in the United States, 1880-1917*. The University of Chicago Press, 1995.

Campbell, Neil. & Alasdair Kean. *American Cultural Studies: An Introduction to American Culture*. Routledge, 1997.

Dyer, Richard. *White*. Routledge, 1997.

Haraway, Donna J. Simians. *Cyborgs and Women: The Reinvention of Nature*. Free Association Books, 1991.

Radner, Hilary. *Shopping Around: Feminine Culture and the Pursuit of Pleasure*. Routledge, 1995.

Robertson, Allen & Donald Hutera. *The Dance Handbook*. G. K. Hall & Co., 1988.

サミュエルズ,アリソン,ジョン・リーランド「マイケル・ジョーダン——知られざる神の素顔」『ニューズウィーク』1999年1月27日号。

高村宏子・飯野正子・粂井輝子編『アメリカ合衆国とは何か:歴史と現在』雄山閣出版,1999年。

コラム─────────────────────────────

秋山愛子・辻由起子・山本美知子『アメリカ遊学から永住権まで Q&A 100』亜紀書房，1995年。
アメリカ政治研究会『ＦＢＩ：米連邦捜査局の組織と活動』教育社，1979年。
コンシダイン，ティム『アメリカンスポーツ語辞典』雄松堂，1987年。
Epstein, Rob & Jeffery Friedman, directs. *The Celluloid Closet*. Dirs. Rob. Epstein and Jeffery Friedman, 1996.
藤枝晃雄編『アメリカの芸術』弘文社，1992年。
グリーン，ナンシー，村上伸子訳『多民族の国アメリカ』創元社，1997年。
Highsmith, Carol M., & Ted Landphair. *The Amish: A Photographic Tour*. Random House, 1999.
石崎浩一郎『アメリカン・アート』講談社，1980年。
金関寿夫『アメリカは語る──第一線の芸術家たち』講談社，1983年。
コリアー，ピーター，谷川建司訳『フォンダ　ヘンリー，ジェーン，そしてピーター』キネマ旬報社，1995年。
松尾弌之『アメリカン・ヒーロー』講談社，1993年。
Mapplethorpe, Robert. *Lady Lisa Lyon*. Schirmer- Mosel, 1983.
マラマッド協会編『アメリカの対抗文化』大阪教育図書，1995年。
日本アメリカ文学・文化研究所編『アメリカ文化ガイド』荒地出版社，2000年。
日本アメリカンフットボール協会監修『ルールまるわかり　アメリカンフットボール』高橋書店，1989年。
野村達朗『「民族」で読むアメリカ』講談社，1992年。
能登路雅子『ディズニーランドという聖地』岩波書店，1990年。
オカダ，ジョン，中山容訳『ノー・ノー・ボーイ』晶文社，1979年。
岡島成行『アメリカの環境保護運動』岩波新書，1996年。
スーザン・小山『大草原の小さな旅：ロウラ・インガルス・ワイルダーと開拓の西部』三一書房，1998年。
鶴岡真弓『聖パトリック祭の夜』岩波書店，1993年。
Walker, Alice. *The Same River Twice: Honoring the Difficult*. Washington Square Press, 1996.
ウイリアムズ，ポール，菅野彰子訳『ボブ・ディラン：瞬間の轍1：1960-1973』音楽之友社，1992年。

各章に共通する事典類

秋間　浩『アメリカ200のキーワード』朝日新聞社，1991年。
船戸英夫編『アメリカ・イギリスもの知り百科事典』日本英語教育協会，1984年。
池田智・松本利秋『早わかりアメリカ』日本実業出版社，2000年。
井上義昌編『英米風物資料辞典』開拓社，1971年。
亀井俊介編『アメリカ文化史事典』研究社出版，1999年。
斎藤真・金関寿夫・亀井俊介・岡田康男監修『アメリカを知る事典』平凡社，1998年。
坂本和男編『英米事情ハンドブック』英潮社，1993年。
富田虎男・鵜月裕典・佐藤円編『アメリカの歴史を知るための60章』明石書店，2000年。
柳沢賢一郎『2時間でわかる図解アメリカのしくみ』中経出版，1999年。

歴史・文化年表

年号	歴 史	文 化
1492	コロンブス,バハマ諸島到着	
1607	ヴァージニアにジェイムズタウン建設	
1608		ジョン・スミス,インディアン酋長ポーハタンの娘ポカホンタスに救われたとされる
1612		ジョン・スミス『ヴァージニア地図』出版
1614		ジョン・ロルフ,ポカホンタスと結婚
1619	ジェイムズタウンに最初の黒人奴隷20名到着	
1620	ピルグリム・ファーザーズ,メイフラワー号でケープ・コッドに到着。プリマス植民地建設	
1622	ポーハタン連合,ヴァージニア植民地を襲撃	
1624	マンハッタン島にオランダ人入植	
1630	マサチューセッツ湾植民地建設	ジョン・ウィンスロップ「丘の上の町」を説く
1636		アメリカ初の大学ハーヴァード大学設立
1640		アメリカで印刷された最初の本,『賛美歌集』をリチャード・マザーらが出版
1646	ヴァージニアとポーハタン連合,条約を結ぶ	
1654	ユダヤ人,初めてマンハッタンに到着	
1662		ニュー・イングランドの教会,「半途契約」採用
1664	マンハッタン島が英領ニューヨークになる	
1681	ウィリアム・ペンらクエーカー教徒,ペンシルヴェニア植民地建設	
1692	セーレムで魔女裁判,20人を処刑	
1704		植民地初の本格的新聞『ボストン・ニューズ・レター』創刊
1707		ジョン・ウィリアムズ『救われし捕虜シオンに帰る』ベストセラー
1712	ニューヨーク市で黒人暴動。以降頻繁に起こる	
1714	スコットランド系アイルランド人の移住始ま	

年号	歴　　史	文　　化
1716	る	ウィリアムズバーグに植民地初の劇場設立
1720-40	黒人人口が自然増	
1721		フランクリン兄弟『ニュー・イングランド・クーラント』創刊
1734		大覚醒運動始まる
1755	フレンチ・アンド・インディアン戦争（-1763)	
1763		北部と南部との境界線（メーソン＝ディクソン・ライン）測量
1764	砂糖法	
1765	印紙税法（-1776)。英製品不買運動広がる	
1767	タウンゼント諸法（-1770)	
1773	ボストン茶会事件	初の黒人バプティスト教会設立
1774	第一回大陸会議	
1775	独立戦争始まる（-1783)	ペイン,『コモン・センス』出版
1776	第二回大陸会議，独立宣言	
1777		星条旗，国旗となる
1787	憲法会議	ハミルトンら『ザ・フェデラリスト』創刊（-1788)
1788	合衆国憲法批准	
1789	ワシントン，初代大統領に就任	
1790	初の国勢調査（人口約3,930万人，うち黒人約76万人）	
1791	憲法修正第1-10（権利章典）批准	
1793	逃亡奴隷法制定	
1800		議会図書館開設
1804	ルイスとクラークの西部探検（-1806)。奴隷逃亡を助ける地下鉄道の組織形成（-1860)。	
1812	対英宣戦布告，1812年戦争（-1814)	
1816		アフリカン・メソジスト監督教会はじめ黒人教会，各地に設立
1819	フロリダをスペインより獲得	アーヴィング『スケッチ・ブック』
1819-23	金融恐慌	
1820	ミズーリの妥協。モンロー主義	

年号	歴史	文化
1825	エリー運河完成	
1826	アメリカ禁酒促進協会設立	
1829	ジャクソニアン・デモクラシー	
1830	インディアン強制移住法制定	アメリカ初の旅客鉄道，ボルティモア・オハイオ鉄道開通。ジョゼフ・スミス，モルモン教創設。女性月刊誌出版始まる。トマス・ライス，ミンストレル・ショウ「ジム・クロウ」始める
1831		ギャリソン『ザ・リベレイター』創刊
1833	アメリカ奴隷制反対協会設立	初の男女共学，オウバリン大学創立
1834	ローウェルの女性工場労働者によるストライキ。チェサピーク＝オハイオ運河建設現場労働争議に連邦軍出動	
1835	セミノール戦争 (-1842)	
1836	テキサス共和国建国。インディアン局設置	
1837	金融恐慌	エマソン『アメリカの学者』
1838		逃亡奴隷ダグラス，マサチューセッツで奴隷解放運動開始
1839 -43	恐慌	
1841	オレゴン・フィーヴァー	ポー『モルグ街の殺人』。ブルック・ファーム (-1847)
1843		捕鯨業全盛
1844		ボルティモア＝ワシントン間電報開通
1845		オサリヴァン「明白なる運命」という言葉で領土膨脹を正当化
1846	メキシコ戦争	
1846 -47		モルモン教徒，ソルトレイクに集団移住
1847		フォスター，「おおスザンナ」発表
1848		ニューヨーク州セネカフォールズで女性の権利大会
1848	メキシコ戦争終結，カリフォルニア，ニューメキシコを獲得。カリフォルニアで金鉱発見	
1849	ゴールド・ラッシュ	ニューヨークの劇場で暴動
1850	1850年の妥協	アミーリア・ブルーマ，女性用の運動着を普

年号	歴　史	文　化
		及。初の女子医大，ペンシルヴェニア女子医大創立。アメリカン・ルネッサンス (-1855)。ホーソーン『緋文字』
1851		メルヴィル『モビー・ディック』
1852		ストウ『アンクル・トムの小屋』
1855		ホイットマン『草の葉』
1856	「流血のキャンザス」（ジョン・ブラウン，奴隷制賛成住民を虐殺）	
1857	ドレッド・スコット事件（最高裁が黒人の市民権を否定，ミズーリ互譲法に違憲判決，奴隷制に憲法上の支持）	
1859	ジョン・ブラウン，ハーパーズ・フェリーを襲撃（南北戦争のきっかけ）	
1860		ビードル，初のダイム・ノヴェル出版
1861	リンカン，大統領に就任。南部連合樹立。サムター要塞攻撃により南北戦争開始 (-1865)	
1862	自営農地法（公有地の無償交付）。モリル土地交付法（大学に土地交付。州立大学設立促進）	
1863	奴隷解放宣言公布。全国銀行法。ゲティズバーグの戦い	
1865	リンカン暗殺。憲法修正第13（奴隷制廃止）クー・クラックス・クラン（KKK）結成	
1867	アラスカ購入	アルジャー『ボロ着のディック』。初の黒人大学ハワード大学創立
1868	憲法修正第14（市民権）	オルコット『若草物語』
1869	初の大陸横断鉄道完成	初のプロ野球チーム，シンシナティ・レッド・ストッキングズ結成。ラトガーズとプリンストンの間で，初の大学間フットボール試合開催
1870	ロックフェラー，スタンダード石油会社設立。憲法修正第15（黒人の選挙権）	
1871		バーナム「地上最大のショー」（サーカス）
1872		イエローストーン，世界初の国立公園に指定

年号	歴　史	文　化
1873		される トウェイン，ウォーナー『金ぴか時代』。投機と腐敗の時代
1875	公民権法	
1876	第二次スー戦争	ベル，電話の発明。野球ナショナル・リーグ結成。トウェイン『トム・ソーヤーの冒険』
1877	1877年の妥協（共和党ヘイズの当選による南部不干渉取引）。再建時代の終了。鉄道ストライキ拡大。サンフランシスコで反中国人暴動	エジソン，蓄音機発明
1879		エディ，クリスチャン・サイエンス創設
1880-	東欧，南欧からの「新移民」の流入開始	メトロポリタン美術館，開館
1882	中国人労働者入国禁止法（-1943）。スタンダード石油，トラスト結成	
1883	サンタフェ，サザン・パシフィック，ノーザン・パシフィックの大陸横断鉄道完成。全国の標準時刻帯確立。ブルックリン橋の完成	バッファロー・ビル，「ワイルド・ウェスト」ショウ興行。『レイディーズ・ホーム・ジャーナル』誌創刊
1884		トウェイン『ハックルベリー・フィンの冒険』
1886	ジェロニモの逮捕でアパッチ戦争終わる。アメリカ労働総同盟結成	自由の女神，独立百周年記念にフランスから寄贈。初のセツルメント・ハウス開館
1888		イーストマン，初のコダック・カメラ完成。ベラミー『かえりみれば』
1889		カーネギー『富の福音』（富の追求は公共の善と説く）
1890	国勢調査局，フロンティア・ライン消滅を報告。ウーンデッド・ニーの虐殺。シャーマン反トラスト法	ディッキンソン『詩集』
1892	ホームステッド・スティール・ストライキ。リンチ数，ピークに達する	
1893	シカゴで万国博覧会	ターナー，「アメリカ史におけるフロンティアの意義」講演。エジソン，キネトスコープ活動写真発明

年号	歴　　史	文　　化
1894	プルマン・ストライキ	
1895		ガソリン自動車発明
1896	プレッシー対ファーガソン裁判。プレッシー敗訴により，黒人分離政策かたまる。	
1897		ダンカン，ヨーロッパでダンス・ツアー。ボストンに初の地下鉄
1898	米西戦争，フィリピン，プエルト・リコなどを獲得。ハワイ併合	ウィリアム・ジェイムズ，プラグマティズムを広める
1900		ドライサー『シスター・キャリー』。ボーム『オズの魔法使い』。ベラスコ『蝶々夫人』（1904年プッチーニがオペラ化）。コミック・オペラ『ミカド』や『ゲイシャ』が流行
1901	モーガンら，U．S．スチール会社設立	アメリカン・リーグ結成。マックレイカーたち，政財界の腐敗を告発。ブッカー・ワシントン自伝『奴隷の身より立ち上りて』出版
1903	フォード自動車設立	ライト兄弟，初飛行。デュ・ボイス『黒人の魂』。初の劇映画『大列車強盗』
1905	世界産業労働者同盟（IWW）発足。日本人・朝鮮人排斥同盟	ウォートン『歓楽の家』
1906	サンフランシスコ大地震。ジョージア州アトランタで人種暴動	
1907	日米紳士協定締結。年間移民数，ピークに達する	デフォレスト，初のラジオ放送を行なう
1909	全米黒人地位向上委員会（NAACP）結成	フォード，モデルT大量生産。フロイト精神分析学広まる
1910		ピアリー，北極に到着。ローマックス『カウボーイ・ソングその他のフロンティア歌謡』（民謡の収集）
1912	タイタニック号沈没	ウェブスター『足長おじさん』
1913	カリフォルニア州，日系移民農地所有制限法	ウールワース・ビル（60階）完成。国際近代美術展，アーモリー・ショー開催。キャザー『おお，開拓者たちよ！』
1914	第一次世界大戦始まる（-1918）	バローズ『猿人ターザン』。黒人作曲家ハン

年号	歴史	文化
1915	英客船ルシタニア号，ドイツ潜水艦に撃沈される（大戦参加のきっかけ）。ＫＫＫ復活	ディ「セントルイス・ブルース」発表。パウンド『イマジスト詩人集』。『リトル・レヴュー』（前衛文芸）発刊グリフィス，映画『国民の創世』。小劇場運動，盛んになる（プロヴィンスタウン・プレイヤーズ，ワシントン・スクエア・プレイヤーズ）
1916	サンガー，産児制限相談所開設。この頃から南部より北部都市へ黒人が大移動	デューイ『デモクラシーと教育』。サンドバーグ『シカゴ詩集』
1917	ドイツに宣戦布告。ＩＷＷの反戦活動。プエルト・リコ，準州となる	ピューリツァー賞創設。ニューオーリンズ・ディクシー・ジャズ・バンドによりジャズが全国に広まる。フィリップス『スーザン・レノックスの転落と出世』（都市のスラムと腐敗した政界を描き，発禁）
1919	憲法第18修正（禁酒法，-1933）	リード『世界を震撼させた十日間』（ロシア革命史）。アンダーソン『オハイオ州ワインズバーグ』。初のタブロイド新聞『ニューヨーク・ディリー・ニューズ』創刊
1920	憲法第19修正（女性の投票権）。共産主義者全国で約2,700名逮捕。サッコとヴァンゼッティ，殺人容疑で逮捕される(1927死刑)。フロリダ州ジャクソンヴィルでＫＫＫ行進	初のラジオ放送局，ピッツバーグに開局
1921	オクラホマ州，タルサ暴動（黒人300人，リンチにより殺害される）。移民制限枠制度	
1922		『リーダーズ・ダイジェスト』創刊。フィッツジェラルド『ジャズ・エイジの物語』。エリオット『荒地』。ニューヨークで「ハーレム・ルネサンス」始まる。コットン・クラブ，デューク・エリントン・バンド
1923		『タイム』創刊。映画『幌馬車』
1924	移民割り当て法（排日移民法）。ニューヨーク株式ブーム	ガーシュイン『ラプソディ・イン・ブルー』

年号	歴　　史	文　　化
1925		『ニューヨーカー』創刊。スコープス裁判，公立校で進化論を教えたという理由で有罪。フィッツジェラルド『華麗なるギャッツビー』
1926	大西洋横断無線電話開設	ブック・オブ・ザ・マンス・クラブ創設。ヘミングウェイ『日はまた昇る』（ロスト・ジェネレーションの代表作）
1927		リンドバーグ，大西洋横断飛行。ベーブ・ルース，ホームラン王に輝く。初のトーキー映画『ジャズ・シンガー』。ブロードウェイ最盛期
1928	株価高騰。ケロッグ＝ブリアン協定（不戦協定）	ディズニー映画始まる。バード，南極探検開始
1929	大恐慌	シカゴで聖バレンタイン・デーの大虐殺（ギャング抗争の激化）。アカデミー賞創設。フォークナー『響きと怒り』。ルイ・アームストロング『ウェストエンド・ブルース』
1930	失業対策（公共対策に1億ドル支出）。ニューヨークの合衆国銀行閉鎖。ホーリー・スムート関税（税率40％）	シンクレア・ルイス，アメリカ初のノーベル文学賞受賞
1931	スコッツボロ事件。フーヴァー・モラトリアム提案（第一次大戦債務，賠償支払い一時猶予）	エンパイア・ステート・ビル完成。フォード自動車200万台突破
1932	復興金融公社設立。退役軍人によるボーナス・マーチ	ブラック・モスレム結成
1933	失業者1300万人。全国の銀行閉鎖。農業調整法，テネシー川域公社法，全国産業復興法	アインシュタイン，アメリカに亡命。映画『キングコング』。『ニューズ・ウィーク』創刊
1934	タウンゼント老齢回転年金計画。ウィーラー・ハワード法（インディアンの土地所有制改定）	
1935	緊急救済予算法。ワグナー法（全国労使関係法）。中立法（交戦国への武器輸出禁止）。太平洋横断定期航空便開設（大西洋は	事業促進局（WPA），文化的事業を展開

歴史・文化年表

年号	歴　史	文　化
	1939)	
1936	汎アメリカ会議で不介入政策に賛成	ミッチェル『風と共に去りぬ』
1937	統一自動車労働組合座り込みスト。南北戦争記念日の虐殺（警官、鉄鋼スト労働者に発砲）	ディズニー、初のカラーアニメ『白雪姫』。ブルース歌手ベシー・スミス没。デイル・カーネギー『人を動かす』
1938	下院に非米活動委員会設置。公正労働基準法	オーソン・ウェルズ、ラジオ劇「火星からの侵略」（聴取者一時パニック）。パール・バック、アメリカ人女性初のノーベル文学賞
1939	第二次世界大戦勃発。武器輸出禁止策撤廃	『スーパーマン』創刊。映画『風と共に去りぬ』公開。黒人歌手マリアン・アンダーソン、リンカン記念堂でコンサート。ビリー・ホリディ『奇妙な果実』。スタインベック『怒りの葡萄』。ＣＢＳ、テレビ放送開始。ペーパーバック大量生産開始
1940	スミス法（外人登録法、共産主義者の取り締まり）。義務兵役法	
1941	真珠湾攻撃。第二次世界大戦参戦	
1942	連合国宣言。マンハッタン計画開始（原爆製造）。公共事業促進局（ＷＰＡ）廃止。日系アメリカ人11万人強制収容	ネヴァダ州での離婚、全国的に有効と判決
1943	スミス・コナリー法（スト禁止）。デトロイトその他の都市で人種暴動	ミュージカル『オクラホマ！』上演、ヒット
1944	ノルマンディー上陸作戦（Ｄデー）。ダンバートン・オークス会談（国連憲章起草）。国際通貨基金設立。フィリピン再確保（46年フィリピン共和国独立宣言）	ベロー『宙ぶらりんの男』
1945	ドイツ降伏。ヤルタ会談。広島・長崎に原爆投下。日本降伏。第二次世界大戦終結。国連発足	
1946	チャーチル、ミズーリ州フルトンで「鉄のカーテン」演説。炭坑スト（7ヵ月）。鉄道スト。バルーク案（原子力国際管理機構設置案）	スポック博士『赤ちゃんと子育て』
1947	トルーマン・ドクトリン。マーシャル・プラ	スピレーン『私は陪審』

年号	歴　　史	文　　化
1948	ン（ヨーロッパ経済援助計画）。ケナンの「封じ込め」政策発表（対共産主義）ボゴタ憲章（米州機構成立）	公立学校での宗教教育に最高裁が違憲判決。メイラー『裸者と死者』。キンゼー『男性の性行動』
1949	北大西洋条約機構設立	アーサー・ミラー『セールスマンの死』。ハーヴァード大初の黒人教授採用
1950	マッカーシーによる赤狩り開始（-1954）。アルジャー・ヒス，ローゼンバーグ夫妻（53年処刑）スパイ容疑で逮捕。朝鮮戦争参戦	
1951	朝鮮戦争和平会談開始。対日講和条約，日米安保条約調印	
1952	水爆実験成功。プエルト・リコ，自治領となる	エリソン『見えない人間』
1953	朝鮮戦争終結。先住アメリカ人居留地閉鎖政策	
1954	ブラウン判決（最高裁で公立学校の人種隔離教育に違憲判決）。上院でマッカーシー非難決議	『プレイボーイ』創刊
1955	アラバマ州モンゴメリーでバス・ボイコット運動始まる（キング牧師が指導したとされる）	
1956	アラバマ大学に初の黒人学生入学。暴動頻発	ビート・ジェネレーションの文学運動。プレスリー，ジェイムズ・ディーン人気
1957	公民権法成立（黒人の投票権保護）。アーカンソー州リトルロックの高校で人種隔離廃止による暴動	ビリー・グレアム，大宣教運動。スプートニック・ショック
1958	航空宇宙局（NASA）設置	初の人工衛星エクスプローラー1号。初の営業用ジェット機（ボーイング707）大西洋飛行
1959	アラスカ州成立。ハワイ州連邦加入。カストロ，キューバで政権掌握	
1960	ノースカロライナ州グリーンズボロで黒人の座り込み運動開始。ケネディとニクソンの大統領選（テレビ討論シリーズ）	避妊ピル，製造販売開始

年号	歴史	文化
1962	キューバ危機。ヴェトナム内戦への介入	マリリン・モンロー死亡。ジョン・グレン初の有人人工衛星，地球一周。ボブ・ディラン「風に吹かれて」。レイチェル・カーソン『沈黙の春』（殺虫剤乱用に警告）
1963	人種差別反対のフリーダム・マーチ，ワシントンを行進（キング牧師演説「私には夢がある」）。アラバマ州バーミンガムで黒人バプティスト教会爆破。ケネディ大統領暗殺。核実験禁止条約	「ヒッピー」文化。フリーダン『新しい女性の創造』
1964	公民権法成立。ヴェトナム，トンキン湾事件	キング牧師，ノーベル平和賞受賞
1965	アメリカ軍の北爆開始でヴェトナム戦争激化。マルコムX暗殺。ロサンゼルスのワッツで黒人暴動。ワシントンでヴェトナム平和行進。投票権法（人種による差別撤廃）	
1966		フリーダンら全米女性組織（NOW）設立。学生非暴力調整委員会のカーマイケル，「ブラック・パワー」を提唱
1967	全米で平和集会。ニューアーク，デトロイトなどで人種暴動	反戦ロックミュージカル『ヘアー』。アポロ宇宙船，火災で乗員3人死亡
1968	ヴェトナムでテト攻勢，ソンミ村の虐殺。キング牧師暗殺。ロバート・ケネディ上院議員暗殺。パリでヴェトナム和平交渉	
1969	大学紛争，深刻化。モラトリアム・デー，全米で反戦デモ，ワシントンでヴェトナム反戦大集会。ストーンウォール暴動	アポロ11号，月面着陸。ウッドストック音楽祭開催。シャロン・テートの殺害
1970	マスキー法案可決（排ガス規制）。カンボジア侵攻。ケント州立大，ジャクソン大で侵攻に反対する学生，州兵に殺害される	「女性解放運動」（WLM）結成。ミレット『性の政治学』
1971	『ニューヨーク・タイムズ』，「ペンタゴン白書」（国防総省の秘密文書）を公開。アッティカ刑務所暴動	モデル，ツイギー人気。フェミニズム誌『MS』創刊
1972	男女平等憲法修正案（ERA），上院通過（1982年，廃案）。ニクソン，中国とソ連を訪問	映画『ゴッド・ファーザー』
1973	ウォーターゲート事件。ヴェトナム停戦協定。	最高裁，人工妊娠中絶に合憲判決。子ども向

年号	歴　　史	文　　化
	先住アメリカ人、ウーンデッド・ニーを占拠。第4次中東戦争による石油危機	けテレビ番組『セサミ・ストリート』
1974	ニクソン辞任	ウォーホル、リキテンスタインなどポップアートの台頭
1975	ヴェトナム戦争終結。キッシンジャー国務長官、中東和平工作。エジプト＝イスラエル和平に同意。投票権法、ヒスパニック、アジア系、アメリカ先住民に拡大適用	映画『JAWS』。ミュージカル『コーラスライン』
1976	ロッキード事件。ハイド修正条項により中絶扶助制限	全米で独立二百周年記念式典。バイキング1号火星着陸
1977		テレビドラマ『ルーツ』（ヘイリー原作）。映画『スター・ウォーズ』、『サタディ・ナイト・フィーバー』。プレスリー死亡
1978		バッキ逆差別事件裁判。ワシントンでERA（男女平等憲法修正案）支持の10万人行進。カルト集団「人民寺院」の集団自殺
1979	スリーマイル島で原子力発電所事故。モラル・マジョリティ創設	
1980	景気後退	ジョン・レノン射殺される
1981	テヘランのアメリカ大使館人質釈放。アメリカで"エイズ"患者第1号。失業率8％。エルサルバドル介入。CIA、コントラ派訓練を開始	初のスペースシャトル、コロンビア号成功。MTV始まる
1982	レバノン派兵。コントラ派支援発覚。米ソ戦略兵器削減交渉（START）開始。1965年選挙権法更新	マイケル・ジャクソン『スリラー』。映画『E・T』
1983	戦略的防衛構想（スターウォーズ）発表。グレナダ侵攻。アメリカ、ミサイルを西ヨーロッパに配備	マドンナ、ソロ・デビュー。テレビドラマ『ダイナスティ』
1984	レバノン撤兵	初の女性飛行士サリヴァン、宇宙へ
1985	レーガンとゴルバチョフ、米ソ首脳会談。ニカラグアに経済制裁	映画『ランボー』、『カラー・パープル』
1986	リビア攻撃。イラン＝コントラ事件発覚	スペースシャトル、チャレンジャー号爆発
1988	日系人強制収容補償法成立。カナダと自由貿易協定	トニ・モリソン『ビラヴド』

年号	歴史	文化
1989	最高裁，人工妊娠中絶を一部制限。ベルリンの壁崩壊。米ソ首脳会談，冷戦終結を宣言。パナマ侵攻。ヘルシンキ協定（オゾン層破壊化学物質削減）	
1990	大気汚染防止法。障害者差別禁止。ドイツ統一で冷戦終わる。イラク，クェート侵攻	
1991	湾岸戦争。多国籍軍，イラク攻撃。ソ連崩壊	最高裁判事に指名されたクラレンス・トマス，セクシュアル・ハラスメント問題
1992	ロサンゼルス暴動。北米自由貿易協定（カナダ，メキシコ，アメリカ）。START II	映画『マルコムX』
1993	ブレディ法案（銃規制）可決	中絶制限緩和。軍における同性愛者差別廃止の大統領提案。トニ・モリソン，初のアメリカ黒人女性ノーベル文学賞受賞
1994	ハイチに米軍上陸。ウルグアイ・ラウンド合意実施法案，上院が可決	O．J．シンプソン逮捕。翌年，無罪判決。マイクロソフト社の会長ビル・ゲイツ，長者番付1位
1995	ヴェトナムと国交正常化	
1996	カリフォルニア州，住民投票でアファーマティヴ・アクション廃止決定	初の女性国務長官オルブライト
1997		カルト集団「ヘヴンズ・ゲート」集団自殺
1998	クリントンのセックス・スキャンダル。少年による銃乱射事件頻発。ケニアとタンザニアのアメリカ大使館爆破	
2000	大統領選挙開票問題のため投票方法の見直しが迫られる	中絶ピル解禁
2001	同時多発テロ事件。アフガニスタン空爆	

図版写真出典一覧

1頁 別府恵子・渡辺和子編著『新版 アメリカ文学史』ミネルヴァ書房, 2000年。
3, 5, 6頁 John A. Garraty, *The Story of America AET Part I Units 1-5*, Holt, Rinehart and Winston, 1994.
9頁 Robert W. Rydell ed, *The Reason Why the Colored American Is Not in the World's Columbian Exposition*, Chicago : University of Illinois Press, 1999.
16頁 Russell Shorto, *Abraham Lincoln and the End of Slavery*, Millbrook Press, 1991.
23頁 John A. Garraty, *The Story of America AET Part I Units 1-5*, Holt, Rinehart and Winston, 1994.
24, 25頁 John Adair, *Founding Fathers : The Puritans in England and America*, London : Dent, 1982.
27, 29, 31頁 朝日由紀子氏所蔵。
42頁 田中浩司氏提供。
45頁 Richard White, Patricia Nelson Limerick, *The Frontier in American Culture*, London : University of California Press, 1994.
47頁 デイヴィッド・ホロウェイ, 池央耿訳『ルイスとクラーク――北米大陸の横断』草思社, 1977年。
48頁 Charles Johnson, Patricia Smith, *Africans in America*, New York : Harcourt Brace.
50頁 John A. Garraty, *The Story of America AET Part I Units 1-5*, Holt, Rinehart and Winston, 1994.
51頁 Richard White, Patricia Nelson Limerick, *The Frontier in American Culture*, London : University of California Press, 1994.
52頁 Hammond Incorporated, *United States History Atlas*, Maplewood, NJ, 1984.
53頁 *The Story of America AET Part I Units 1-5*.
55頁 *Africans in America*.
58頁 *The Frontier in American Culture*.
62頁 *Ibid*.
69頁 *America A to Z*, New York : Reader's Digest, 1997.
74頁 *The Image of America in Caricature & Cartoon*, Fort Worth : Amon Carter Museum of Western Art, 1976.
76頁 『ニューズウィーク』誌(1993年8月9日号)の表紙。
77頁 『ハーパーズ・ウィークリー』誌(1871年9月30日号)。

78頁　*The Image of America in Caricature & Cartoon.*

80頁　Hammond Incorporated, *United States History Atlas*, Maplewood, NJ, 1984.

89頁　Carlos Bulosan, *America Is In the Heart, 1943*, Seattle : U of Washington P, 1973.

90頁　Monica Sone, *Nisei Daughter, 1953*, Seattle : U of Washington P, 1979.

93頁　Eric Foner and Olivia Mahoney, *America's Reconstruction*, Baton Rouge and London : Louisiana State University Press, 1995.

95, 98, 99頁　*Africans in America.*

100, 101頁　*America's Reconstruction.*

102頁　*United States History Atlas.*

103頁　Ulrich. B. Phillips, *Life and Labor in the Old South*, Boston : Little, Browa, and Company, 1951.

108頁　*America's Reconstruction.*

110頁　*Africans in America.*

115頁　北川彰宏編注『ビデオで周遊・ニューヨーク』北星堂，1998年。

117頁　紀平英作・亀井俊介著『アメリカ合衆国の膨張』世界の歴史第23巻，中央公論社，1998年。

119頁　猿谷要『ニューヨーク』文春文庫，1999年。

121頁　Carlo Rotella, *October Cities*, London : University of California Press, 1998.

122頁　『ニューヨーク』。

123頁　北川彰宏編注『ビデオで周遊・ニューヨーク』。

126頁　『ニューヨーク』。

137頁　Ralph Rugof, *Circus Americanus*, Verso, 1995.

141頁　*The American Dream The 50s*, Time Life Books, 1998.

142頁　Carole Marks & Diana Edkins, *The Power of Pride*, New York : Clown, 1999.

144頁　*Circus Americanus.*

150頁　Geoffrey C. Ward & Ken Burns, *Jazz : A History of America's Music*, New York : Alfred A. Knopf, 2000.

151頁　カーター・ラトクリフ著，日向あき子・古賀林幸訳『アンディ・ウォホール』モダン・マスターズ・シリーズ，美術出版社，1989年。

152頁　*Kienholtz : A Retrospective*, New York : Whitney Museum of American Art, 1996.

157頁　Bernard Edelman, *Dear America : Letters Home from Vietnam*, New York : Pocket Books, 1985.

159頁　Susan Jonas & Marilyn Nissenson, *Going Going Gone*, San Francisco : Chronicle Books, 1994.

163, 164頁　*The American Dream The 50s.*

168頁　Clifford Edward Clark, Jr. *The American Family Home 1800-1960*, USA : The University of North Carolina Press.

171, 172頁　Paul Perry, Ken Babbs, *On the Bus*, New York : Thunder's Mouth Press, 1990.

174頁　Bernard Edelman, *Dear America : Letters Home from Vietnam*.

181頁　John Conron, ed., *The American Landscape : A Critical Anthology of Prose and Poetry*, Oxford University Press, 1973.

183頁　Anthony Grafton, *New Worlds, Ancient Texts : The Power of Tradition and the Shock of Discovery*, The Belknap Press of Harvard University Press, 1992.

185頁　John Conron, ed., *The American Landscape : A Critical Anthology of Prose and Poetry*.

187頁　岡島成行『アメリカ環境保護運動』岩波書店，1990年。

191頁　Lawrence Buell 氏（ハーヴァード大学）提供。

193, 195頁　スコット・スロヴィック，野田研一編著『アメリカ文学の〈自然〉を読む――ネイチャーライティングの世界へ』ミネルヴァ書房，1996年。

203頁　Susan Stryker & Jin Van Buskirk, *Gay by the Bay*. San Francisco : Chronicle Books, 1996.

207頁　Margaret Finnegan, *Selling Suffrage*, New York : Columbia University Press, 1999.

211, 217右頁　*Gay by the Bay*.

217左頁　David Deitcher, *The Question of Equality*, New York : Scribner, 1995.

218, 222頁　*Gay by the Bay*.

225頁　*America A to Z*.

226, 227頁　亀井俊介監修『世界の歴史と文化　アメリカ』新潮社，1992年。

234頁　エスター・ワニング，篠原勝訳『アメリカ人』カルチャーショック6，河出書房新社，1998年。

235頁　『世界の歴史と文化　アメリカ』。

239頁　小林憲二著『アメリカ文化のいま』ミネルヴァ書房，1995年。

247頁　*America A to Z*.

258頁　Gilbert Geis and Leigh B. Bienen, *Crimes of the Century*, Boston : Northeastern University Press, 1998.

261頁　マーチン・ショート，小関哲也訳『アメリカ犯罪株式会社』時事通信，1986年。

262上頁　Jonathan Munby, *Public Enemies, Public Heroes*, Chicago : University of Chicago Press, 1999.

262下頁　Joan Copjec, ed. *Shades of Noir*, London : Verso, 1993.

273, 276頁　*America A to Z*.

279, 280頁　Peggy Phelan, *Unmarked : The Politics of Performance*, London & New York : Routledge, 1993.

283頁　*America A to Z*.

286頁 『ニューズウィーク日本版』(1999年1月27日号)。
288頁 Susan Au, *Ballet & Modern Dance*, London : Thames and Hudson, 1988.

人名索引

ア 行

アイゼンハワー, ドワイト　159, 169, 170
アサルドゥーア, グローリア　220
アサンテ, モレフィー・キート　236, 237
アダムズ, ジョン・クィンシー　5, 8, 48, 50
アッシュベリー, ヘイト　172, 173
アビー, エドワード　188, 194, 196
アルジャー, ホレイショ　2, 116, 210
アレン, ウディ　148
アロウェイ, ローレンス　150
アンソニー, スーザン　207, 213, 214
アンダソン, シャーウッド　156, 221
イプセン　204
ヴァンダービルト, コーネリウス　2, 17
ウィグルズワース, マイケル　184
ウィティグ, モニク　217
ウィラード, フランシス　205, 213
ウィリアムス, テリー・テンペスト　196
ウィリアムズ, ロジャー　12, 25
ウィルソン, W　124
ウィンスロップ, ジョン　4, 25
ウェスト, ベンジャミン　141
ウェルズ, アイダ・B　8
ウエルズ-バーネット, アイダ・B　108
ヴェンダース, ヴィム　147
ウォーカー, アリス　196, 212, 219
ウォーカー, ディヴィド　98
ウォーホル, アンディ　150-52, 171
エドワーズ, ジョナサン　36, 37, 185
エマソン, ラルフ. W.　32, 99, 140, 145, 146, 185, 186, 191, 192, 194
エリオット, T. S.　140
エリソン, ラルフ　130
エリントン, デューク　149, 150
オークリー, アニー　62
オースティン, メアリー　194
大西直樹　5
オサリヴァン, ジョン・L　50, 54
オルコット, エイモス・ブロンソン　145

オルデンバーグ, クレス　150, 152

カ 行

カーソン, キット　59
カーソン, クリストファー・H　59
カーソン, レイチェル　187, 194
カーネギー, アンドリュー　2, 17
カストロ将軍　159
ガスリー, ウディ　166
カトリン, ジョージ　142
カプラン, アン　209
カポネ, アル　260, 261
カルヴァン　34
ガレスピー, デイジー　110
カレン, ホレス　234
キージー, ケン　170, 171
キーンホルツ, エドワード　152
キャサディ, ニール　171
キャット, キャリー・チャップマン　208
ギャリソン, ウィリアム・ロイド　98, 212
ギルピン, ウィリアム　185
ギルマン, シャーロット・パーキンズ　206, 214
キング, チャールズ・バード　142
キング, マーティン・ルーサー　9, 163, 166
ギンズバーグ, アレン　161, 166, 171, 172, 177, 188, 220, 221
キンゼイ博士　168
クーニング, ウィレム・デ　151
クーパー, ジェイムズ・フェニモア　61, 194, 220
クシュナー, トニー　218
クラーク　46
クラフト, エレン　99
クラン, クー・クラックス　76
グリーリー, ホレース　7, 55, 65
グリフィス, D. W.　15
グリムケ, アンジェリナ　204
グレアム, マーサ　287, 288, 289
グレイトフルデッド　171

339

クレヴクール　83, 226
クロケット, デーヴィー　52, 57, 59, 60
ゲイジ, マチルダ・ジョスリン　215
ゲイツ, ビル　18
ケネディ, ジョン・F　30, 159-62, 176, 200
ケネディ, ロバート　165, 179
ゲバラ, チェ　179
ケルアック, ジャック　161
コーディ, ウィリアム・F　61
コーディ, バッファロー・ビル　61
コープランド, アーロン　170
コール, トマス　192-94
ゴールドマン, エマ　215
ゴダール, ジャンリュック　147
コットン, ジョン　26
コブレイ, ジョン・シングルトン　141
コロンブス, クリストファー　8, 182, 183

サ 行

ザニサー, ハワード　197
シーガー, ピート　170
シーガル, ジョージ　152
ジェーン, カラミティ　62
ジェファソン, トーマス　2, 5-7, 9, 27, 46, 185, 209
ジェフリーズ, レナード　236
シャーマン, シンディ　278, 279
ジャクソン, アンドリュー　48
ジャクソン, ジェシー　126, 229
ジャクソン大統領　10, 59
シュレジンガー, アーサー・ジュニア　86, 228
シュワルツェネッガー, アーノルド　276
ジョーダン, マイケル　275, 276, 285, 286
ジョーンズ, ジャスパー　150
ジョップリン, ジャニス　165
ショパン, ケイト　206
ジョンソン, エドワード　184
ジョンソン, ジェイムズ・W　148
ジョンソン, ジャック　275
ジョンソン, ロバート　128
ジョンソン大統領　160, 164
シンプスン, O. J.　275
スタイン, ガートルード　156, 210
スタインベック　166

スタローン, シルヴェスター　277
スタントン, エリザベス　207, 212-14
ストウ, ハリエット・ビーチャー　113, 135
ストウ夫人　99
スナイダー, ゲーリー　172, 196
スピヴァック, ガヤトリ・チャクラヴォーティ　219
スピレーン, ミッキー　169
スプリングスティーン, ブルース　166
スプリングフィールド　166
スポック博士　161
スミス, ジョン　4, 55, 58
スミス, ベシー　149
セザンヌ　156
ソーサー, サミー　275
ソロー, ヘンリー・デイヴィッド　99, 145, 186, 188, 192, 194, 196
ソンタグ, スーザン　218

タ 行

ターナー, ナット　97, 98, 99
ターナー, フレデリック・ジャクソン　8, 63
タカキ, ロナルド　88
ダグラス, フレデリック　8, 95-97, 101
ダンカン, イザドラ　277
チャーチル　158
チョドロウ, ナンシー　209
ディーン, ジェームズ　167
デイヴィス, ジェファソン　100
ディクソン, T　15
テイラー, エドワード　140
ディラード, アニー　194, 196
ディラン, ボブ　165, 166, 179
デグラー, カール　84
デュ・ボイス, W・E・B　97, 124, 233
デュシャン, マルセル　144
トウェイン, マーク　32, 206, 220
ドウォーンキン, アンドレア　215
トクヴィル, アレクシス・ド　47, 139, 140
トドロフ, T.　182
ドライサー, セオドア　117
トルース, ソジャーナ　99
トルーマン大統領　158, 169

ナ行

ナッシュ，ロデリック　189
ニクソン大統領　160, 179

ハ行

パーカー，チャーリー　149
バーク，エドマンド　185
ハーストン，ゾラ・ニール　219
バートラム，ウィリアム　185
ハーバー，フランシス　8
バーロウ，ジョエル　8
バーンズ，アルバート・C　149
バーンスタイン，レオナード　170
パウンド，エズラ　143
バエズ，ジョーン　165, 166
バス，リック　196
ハチンソン，アン　26
バッカ，ジミー・サンチアゴ　196
ハッカー，アンドリュー　85
バッファロー・ビル　61
ハラウェイ，ダナ　290
バロウズ，ウィリアム　161
ハンディ，W・C　110
ハンフリー，ドリス　277
ピーター・ポール・アンド・マリー　166
ビーチャー，キャサリン　205
ビートルズ　173
ピカソ，パブロ　143, 156
ヒッチコック　168
ヒューズ，ラングストン　142, 149, 170
ヒューストン，ヴェリナ・蓮　219
ビューレン，M・ヴァン　50
ヒリアード，エイサ　236
ピンショー，ギフォード　187
ファラカン，ルイス　86
フィードラー，レスリー　221
ブーン，ダニエル　57, 58, 60
フォンダ，ジェーン　176
フォンダ，ピーター　175
フォンダ，ブリジッド　176
フォンダ，ヘンリー　176
フッカー，トマス　12
フラー，マーガレット　145, 205, 214
ブライアント　194
ブラウン，クロード　130
ブラウン，ロバート　25
ブラッチ，ハリオット・スタントン　208
ブラッドストリート，アン　140
ブラッドフォード，ウィリアム　4, 33, 183
フランクリン，ベンジャミン　2, 38, 39, 42, 185
ブランド，ジェームズ　110
フリーダン，ベティ　208, 215
ブルーマ，アミーリア　213
ブルーム，アラン　162, 229
フルトン，ロバート　190
プレスリー，エルビス　162, 166
フレノー，フィリップ　141
ペイン，トマス　6
ベストン，ヘンリー　194
ヘッケル，エルンスト　188
ベネディクト，ルース　235
ヘミングウェイ，アーネスト　156, 221
ペン，ウイリアム　27
ヘンダーソン，フレッチャー　149
ヘンドリックス，ジミ　165, 171
ボアズ，フランツ　235
ホイットフィールド，ジョージ　37
ホイットマン，ウオルト　142, 143, 146, 221
ポー　194, 220
ホーガン，リンダ　196
ポーク大統領　50, 52, 54
ホーソーン，ナサニエル　35, 145, 194
ポーター，エドウィン　147
ボールドウィン，ジェイムズ　127
ボーン，ランドルフ　84
ポカホンタス　12
ホフマン，アビー　165
ホリデー，ビリー　108
ポロック，ジャクソン　141, 151

マ行

マーシャル，ジョン　49
マーチン，ベンジャミン　147
マグワイア，マーク　275
マザー，インクリース　37
マザー，コットン　37
マッカーサー将軍　158
マッカーシー上院議員　159, 169, 170

マッカートニー　179
マッキノン，キャサリン　215
マッケンジー，スコット　173
マルヴィ，ローラ　209
マルコム X　164
マン，ポール・ド　219
マン，ホレス　233
ミード，マーガレット　235
ミッチェル，ジョニ　179
ミューア，ジョン　186, 197
ミラー，アーサー　35, 83, 170
ミルク，ハーヴェイ　217
ミレット，ケイト　209, 215
ミンハ，トリン・T　219
メープルソープ，ロバート　223, 278-80
メルヴィル，ハーマン　146, 194, 220
毛沢東　179
モット，ルクリーシア　212
モラガ，シェリ　220
モンロー，マリリン　278

ヤ・ラ・ワ行

ヤング，ニール　179
ライアン，トーマス・J　195
ライオン，リサ　223
ライト，フランク・ロイド　152
ライト，リチャード　219
ラウシェンバーグ，ロバート　150

リースマン，デイビッド　170
リヴァース，ラリー　150
リキテンスタイン，ロイ　150, 152
リチャード，リトル　166
リッチ，アドリエンヌ　209
リン，マヤ　174
リンカン大統領　9, 10, 14, 16
ルイス　46
ルービン，ジェリー　165, 172
ルター，マルティン　24, 34
ルビン，ゲイル　209
レイニー，マ　149
レーガン大統領　28, 162, 178
レオポルド，アルド　197
レノン，ジョン　179
ローズヴェルト，セオドア　186, 274
ローズヴェルト，フランクリン．D.大統領　10, 187
ローゼンクィスト，ジェイムズ　150
ローゼンバーグ夫妻　169
ローリー，ウォルター　3
ロック，アラン・L　148
ロック，ジョン　2
ロックフェラー，ジョン・デイヴィソン　2, 17, 18
ロペス，バリー　196
ワイルダー，ローラ・インガルス　65
ワシントン，ブッカー・T　101, 233

事項索引

ア 行

アース・デー　190
アースデイ　188
アーミッシュ　39
アールヌーボー様式　152
アイデンティティ・ポリティクス　232
アジア系　125, 128
アシッド・テスト　171
アファーマティヴ・アクション　79, 122, 130, 131
アファーマティヴ・アクション（積極的差別是正措置）　238, 240
アフリカ系　142
アフリカ中心主義　228, 236, 237
アポロ計画　200
アメラジアン　220
アメリカ映画　147
アメリカ奴隷制反対協会　98
アメリカの夢　8, 18
アメリカの歴史におけるフロンティアの意義　8
アメリカ化　234
アメリカ労働総同盟　124
アメリカン・ドリーム　2, 22
アメリカン・ピクチャレスク　194
『アメリカン・ビューティー』　148
アメリカン・ルネサンス　146
アメリカンフットボール　291
アングリカニズム　25
暗殺　251
イー・プルーラバス・ユーナム　6
『イージー・ライダー』　175
『いちご白書』　178, 179
移民　70, 71, 72, 73, 74, 75, 76, 78, 79, 80, 82, 85
インディアン　3
インディアン・ナショナリズム　56
インナー・シティ　117, 120-25, 130
ヴァージニア植民地　4
ヴァージニア信教自由法　28

ヴァイキング　182
ヴィクトリアン様式　152
ウィルダネス　183-87, 189, 197, 198, 200
ウーマンリブ　176, 209
『ウェストサイド物語』　167
ヴェトナム戦争　10, 160
ウォーターゲート事件　10, 176
ヴォードヴィル　139
『ウォールデン』　192
ウッドストック　165
『噂の二人』　246
エアロビ・ブーム　280
エイズ　210, 217
エコロジー　188
エコロジー運動　173
SDS　163, 164
エスノセントリズム（自民族中心主義）　231
エッセンシャリズム（本質主義）　242
NRA　259
LSD　165, 171-73, 190
エルドラード　3
エレミアの嘆き　36
丘の上の町　4, 25
『オジーとハリエットの冒険』　168
男らしさ　274, 276
オペラ　138, 141
オレゴン移住熱　53, 64
オレゴン問題　53

カ 行

会衆派　25, 33
会衆派教会　27
カウフマン邸　152
カウンターカルチャー　161, 162, 188, 196
『カッコーの巣の上で』　170
カノン（正典）　219
カリフォルニア共和国　60
カルヴァン主義　37
カルチュラル・フェミニスト　210
カルチュラル・フェミニズム　214, 215

343

枯れ葉剤　175
『ガンスモーク』　168
『帰郷』　176
北大西洋条約機構　158
ギャング　261
ギャング映画　261
キュービズム　143, 144, 151, 156
共和党　10, 11
『去年の夏，突然に』　246
禁酒運動　26, 205
グアタループ・イダルゴ条約　54
クイア　210, 211
クイーン・アン様式　152
クエーカー教徒　38
クエーカー派　25
『クランズマン』　15
グリーンカード　81
グレート・マイグレーション（大移動）　118, 119, 127, 129
クレオール現象　87
ゲイ　210
ゲイ解放運動　165
KKK　76
ゲットー　120, 122, 123, 126, 128-30
ゲティスバーグ　15
ケネディ暗殺　10
ケネディ家　22
原生自然法　197
憲法　13
郊外文化　167
構成主義　241
公民権運動　130, 163, 188
ゴールドラッシュ　17, 63, 64
黒人回教　86
黒人教育　233
『国民の創生』　15
国立公園　186
国立公園局設置（1916）　186
ゴシック様式　152
『孤独な大衆』　170
コミューン型生活　188
コミューン生活　172
米墨戦争　52, 60
『コモン・センス』　7
『コロンビアッド』　8

コロンブス500周年　230
コンコード　145
コンテインメント（封じ込め）　161

　　　　　サ　行

サイケデリック　170, 190
サイケデリック革命　165
再建期　101
サイバネティックス　289
サイボーグ　290
サマー・オヴ・ラヴ　173
サラダ・ボウル　83
参政権運動　205
サンベルト地帯　128
GLF（ゲイ解放戦線）　216
自営農地法　7, 10
ジェームズタウン　4, 11
『シェーン』　168
シエラクラブ　186, 187
シカゴ　126, 128
シカゴ・セブン　165
シカゴ暴動　179
死刑判決　238
自己信頼　146
『自然』　191
『シックス・デイ』　147
シット・イン　163, 179, 190
シットコム　168
ジム・クロウ　162
ジム・クロウ法　102
シャールマン反トラスト法　124
社会契約思想　34
ジャクソニアン・デモクラシー　48, 140, 204
ジャズ　138, 142
銃　251, 253, 259
修正条項　13
シュールレアリズム　151
ジュネーブ協定　159, 160
『ジュリア』　176
巡回説教師　30
女性解放運動（ウーマン・リブ）　165
白帽団員　107
進化論　207
人工衛星スプートニク　158, 161
人工妊娠中絶　28, 238

信仰復興　　36
信仰復興運動　　26
新左翼（ニューレフト）　　161
紳士（Cavalier）神話　　104
人種主義　　16
人種暴動　　117
新世界　　183
新大陸発見500年記念　　10
スーパーマン　　284
スコット・スロヴィック　　196
スティーム・リタレチャー　　61
ストーンウォール　　210, 216
ストーンウォール・デモ　　246
ストーンウォール暴動　　165
スプートニク　　200
スレイヴ・ナラティヴ　　99
西部開拓者　　274
西部劇　　168, 261
セーレム　　35
世界コロンビア博覧会　　8
セネカフォールズ　　204, 207, 208, 212, 214
『セルロイド・クローゼット』　　245
選挙権　　14
全国黒人地位向上協会　　233
全米婦人参政権協会　　207
全米労働組合　　118

　　　　　　タ 行

ターザン　　276
ダイエット　　280
大覚醒　　30, 36, 37
大衆芸術　　139
大統領　　28
ダイム・ノヴェル　　61, 63
『ダイヤル』　　145
大リーグ　　282, 284
代理母　　238
『タクシー・ドライバー』　　173
『黄昏』　　176
ダダ　　152
叩き上げの人間　　2
多文化主義　　84, 228, 230-33, 236, 238
チカーナ　　220
『チャイナ・シンドローム』　　176
中間航路　　96

中流家庭　　161
長老派　　25, 29
『沈黙の春』　　187
『ディアハンター』　　173
ティーチ・イン　　178, 190
テキサス併合　　51
デタント　　160
鉄道大ストライキ　　118
鉄道網　　117
鉄のカーテン　　158
『テルマ＆ルイーズ』　　246
同化　　226, 227, 234
同性愛　　209
同性愛嫌悪（homophobia）　　217
道徳論争　　231
動物の権利　　238
逃亡奴隷　　97
逃亡奴隷法　　98
『トーチソング・トリロジー』　　246
トール・テール　　58, 59
独立自営農民　　7
独立宣言　　2, 5, 9, 21
独立戦争　　13
都市の危機　　121
トランセンデンタリズム　　145
トルーマン・ドクトリン　　158
奴隷解放運動　　26
奴隷解放宣言　　9, 15, 100
奴隷制　　9, 94, 95, 106
奴隷制廃止運動　　97

　　　　　　ナ 行

NOW　　208, 215
長い暑い夏　　121, 122
涙のトレール　　50
南部連合国　　100
南北戦争　　55, 100
虹の連合　　242
西漸運動　　56
日系二世　　88, 90
ニュー・ディール政策　　10
ニュー・フロンティア　　161, 162, 200
妊娠中絶　　209
ネイチャーライター　　196
ネイチャーライティング　　189, 194-96

事項索引　　345

年季奉公人　*94, 104, 106*
農本主義　*185*
ノースキャロライナ州グリーンズボロウ
　163
ノーブレス・オブリージ　*105*

　　　　　　ハ 行

ハーレム・ルネサンス　*142*
排外主義　*75, 78, 234*
ハイブラウ　*138, 140, 141, 143, 144, 150-52*
白人優越主義　*235*
バスボイコット運動　*162*
パターナリズム　*97*
ハドソンリヴァー派　*193, 194*
『パトリオット』　*147*
『パパは何でも知っている』　*168*
バプテスト　*29*
バプテスト派　*25*
ハリウッド　*146*
ハルマゲドン　*158*
ハワイ王朝断絶100周年　*230*
パン・アフリカニズム　*236*
反核運動　*173*
犯罪　*248-50, 252-54, 257, 258*
PC　*231, 238, 239*
ビート　*9, 161*
ビート・ジェネレイション　*220*
ビート世代　*161*
ビートニク　*161*
『ビーバーにまかせろ』　*168*
ピクチャレスク　*194*
ピクチャレスク美学　*185*
ヒスパニック系　*125, 128*
ヒッピー　*9, 189*
ヒップ・ホップ　*139, 142*
非米活動委員会（HUAC）　*169*
非暴力運動組織 SNCC　*163*
ピューリタニズム　*24*
ピューリタン　*4, 39*
ピルグリム　*4*
ピルグリム・ファーザーズ　*4, 25, 32, 33, 183*
『ピルグリム・ファーザーズという神話』　*5*
貧困　*79*
ファット・フェミニズム　*281*
フィットネス・ブーム　*289*

『フィラデルフィア』　*246*
フェミニズム運動　*208*
フォーヴィズム　*151*
フォーティーナイナーズ（49 ers）　*64*
フォービズム　*151*
フォンダ・ファミリー　*175*
物納小作人　*101*
ブラウン判決　*162, 233*
ブラック・ナショナリズム　*99*
ブラック・モスレム　*164*
ブラックパンサー党　*165, 176*
ブラッドフォード, ウィリアム　*4*
フラワー・チルドレン　*189*
プリマス　*11*
プリマス植民地　*33, 183*
『プリマス植民地の歴史』　*33*
ブルース　*139*
ブルック・ファーム　*145*
プルマン社のストライキ　*118*
ブレディ法　*258*
フレンチ・インディアン戦争　*57, 190*
フロンティア消滅宣言　*8, 186*
文化戦争　*231, 238*
文化相対主義　*234, 237*
文化多元主義　*84, 228, 233, 236*
分離派教会　*26*
ベア・フラッグ　*53*
ヘイトクライム（憎悪にもとづく犯罪）　*230, 239, 263*
ヘイマーケット事件　*118, 124*
ヘッチヘッチー論争　*187*
ホイッグ党　*10*
ボーダーランド　*220*
ポート・ヒューロン白書　*163*
北西部条例　*46*
ポスト・モダン　*218*
ポスト構造主義　*218*
ポスト植民地主義　*211, 218*
ポストモダニズム　*143*
ポップ・アート　*138*
ボディ・カウント　*160*
『ボナンザ』　*168*
ボヘミアン　*166*
ホモ・フォービック　*246*
ポリティカル・コレクトネス　*238, 239*

ポルノ　　210
ポルノグラフィ　　263-65, 270
ホワイト・ウェイ　　274, 275
本質主義　　241

　　　　マ　行

マーシャル・プラン　　167
マサチューセッツ植民地　　4, 11
『マジカル・ミステリー・ツアー』　　171
魔女狩り　　9, 34
マッカーシズム　　158, 210
マテリアリスト・フェミニスト　　216, 217
マテリアリスト・フェミニズム　　215
『真昼の決闘』　　168
マフィア　　253
麻薬　　254-56
ミズーリ協定　　104
miscegenation　　105, 106
『ミッション・トゥ・マーズ』　　147
ミドルブラウ　　138
ミュージカル　　138, 277
ミリシア（民兵）　　13
民主党　　10, 48
ミンストレル・ショー　　109, 110, 139
『メイヴェリック』　　168
明白なる天命　　7, 50-52
メイフラワー・コンパクト　　4-6, 11, 25, 32, 33
メーソン-ディクソン・ライン　　103
メスティソ　　86
メソジスト　　29
メソジスト派　　25
メルティング・ポット　　83, 227, 235
モダニズム　　151
モダン・ジャズ　　138
モダンダンス　　277
モルモン教　　30
『モロッコ』　　245

　　　　ヤ　行

『野生のうたが聞こえる』　　197
ユダヤ系　　125
ヨーロッパ中心主義　　236

　　　　ラ　行

『ライフルマン』　　168
ラディカル・フェミニズム　　215
ララミー砦　　54
リズム・アンド・ブルース　　142
リトル・シュアー・ショット　　62
リパブリカンズ　　48
リベラル・フェミニズム　　214
『理由なき反抗』　　167
リンチ　　107, 108, 127
ルイジアナ購入　　46
『ルーシー・ショー』　　168
『るつぼ』　　35, 170
冷戦構造　　159
レイプ　　248, 249, 251, 257, 258, 263, 270
レズビアン　　209, 215
『レベッカ』　　246
労働騎士団　　124
ロウブラウ　　138-40, 143, 144
ローザ・パークス事件　　162
ロサンゼルスの人種暴動　　230
ロック　　139
ロビー活動　　208
ロマン主義　　146, 185

　　　　ワ　行

ワイルド・ウエスト・ショー　　61
ワシントン・モニュメント　　174
ワシントン大行進　　163, 166
ワスプ　　4, 82, 83, 140-43, 211
ワルシャワ条約機構　　158

執筆者紹介（所属，執筆分担，執筆順，＊印は編者）

＊笹田　直人（編著者紹介参照，第1章，第3章，第5章）

＊堀　真理子（編著者紹介参照，第1章，第10章，第13章）

＊外岡　尚美（編著者紹介参照，第1章，第12章）

朝日由紀子（元白百合女子大学文学部教授，第2章）

伊藤　　章（北星学園大学教授，第4章）

松本　一裕（明治学院大学文学部教授，第6章）

金田由紀子（青山学院大学経済学部教授，第7章）

山越　邦夫（明治学院大学非常勤講師，第8章，コラム担当）

野田　研一（立教大学名誉教授，第9章）

結城　正美（青山学院大学文学部教授，第9章）

辻内　鏡人（元 一橋大学社会学部教授（2000年死去），第11章）

田中　浩司（防衛大学校教授，コラム担当）

コラム・グロッサリー執筆

塚田　幸光（関西学院大学教授）

小林　　徹（防衛大学校総合教育学群外国語教育室准教授）

平塚　博子（上智大学一般外国語教育センター常勤嘱託講師）

《編著者紹介》

笹田 直人(ささだ なおと)
1955年生まれ。明治学院大学文学部教授。
著 書 『アメリカ文学の冒険』(共著) 彩流社, 1998年。
『記憶のポリティックス――アメリカ文学における忘却と想起』(共著) 南雲堂フェニックス, 2001年。
訳 書 マーティン・ジェイ『永遠の亡命者たち――知識人の移住と思想の運命』(共訳) 新曜社, 1989年。

堀 真理子(ほり まりこ)
1956年生まれ。青山学院大学経済学部教授。
著 書 『境界を越えるアメリカ演劇』(共著) ミネルヴァ書房, 2001年。
『たのしく読める英米演劇』(共著) ミネルヴァ書房, 2001年。
『ニューヨーク――周縁が織りなす都市文化』(共著) 三省堂, 2001年。

外岡 尚美(とのおか なおみ)
1960年生まれ。青山学院大学文学部教授。
著 書 『境界を越えるアメリカ演劇』(共編著) ミネルヴァ書房, 2001年。
『たのしく読める英米演劇』(共編著) ミネルヴァ書房, 2001年。
訳 書 イヴ・コゾフスキー・セジウィック『クローゼットの認識論――セクシュアリティの20世紀』青土社, 1999年。

	概説 アメリカ文化史	
2002年4月5日 初版第1刷発行		(検印省略)
2020年11月30日 初版第15刷発行		
		定価はカバーに表示しています
編著者	笹 田 直 人	
	堀 真 理 子	
	外 岡 尚 美	
発行者	杉 田 啓 三	
印刷者	坂 本 喜 杏	

発行所 株式会社 ミネルヴァ書房
607-8494 京都市山科区日ノ岡堤谷町1
電話代表 (075)581-5191番
振替口座 01020-0-8076番

©笹田・堀・外岡, 2002　冨山房インターナショナル・藤沢製本

ISBN 978-4-623-03491-8
Printed in Japan

世界文化シリーズ

よくわかるアメリカ文化史	巽 孝之 編著	本体二五〇〇円 A5判二〇四頁
よくわかるイギリス文化史	宇沢美子 編著	本体二五〇〇円 A5判二〇四頁
アメリカ文化 55のキーワード	奥村沙矢香 浦野郁 編著	本体二五〇〇円 A5判二五〇頁
イギリス文化 55のキーワード	山野里田勝直人 笹田研己 編著	本体二九〇〇円 A5判二九八頁
概説 イギリス文化史	窪田憲子 久守和子 木下卓 編著	本体三二〇〇円 A5判三二七頁
英語文学事典	佐中太田野雅間葉康孝子夫 編著	本体三〇〇〇円 A5判三〇四頁
シリーズ・はじめて学ぶ文学史	木下卓 窪田憲子 久守和子 編著	本体四五〇〇円 A5判八四〇頁
はじめて学ぶ イギリス文学史	神山妙子 編著	本体二八〇〇円 A5判三一二頁
はじめて学ぶ アメリカ文学史	板橋好枝 髙田賢一 編著	本体三八〇〇円 A5判三七六頁

ミネルヴァ書房

https://www.minervashobo.co.jp/